Ostpreußische Forst- und Jagdgeschichten

Forstmeister i. R.
Helmut Mattke

WAGE-Verlag
www.wage-verlag.de

Dieses Buch darf nicht ohne vorherige schriftliche Genehmigung des WAGE-Verlages ganz oder teilweise mechanisch oder elektronisch reproduziert, vervielfältigt oder verbreitet werden.

Copyright © 1996 by WAGE-Verlag
Autor: Helmut Mattke
Umschlaggestaltung: W. Ripperger
Bildbearbeitung, Layout und Satz: D. Steckel
Zeichnungen: K.-P. Reif
Druck: H. Walther, Papier- & Druck- Center
Katharinenstrasse 14-16, 17033 Neubrandenburg
Vertrieb: WAGE-Verlag
18195 Tessin, Am Tannenkopp 15
Germany
Tel./Fax: (038 205) 12902/12901
www.wage-verlag.de

3. Auflage, 2000

ISBN 3-9805273-0-1

Meiner Familie widme ich dieses Buch.

Inzwischen sind über fünfzig Jahre vergangen: Meine Heimat Ostpreußen, das Land der dunklen Wälder und kristallenen Seen, wie es so treffend im Ostpreußenlied heißt, ist uns, die wir dort geboren und aufgewachsen sind, durch die Ereignisse des Zweiten Weltkrieges verlorengegangen.
Oft in Träumen finde ich mich in dem Land meiner Ahnen wieder. Es ist die Sehnsucht an nicht rückholbare Jugenderinnerungen.
Ich habe den Versuch unternommen, meine persönlichen Erlebnisse, die authentischen Erzählungen meiner Mutter und weiterer Verwandten, entsprechend verschiedener Unterlagen und Dokumente zu prüfen, um sie dann zu Papier zu bringen.

Nichts ist verloren, was man nicht selbst verloren gibt. Ostpreußen, unsere unvergessene, über alles geliebte Heimat, lebt weiter in Gedanken und Herzen der Menschen, die das geistige und kulturelle Erbe bewahren und weitergeben an unsere Kinder und Enkel, an die Generationen, die nach uns kommen.

Heiligendamm, im Hornung 1996

Inhaltsverzeichnis

Geschichtlicher, forstlicher und jagdlicher Abriß der Provinz Ostpreußen	7
Sanditter Wald, Wirkungsstätte von Forstgenerationen	35
Der olle Schmidt	42
Wilddieb aus Leidenschaft	48
Hansi	60
Hinterhalt	65
Forsthaus Plauen	71
Alle Jahre wieder ...	79
Fasanenjagd	84
Zwei Patronen Kaliber 12	91
Die neue Flinte	95
Ein schwerer Forstunfall	98
Das "Gewitter"	102
Meister "Grimbart"	108
Schützenfest	113
"Rums! - Da geht die Pfeife los ..."	118
Der Totenberg	122
Abschied vom Forsthaus Plauen	127
Onkel Willi	131
Fuchsjagd	148
Oberförster i. R. Höppe	152
Der Oberkopf	158
Lehrrevierförster Erich Ringhardt	165
Die Hahndoppelflinte	196
Der Uralkauz	200
Krajebieter	204
Der Medaillenbock	209
Weidmannsheil auf den "Grauen Räuber"	214
Das Jahr 1945 und die erste Friedensweihnacht	221
Reisebericht und Erinnerungen an Ostpreußen	227
Jagd im Elchwald und der Rominter Heide	262
Bildnachweis und Kartenverzeichnis	269
Quellennachweis	270

Vorwort

Erinnerungen eines Forstmannes an seine Kindheit und Jugendzeit in Ostpreußen lassen uns das Land der dunklen Wälder und Seen auf besondere Weise erleben. Es ist die Heimat des Autors, dessen Vorfahren über viele Generationen in Ostpreußens Wälder lebten, sie gestalteten und das Wild darin hegten.

Man sagt, drei Förstergenerationen braucht ein Baumalter von der Pflanzung bis zur Ernte. Dabei überträgt jede Generation der folgenden ihre Erfahrungen und Erkenntnisse, ihre Verantwortung und Verbundenheit für Wald und Wild. In diese vorgegebene Abfolge ordnet sich das Leben des Forstmeisters Helmut Mattke ein. Das Rauschen der Wälder und Röhren der Hirsche gehören zu seinen ersten Lebenseindrücken, begleiten den Knaben an der Seite seines Vaters und Großvaters durch die heimatlichen Reviere, wecken seine Passion für den Försterberuf und das Weidwerk. Aber kaum, daß sein junges Herz unter dem grünen Rock des Försters schlägt, unterbricht der Krieg seine Laufbahn, verliert er seine Heimat. Danach wird Mecklenburg sein neues Zuhause. Aber Ostpreußen bleibt er verbunden, ebenso den Wäldern und dem Wild - sein Leben lang.

Mit der generationsübergreifenden Sicht des Forstmannes bereichern seine persönlichen Eindrücke und Erlebnisse unsere heutigen Vorstellungen und Erwartungen von diesem Beruf. In der forstlichen Nachhaltigkeit kulminieren forstliche Sachkompetenz und Berufsethos. Im Sinne ökologischer Ganzheitsbetrachtung gilt es, durch nachhaltige naturnahe Waldwirtschaft und Erhalt der Lebensräume artenreicher Wildbestände die Naturressource Wald auch für künftige Generationen zu bewahren.

Die Erinnerungen an Wald und Wild in Ostpreußens Wäldern wollen keine Nostalgie im unbeschwerten Umgang mit der Natur aufkommen lassen. Sie wollen vielmehr verdeutlichen helfen, daß das nachhaltige Wirken des Forstmannes eng mit Naturschutz und Landschaftspflege verbunden ist, unverzichtbar für den Weiterbestand der Natur. Sie wollen zum heutigen Konsens zwischen Forstleuten, Jägern und naturinteressierter Öffentlichkeit beitragen.

Zu allen Zeiten und heute mehr denn je können wachsende und sich verändernde Erwartungen und Ansprüche an die Natur nur im gemeinsamen Zusammenwirken aller Interessierten und Beteiligten erfüllt werden. Die Wälder sind ein Stück unseres Lebens, einzig und unersetzbar. Sie bereichern uns oder verarmen mit uns. Das liegt in unserer Hand.

Dr. sc. Eberhard Voß

Geschichtlicher, forstlicher und jagdlicher Abriß der Provinz Ostpreußen

Ostpreußen, ja wo liegt denn das? Viele Deutsche, die nach 1945 aufgewachsen sind, haben in der Schule hierüber nichts oder nur andeutungsweise etwas gehört. Man weiß also nichts Konkretes, es sei denn, daß die Eltern oder Großeltern aus dieser Gegend stammen. In diesem Fall ist man in gewisser Weise mit der Urheimat verwurzelt und kann sich ein Bild von diesem Land machen. Um diese Erinnerungen bzw. Kenntnisse aufzufrischen, soll Nachstehendes beitragen.

Geographisch gesehen liegt Ostpreußen zwischen dem 19. und 23. Grad östlicher Länge und dem 53. und 56. Breitengrad der nördlichen Halbkugel (Flensburg und Königsberg liegen auf gleicher Höhe beim 55. Breitengrad, aber 1.000 Kilometer voneinander entfernt). 1939 hatte die Provinz eine Fläche von 39.907 Quadratkilometern. Der Waldanteil dieser Fläche betrug mit 755.000 Hektar = 19,3 %, der Anteil von Moor und Ödland mit 134.000 Hektar = 3,4 %. Rechnet man Frisches und Kurisches Haff mit 247.400 Hektar nicht mit ein, ergibt sich mit 151.000 Hektar ein Wasseranteil von 4,2 %. Im Größenvergleich mit den Niederlanden (40.844 Quadratkilometer) war es etwas kleiner, aber größer als Belgien (36.513 Quadratkilometer). Im Lande wohnten rund 2,6 Millionen, das waren 65 Einwohner je Quadratkilometer (der Reichsdurchschnitt lag bei 140).

Das Klima in Ostpreußen rechnet man der nördlichen gemäßigten Zone mit Übergang zum Kontinentalklima zu. Der Winter ist gegenüber dem übrigen Deutschland wesentlich länger und kälter. Das Frühjahr ist kurz, der Sommer meistens sehr warm und es folgt ein kurzer, schöner Herbst. Ostpreußen weist im Durchschnitt 129 Frosttage und eine um 3,6 Grad Celsius niedrigere Temperatur als Nordwestdeutschland mit 74 Frosttagen auf.

Ostpreußen ist ein Land der Weite, in dem sich dunkle Wälder und stille, glasklare Seen unterschiedlicher Größe mit fruchtbaren Ackergebieten abwechseln. Mehr als 3.000 Seen unterschiedlicher Größe prägen das Gesicht Masurens und des Oberlandes mit ihren ausgedehnten Heideflächen und Waldgebieten. Die größten Seen sind der Spirdingsee mit fast 114 Quadratkilometern und der Mauersee mit 92 Quadratkilometern. Dieser südliche Teil Ostpreußens, Masuren, ist in der Eiszeit entstanden. Gewaltige Gletscher, von Skandinavien kommend, führten riesige Fels-, Geröll- und Erdmassen mit und formten die Erdoberfläche. Masuren mit seiner Seenplatte gehört zum baltischen Höhenrücken, der sich über Pommern, Mecklenburg bis in die Seenlandschaft Ostholsteins hinzieht. Der flach wellige Landrücken mit Grund- und Endmoränen und den höchsten Erhebungen bei Osterode (Ostroda), den Kernsdorfer Höhen (313 Meter) und bei Goldap (Goldap), den Seesker Höhen (309 Meter), entstand in der letzten vierten Eiszeit. Die Bodenbeschaffenheit ist stark differenziert. Nach Süden ist der Boden meist sandig, sonst überwiegt lehmiger Sand. In den Tälern, aber auch auf Hügeln, sind Kies- und Steinlager zu finden. Durch die Auswaschung herrschen im Norden Ostpreußens Lehmböden vor (strenger Lehm bis Ton).

Ganz anders sind die Flußniederungen der Weichsel (Wisla) und der Memel (Njemen), die typische Stromlandschaften darstellen. Von einzigartiger Schönheit ist die Ostseeküste, die in Deutschland nicht ihresgleichen findet. Zwei große Nehrungen, langgestreckte Landzungen, trennen die fischreichen Haffs von der Ostsee. Als erstes wäre das Kurische Haff mit einer Größe von 1.613 Quadratkilometern (dreimal größer als der Bodensee) zu nennen. Die breiteste Stelle beträgt etwa 45 Kilometer, die größte Tiefe fünf Meter. Von ganz besonderem Reiz ist die Nehrung mit einer Länge von 98 Kilometern. Die Wasserverbindung zur Ostsee, das "Tief", liegt bei Memel (Klaipeda); bis zum 16. Jahrhundert lag es bei Sarkau. Das Wasser im Haff ist eine Mischung zwischen Ostsee- und

Flußwasser, genannt Brackwasser. Die Breite der Nehrung schwankt zwischen 400 und 3.500 Metern. Mächtige, bis zu 65 Meter hohe, ruhelose Wanderdünen geben dieser Landschaft ein besonderes Gepräge. Der feine, weiße, durch den Wind in Wellen geformte Sand ist einmalig in Europa. Diese Landzunge, stellenweise wie eine Wüste, auch "Europäische Sahara" genannt, steigt von der Ostsee her an und fällt zum Haff hin steil ab.
Die Entstehung der Wanderdünen begann schon in der Ordenszeit (etwa 14. Jahrhundert) durch starke Holznutzung der Nehrungswälder. Aber auch in der Folgezeit wurden durch Raubwirtschaft, Teerschwelerei, Köhlerei, durch schwere Waldverwüstungen im Siebenjährigen Krieg (1756 bis 1763) und während der Franzosenzeit (1806 bis 1813), 1509 Karwaiten, 1569 das Dorf Alt Kunzen und im weiteren Verlauf noch sechs Ortschaften unter den Wanderdünen begraben. Das zweite Haff, das Frische Haff, mit einer Wasserfläche von 861 Quadratkilometern (1,5 mal größer als der Bodensee), wird von der Ostsee durch eine 56 Kilometer lange Landzunge getrennt. Die Nehrung ist an der schmalsten Stelle 500 Meter und mißt an der breitesten 1.800 Meter. Entstehung, Beschaffenheit und Aussehen ist ähnlich wie bei der Kurischen Nehrung. Die größte Dünenbildung ist in der Regierungszeit von Friedrich Wilhelm I. (1713 bis 1740) entstanden, als er auf Anraten den gesamten im preußischen Besitz befindlichen Wald abholzen ließ. In relativ kurzer Zeit bildeten sich Wanderdünen, die Ortschaften, wie z. B. Schmergrube, um 1728 unter sich begruben.
Die Kiefern auf der Nehrung zur Ostsee hin sind vom Wuchs her klein. Der ständige Wind, die Stürme haben sie von frühester Jugend an ständig gerüttelt, gezaust, die Äste und Zweige zerfetzt und knorrig wachsen lassen. Als typische "Windflüchter" trotzten sie den Gewalten und bildeten den ersten Saum. Hinter diesem Schutz wachsen auf dem mageren Sandboden schon besser geartete Bäume heran. Die Landschaft und Vegetation auf der Nehrung wird geprägt von viel Sand, bewachsenen Dünen und an

der Haffseite sich langsam bildende Streifen Neuland. Diese Verlandung, die Entstehung eines humusreichen, fruchtbaren Bodens, können wir heute ganz allmählich beobachten. Das Frische Haff wird immer kleiner. Früher, in grauer Vorzeit, reichte das Haff bis nach Danzig (Gdansk), und im Verlauf von Jahrhunderten verlandete es, und fruchtbarer Boden entstand. Neben der Kiefer finden wir auch Wachholder, in Ostpreußen auch "Kaddick" genannt, und oft die Birke. In den Senken und auf feuchten Stellen wachsen auch andere Laubbäume, vor allem die Erle. Um den "Blocksberg" herum ist der Adlerfarn, der Bärlapp, Sonnentau und eine der schönsten Pflanzen, die seltene blaue Stranddistel, vorzufinden. Ständig abwechselnd, aber immer neu, ist der schmale Landstrich zwischen den weiten Wasserflächen. Möwen fliegen vom Haff zur Ostsee und umgekehrt, immer auf Nahrungssuche; ihr arttypischer Schrei wird weithin wahrgenommen.

Im Hochsommer, nach heißen und schwülen Tagen, wenn ein Gewitter herniedergeht und der Regen dem Boden und den Pflanzen die nötige Feuchtigkeit gibt, sind plötzlich Riesenschwärme von Eintagsfliegen unterwegs. Wie dunkle Wolken fliegen sie auf und nieder, viele Millionen von Insekten. Es ist fast unbegreiflich, wie schnell sich die im Haff lebenden Larven verwandeln können. Aber nur ein paar Stunden, eine Nacht, leben die Eintagsfliegen. Am nächsten Tag findet man sie überall in Massen liegen, vor allem treiben sie im Wasser am Haffufer. Dieses Phänomen gibt es auch auf der Kurischen Nehrung. In der Pflanzen- und Tierwelt gleichen sich beide Nehrungen, nur ist auf der Frischen Nehrung kein Elchwild zu finden. Das gegenüberliegende Festland mit Erhebungen und Steilküsten bis einhundert Meter, vor allem bei Succase (Suchacz) und Tolkemit (Tolkmicko), aber auch mit Ortschaften wie Frauenburg (Frombork) mit dem berühmten Dom, war bei guter Sicht deutlich auszumachen.

Die Frische und die Kurische Nehrung rahmen das Gebiet des Samlandes mit seinen Steilküsten (bis sechzig Meter) und den weiten Sandstränden, wo stellenweise auch Steine und große Findlinge lagern, ein. Der Bernstein, das "Gold des Samlandes", hat dieses Gebiet und seine Küste seit altersher berühmt gemacht. Bernstein ist kein Stein, sondern ein in verschiedenen Farben, oft mit Einschlüssen (Insekten, Kleinlebewesen, Samen usw.) vorkommendes fossiles Harz eozäner Nadelbäume. Es entstand vor etwa 45 Millionen Jahren.

Schon um das Jahr 60 n. Chr. hat ein römischer Ritter mit seiner Mannschaft für Kaiser Nero Bernstein aus dem Samland nach Rom gebracht. Tacitus, der große Geschichtsschreiber der Antike, erwähnt 98 n. Chr. in der "Germania" den Bernsteinreichtum im Pruzzenland!

Später entstanden Handelsstraßen. Eine nannte man die Bernsteinstraße. Sie führte vom Mittelmeer bis an die Bernsteinküste im Samland. Auch gab es noch eine weitere zum Schwarzen Meer.

Neben dem Samland gibt es noch die Landschaftsgebiete Memelland, Natangen, Ermland, Oberland und Masuren. Südlich der Memel, in dem Niederungsgebiet des Memellandes, wo sich der Strom in zwei Arme teilt, in Ruß und Gilge, die in das Kurische Haff münden, befindet sich der Elchwald. Dieses ist ein zum Teil großes zusammenhängendes Erlenniederwaldgebiet, dem sich das größte deutsche Moor, das "Große Moosbruch" mit fast 10.000 Hektar Hochmoorfläche anschließt. In diesem größtenteils unwegsamen Gebiet bis jenseits des Haffs auf der Kurischen Nehrung, haben seit ewigen Zeiten die Elche ihre Heimat. Durch seine Urwüchsigkeit, durch den massiven Körperbau (bis über 500 Kilogramm) versinnbildlicht der Elch Kraft und Ausdauer. An seiner Lebensweise, seiner Erscheinung haftet Geheimnisvolles. Der Elch wurde in Ostpreußen schon von altersher verehrt und auch als Symbol verwandt. Im Memeldelta, in der Niederungslandschaft, gab es zahlreiche Flüsse, Gräben, Kanäle, die als Wasserstraßen genutzt wurden.

Zum Landschaftsgebiet Natangen rechnete man das Land südlich des Pregel, dem wichtigsten Fluß von 125 Kilometern Länge, der ab der Allemündung bei Wehlau (Snamensk) bis Königsberg (Kaliningrad) schiffbar ist. Die Alle, ein Fluß von 289 Kilometern Länge, bildet im Osten im wesentlichen die Grenze zu Masuren. Dieses Gebiet war nicht so bekannt wie das Samland und Masuren, aber es bot vielerlei Abwechslung. Die Frisching-Niederung, ein größeres zusammenhängendes Waldgebiet, grenzt an ein eigenartiges Naturschutzgebiet, das Zehlau-Bruch. Einmalig in Deutschland war dieses noch immer wachsende Hochmoor von etwa 2.400 Hektar Größe. In seiner stillen Einsamkeit lebt eine Vielzahl seltener Tiere, Insekten und Pflanzen. Südlich von diesem Gebiet erhebt sich das Land in leichten Wellen und steigt im Stablak bis zu 216 Meter an.

Schon seit altersher war der Boden die Grundlage für erfolgreiche Landwirtschaft mit Ackerbau und Viehzucht. Diese Tatsache trifft vor allem für das Ermland und das Oberland, auch Hockerland genannt, zu. Durch das Ermland, mit einer Fläche von rund 4.300 Quadratkilometern, fließt die Passarge, ein Fluß von 210 Kilometern Länge, dessen letzte Kilometer ab Braunsberg (Braniewo) schiffbar sind. Die jüngste Eiszeit hat mit ihren gewaltigen Gletschern das Oberland, das südliche Ermland bis Masuren gestaltet. In diesem Gebiet wechseln sich die Böden aus Geschiebemergel und Geschiebelehm, durchgemischt mit Kies- und Sandlagern, ab.

Das Oberland ist ein von mehreren Seeketten durchzogenes Flachland, welches seine Fortsetzung in Masuren findet. Durch das Oberland durchziehen sich drei Baumgrenzen (Verbreitungsgebiete). Zum einen die Westgrenze der Fichte und zum anderen die Ostgrenze der Rotbuche und der Traubeneiche.

Masuren ist der südöstliche Teil Ostpreußens. Etwa 3.300 Seen mit angrenzenden Hügeln, umfassenden Kiefernwäldern auf teilweise ärmeren Sandböden prägen das Gesicht dieses herrlichen Landschaftsgebietes.

Vor allem an der deutsch-polnischen und deutsch-litauischen Grenze erstreckten sich große Waldflächen. Im 14. Jahrhundert, also zur Zeit des Deutschen Ordens, rückte der Wald durch die "Wüstlegung" weiter vor. Die "Große Wildnis" war in gewisser Weise ein breiter Schutzwaldgürtel zu den Nachbarvölkern. Er umfaßte im Nordosten den Memelwald, nach Osten dann die Rominter Heide, anschließend die Borker Heide bis zur Johannisburger Heide im Südosten. Dieser Urwald entwickelte sich entsprechend den Klima- und Bodenverhältnissen. Große Brüche und Sümpfe unterbrachen den dichten, kaum zu durchdringenden Urwald. Der Grundwasserstand war bedeutend höher. Dieses verursachte unter anderem auch der noch reichlich vorkommende Biber. Durch seine Burgen und Stauanlagen an den Wasserläufen entstanden Anstauungen, die oft kilometerlang waren.

Die "Große Wildnis" wurde erst im 17. und 18. Jahrhundert durch die landesherrliche Schatullkolonisation teilweise kultiviert. Im Inneren der Provinz war der Waldanteil verhältnismäßig gering, da die guten Böden landwirtschaftlich genutzt wurden. Der Wald blieb in Ostpreußen auf weniger geeigneten, zu nassen, zu schweren, zu moorigen oder zu leichten, nährstoffarmen Böden beschränkt. Trotzdem findet man in Masuren prächtige Kiefernbestände. In der Johannisburger Heide ist die "Masurische Kiefer" mit Abstand die beste Provenienz aller Kiefernrassen. Ihre gewaltigen, braunrötlich schimmernden Stämme, die bis zu fünfundvierzig Meter mit spitzer Krone hoch werden, haben eine hervorragende feinringige Holzqualität.

Durch eingehende Untersuchungen und Auswertungen der Pollenanalysen existiert heute eine ziemlich genaue Übersicht der Entwicklung der ostpreußischen Landschaft nach Abklingen der jüngsten Eiszeit (etwa vor 20.000 Jahren). Mit dem Temperaturanstieg entstanden vor etwa 12.000 Jahren Birken-Kiefernwälder. Vor etwa 6.000 Jahren kamen noch Haselwälder dazu. Bei weiterer Erwärmung vor etwa 4.000 Jahren verdrängten die Eichenmischwälder (mit Ulme, Linde, Erle und Hainbuche) die Haselwälder in den Unterwuchs. Von Osten wanderte nach und nach die Fichte ein. Auf den lehmigen Böden wuchsen vor allem die Laubwälder und auf den Sandstandorten Kiefern und Birken. Zu damaliger Zeit war das Verhältnis Wald zu Land etwa 80 % zu 20 %. Nach der ersten Siedlungsperiode des Deutschen Ordens zum Anfang des 15. Jahrhunderts hatte sich das Verhältnis Wald/Land auf 60 % zu 40 % verändert. Durch weitere Besiedlungen (Schatullensiedlung) veränderte sich das Verhältnis laufend, bis es Anfang des 20. Jahrhunderts eine Umkehrung seiner ehemaligen Bewaldungsprozente erfuhr (20 % zu 80 %).

Solange Europa auf Landkarten verzeichnet ist, heißt das Land zwischen Weichsel und Memel "Preußen" (durch Kabinettsorder von König Friedrich II. wurde die Provinz 1773 in Ostpreußen umbenannt).

Gegen Ende der Bronzezeit, etwa im Jahre 1000 v. Chr., war das Gebiet von germanischen Stämmen besiedelt, die aus dem Norden und Westen gekommen waren: Burgunder von Bornholm, Rugier von Rügen, Goten von Gotland und Vandalen aus Jütland. Später zogen sie nach und nach in südlicher und südwestlicher Richtung ab.

Zu Beginn unserer Zeitrechnung, also vor etwa 2.000 Jahren, siedelten in Mitteleuropa, im heutigen Gebiet der Bundesrepublik Deutschland und weiter östlich in Pommern, im westlichen und zum Teil im südlichen Ostpreußen, immer noch germanische Stämme. So zum Beispiel die Langobarden im Mecklenburger Raum, die Cherusker im westfälischen Raum, die Kimbern und Teutonen in Schleswig-Holstein, die Friesen an der Nordseeküste, die Goten im Raum Danzig, Marienburg, Allenstein. Im restlichen Ostpreußen siedelten sich in die entstandenen Leerräume die Stammes- und Familienverbände der Prussen angesiedelt.

Im 2. und 3. Jahrhundert begann der Einfall germanischer Stammesverbände in das Römische Reich (Völkerwanderung). Die Alemannen, Burgunder, Vandalen, Langobarden, Ost- und Westgoten und noch weitere Stämme zogen südwärts nach dem heutigen Italien, Frankreich, Spanien, sogar bis über das Mittelmeer nach Algerien und Tunesien.

In ihren ursprünglichen Siedlungsraum rückten nach und nach bis südlich von Thorn, bis zur Oder-Neiße, bis nach Pommern und Mecklenburg slawische Stämme, z. B. die Masowier, Polanen, Pomoranen, Obotriten und Sorben (der sorbische Volksstamm lebt noch heute im Raum Cottbus/Spreewald), vor. Diese Wanderung der Slawen fand im 6. und Anfang des 7. Jahrhunderts statt.

Vom 6. bis 10. Jahrhundert waren im verstärkten Maße die Wikinger (Normannen) an der Ostseeküste vorzufinden, ein aus Norwegen und Schweden stammendes, sehr tüchtiges Seefahrervolk, die Meister in der Schiffbaukunst waren. Zahlreiche Funde von Waffen, Schmuck und Gebrauchsgegenständen zeugen von der hohen Kultur der Wikinger. Das Wikingergräberfeld Wiskiauten bei Cranz im Samland, wo über dreihundert Grabhügel freigelegt wurden, und weitere Funde bis nach Ostmasuren geben Aufschluß über den Siedlungsraum der Wikinger. Der dänische Geschichtsschreiber Saxo Grammaticus berichtet aus der Zeit des 10. Jahrhunderts über den Einfall der Wikinger ins Samland, diese hätten "gesiegt und geheiratet"!

Im 10. und 11. Jahrhundert hatten die Baltischen Stämme folgenden Siedlungsraum eingenommen:
- Prussen = Ostpreußen zwischen Weichsel und Memel
- Litauer = um Vilnus, Kaunas
- Kuren/Liven = um die Rigaer Bucht
- Esten = zwischen Peipusee und Reval
- Jatwinger = um Brest, Bialostock, Grodno.

Die Prussen bildeten keinen Staat. Sie waren ein Zweig der baltisch-indogermanischen Völkergemeinschaft, ein seßhaftes Bauernvolk, das sich in Stammes- und Familienverbänden (oft auch Gaue genannt) aufgliederte. Ein freies Volk mit einer adligen Oberschicht, das zäh an der Scholle festhielt und sich unerbittlich gegen feindliche Eindringlinge wehrte. Um das Jahr 1200 n. Chr. schätzte man etwa 170.000 Prussen. Neben Ackerbau, Fischfang und Jagd betrieb man auch Handel mit den Nachbarvölkern. Bernstein tauschte man gegen Salz und Gold. Handwerklich hoch begabt, verstanden sie es zu weben, Teppiche zu knüpfen und Töpfereiwaren herzustellen.

Die Prussen hatten viele Götter. Als höchsten Gott verehrten sie Perkunos. Er war Herr über Sonnenschein, Regen, Sturm und Gewitter. Ihm zur Seite stand Potrimpos, der Gott des ländlichen Lebens. Girystis war zuständig für den Wald. Es gab noch eine Reihe von Göttern, die für bestimmte Bereiche zuständig waren. Im heiligen Hain von Romowe verehrte man die Götter und betete sie an. Opfersteine hat man im ganzen Prussenland gefunden, demnach gab es noch mehr heilige Stätten. Die Feste der Prussen waren den Jahreszeiten angemessen, sie glaubten an ein Leben nach dem Tode.

Leider gibt es über die Zeit der Prussen relativ wenig schriftliche Überlieferungen. Sie hatten wahrscheinlich keine Schriftsprache, oder sie wurde im Zuge der Christianisierung vernichtet. Berichte aus jener Zeit stammen von den Nachbarvölkern. Aus der Zeit zwischen 850 und 880 stammen von dem Seefahrer Wulfstan einige Berichte über das Aestenland, wie er das Prussenland nannte. Seine Expedition unternahm er von dem Hafen Haithabu (Haddeby-Schleswig), dem Hauptumschlagplatz der Wikinger. Peter von Dusburg berichtet 1326 in seiner Chronik "Chronicon terrae Prussiae" über den Hochmeister Werner von Orseln (1324 bis 1330), und in weiteren zwanzig Kapiteln über die Geschichte der Prussen. Nur wenige Schriftdenkmäler des frühen 15. und 16. Jahrhunderts sind bekannt, so drei Übersetzungen von Luthers "Kleinem Katechismus" ins "Altpreußische" sowie zahlreiche Orts- und Personennamen. Gegen Ende des 17. Jahrhunderts wurde die Sprache vom Deutschen verdrängt, sie ist ausgestorben.

Herzog Konrad v. Masowien rief 1225 den Deutschen Orden (1198 vor Akkon, Palästina, gegründet) gegen die Prussen zu Hilfe. Dafür trat er dem Orden das in Westpreußen gelegene Kulmer Land ab. Die höchsten Autoritäten der Christenheit - Papst und Kaiser - bestätigten den Vertrag. Der Papst übernahm die noch heidnischen Gebiete (nach damaliger Rechtsauffassung war es "herrenloses Land") in das Eigentum des heiligen Petrus und übertrug sie dem Orden zur Missionierung mit allen Rechten zum ewigen Besitz. Der Deutsche Orden gründete einen Staat besonderer Prägung, der zum Verband des Deutschen Reiches gehörte.

Hermann von Salza (1211 bis 1239) war der erste Hochmeister, der die staatsrechtlichen Grundlagen für den Ordensstaat im Preußenland legte und aufgrund seiner guten Beziehungen zu Papst und Kaiser diese Rechte bestätigt bekam. Die Ordensritter kamen meistens aus Thüringen und Sachsen, später aus dem Rheinland. Dem Deutschen Schwert folgte der Pflug mit vielen Siedlern und Handwerkern. Nach Bekehrung des heidnischen Volkes zum Christentum setzte allmählich der Verschmelzungsprozeß mit den eingewanderten deutschen Siedlern ein.

Der Ordensstaat, zu damaliger Zeit vorzüglich, straff und einheitlich geleitet, gehörte zum modernsten Staatswesen in Europa. In deutscher Amtssprache wurde alles schriftlich festgehalten.

Der Hochmeister stand dem Orden vor. Seit 1309 war Marienburg Hochmeistersitz, ab 1457 regierte er in Königsberg. Ihm zur Seite stand der Ordensmarschall, er war der erste Mann nach dem Hochmeister. Es folgte die Komturei. An der Spitze des Konvents (12 Ordensritter) stand der Komtur bzw. Großkomtur. Er war in seiner Komturei der militärische Befehlshaber und der höchste Verwaltungsbeamte. Er vereinigte in seiner Hand geistliche Befugnisse als Vorsteher des Konvents, militärische Befehlsgewalt als Kommandant der Burg und schließlich die vielfältigen Verwaltungsrechte des Bezirksbeamten. Er erhob alle öffentlichen Abgaben: Naturaliensteuern, die Grund-

und Gewerbezinsen usw.. Der Komtur sorgte für die Besiedlung des Gebietes. Er war Gerichtsherr, Hüter der Forst-, Jagd- und Fischereigerechtsame. Die Komturei teilte man in Kammer- und in Waldämter auf. Das Waldamt wurde von einem Ordensritter, dem Waldmeister, verwaltet. Dieser gehörte dem Konvent an.

Eine Dorfgründung (Ansiedlung, auch oft Lischke genannt) pflegte damit zu beginnen, daß ein dem Deutschen Orden (Komtur) als leistungsfähig bekannter Mann, der Lakator, den Auftrag und das Recht erhielt, Bauern anzusiedeln. Durch Umreiten steckte man ein Waldgebiet (Wildnis) in der Größe von etwa fünfzig Hufen ab und teilte es an die Siedler auf. Der Lokator wurde oft der "Schulze" im Dorf, mit einer größeren Anzahl von Freihufen als die Bauern. Für die Rodung und Urbarmachung der Wildnis galten Freijahre (bis 12 Jahre), wo der Zins und die Naturalabgaben erlassen bzw. gesenkt wurden.

Der Ratmann stand gewöhnlich mehreren Dörfern vor. Wenn sich die Dörfer an günstig gelegenen Punkten wie Handelswegen, Flüssen durch die Ansiedlung von Handwerkern und Händlern erweiterten, so bezeichnete man sie als "Flecken". Neben Burgen und Klöstern entstanden Städte. Das Stadtrecht wurde durch den Hochmeister verliehen. Um die Stadt wurden Befestigungsanlagen errichtet. Wälle, Mauern und Gräben, manchmal auch natürliche Flußläufe, schützten die Bewohner vor Überfall, Raub und Plünderung. Meistens gab es zwei Stadttore, die als Ein- und Ausgang der Durchgangsstraße dienten. In der Mitte der Stadt lag der Marktplatz, auf dem das Rathaus stand. Die Stadtkirchen aus der Ordenszeit sind meist mächtige, dreischiffige Anlagen ohne Querhaus.
Im polnisch besetzten Ostpreußen gibt es noch viele Kirchen aus der Ordenszeit, die wieder restauriert und in Betrieb sind. Im russischen Teil dagegen sind sie zumeist zerstört, verlassen bzw. zweckentfremdet.

Die Jahre der friedlichen Arbeit wurden zeitweise unterbrochen durch Kriegsfahrten des Ordens, z. B. gegen die Seeräuber, und die Besatzung der Insel Gotland. Ebenso waren sie beteiligt an den von den Komturen unternommenen "Kriegsreisen" nach Litauen, die aber nur kurzfristige Erfolge brachten. Als sich der Großfürst Jagiello von Litauen mit der polnischen Königstochter Jadwiga vermählte und als König Wladyslaw II. Jagiello von Polen den Thron bestieg, war es dem zahlenmäßig überlegenen, vereinten polnisch-litauischen Heer möglich, ihren "unerbittlichsten Feind" in der Schlacht bei Tannenberg (Grunwald) am 15. Juli 1410 zu besiegen und dem Ordensstaat eine folgenschwere Niederlage zuzufügen. Im Jahr 1466 wurde der zweite Thorner Friede geschlossen. Die Großmachtstellung des Ordens fand hiermit sein Ende. Der Hochmeister wurde verpflichtet, dem polnischen König den Treueid zu leisten. Ferner mußte der Orden auf das westliche Preußenland (Pommerellen, Kulmerland, Ermland, Marienburg, Thorn, Danzig und Elbing) verzichten. Die abgetretenen Gebiete wurden unter der Krone Polens autonom. Kaiser Friedrich III. und der Papst verweigerten dem Friedensschluß mit diesen Gebietsabtretungen die Zustimmung. Trotzdem änderte sich nichts an der Realität: Der Ordensstaat verlor seine Macht!
1511 wurde der erst einundzwanzigjährige Markgraf Albrecht von Brandenburg zum Hochmeister des Ordens gewählt. 1525 löste Hochmeister Albrecht den Deutschen Orden auf, legte das Ordenskleid ab und verwandelte das Land auf Anraten Martin Luthers in ein weltliches Herzogtum. Er wurde der erste Herzog in Preußen und der Begründer der evangelischen Kirche in diesem Land.

Im Jahr des Beginns des dreißigjährigen Krieges (1618) starb der letzte Herzog. Durch Protektion des Schwedenkönigs fiel die Erbfolge an Brandenburg und der Kurfürst wurde gleichzeitig Herzog von Preußen. Damit begann die Regentschaft des Hauses Hohenzollern.

Der große Kurfürst (Friedrich Wilhelm) hat während seiner Regierungszeit (1640 bis 1688) um die Souveränität seines Landes gekämpft. Die Sicherung der Machtstellung im Inneren sowie in der Außenpolitik waren Richtschnur seines Handelns. Bündnisse mit Schweden, Niederlande, Frankreich, Polen, Österreich, Rußland, Dänemark und weiteren Staaten wurden geschlossen, und bei entsprechendem Vorteil wechselte er oft die Fronten. Seine vielen Feldzüge dienten der Anerkennung und Souveränität Preußens. Am 19. September 1657 erreichte er mit dem Vertrag von Wehlau die volle Souveränität über das Herzogtum Preußen. Damit war der Einfluß Polens, die Lehnsherrschaft über Preußen beendet.

Zu damaliger Zeit war der Mensch die Hauptproduktivkraft. So hatten Länder mit vielen Einwohnern wesentlich bessere Möglichkeiten, sich zu entwickeln und einen gewissen Wohlstand zu erreichen, als dünn besiedelte. Dieses hatte der Große Kurfürst schnell erkannt und richtete seine Ansiedlungspolitik darauf. Er ist der Hohenzoller gewesen, der mit dieser Politik den Anfang machte, eine der größten Taten in der Geschichte der brandenburgpreußischen Regenten.

Es wurden Holländer und Schweizer Kolonisten ins Land gerufen und seßhaft gemacht. Den größten Erfolg hatte der Große Kurfürst mit seinem Edikt von Potsdam, welches er Ende 1685 erließ. Hiermit hatten die in Frankreich aus religiösen Gründen verfolgten Hugenotten die Möglichkeit, sich in Brandenburg-Preußen anzusiedeln. Bis 1699 kamen etwa 20.000 Franzosen, da ihnen freie Religionsausübung garantiert wurde. Die meisten ließen sich in Städten nieder, weil sie besondere Erfahrungen und Kenntnisse in der Textilindustrie, im Handwerk und Gewerbe besaßen. Hauptansiedlungsgebiete waren Berlin, Prenzlau, Frankfurt/Oder, Magdeburg und Königsberg. Das nördliche Ostpreußen wurde zum neuen Wirkungsfeld für viele hugenottische Kaufleute und Handwerker.

Als Friedrich Wilhelm (der Große Kurfürst) die Regierung übernahm, war die Finanzlage seines Landes katastrophal. Der Ausweg aus dieser Misere war die landesherrliche Privatkasse, die Schatulle. Sie wurde durch die Abgaben aus verschiedenen Zweigen der Wirtschaft, besonders aus den landesherrlichen Forsten, gespeist. Über diese Einnahmen konnte der Herrscher frei verfügen. In Preußen gab es noch zahlreiche große Landesforsten, deren Erträge ausschließlich in die Schatulle des Kurfürsten flossen. Dazu gehörten die Einkünfte aus dem "Waldwerk", d. h. Holzgelder, Beutnerzins (Bienen), Abgaben der Teer- und Pottaschenbrenner, der Köhler, der Eisenhammer und Weidegelder für die Hütung von Vieh. Der Große Kurfürst ordnete nun an, daß abgeholzte und ausgebrannte Waldplätze fortan an Siedler vergeben werden sollten. Sie mußten sich verpflichten, die Ländereien urbar zu machen und einen jährlichen Grundzins zu zahlen. Hierdurch gab der Kurfürst den Anstoß für die Schatullsiedlung auf landesherrlichem Grund und Boden. Um den Ansiedlern einen Anreiz für die Übernahme wüsten Forstlandes zu geben, waren sie von allerlei Scharwerk, Kontributionen und Einquartierungen befreit. Die Grundzinsen richteten sich nach der Güte des Bodens. Durch alle diese zusätzlichen Einnahmen vermehrte sich das Vermögen des Landesherren erheblich und machte ihn unabhängig von den Ständen, dem Adel und den Städten.
Bis zum Ende des 16. Jahrhunderts gab es in Preußen keine einheitliche Forstverwaltung. Zwar hatte der Regent des Herzogtums Preußen, der Markgraf Georg Friedrich, 1682 eine Waldordnung erlassen, aber jedes Amt beaufsichtigte und verwaltete eigenständig die Forsten seines Bereiches. Unter Kurfürst Georg Wilhelm (Vater des Großen Kurfürsten) wurde eine neue Waldordnung geschaffen. Man trennte die Verwaltung der Forsten von der allgemeinen Verwaltung. Den Großkreisen Samland und Oberland - Natangen stand jeweils ein Oberwildnisbereiter vor, der später die Bezeichnung Oberförster und seit 1688 den Titel Oberforstmeister führte.

Dem Oberforstmeister standen mehrere Wildnisbereiter zur Seite. Diese verwalteten einen großen Bezirk (Beritt), waren für sämtliche forstlichen und jagdlichen Fragen zuständig und ihrem Oberforstmeister gegenüber verantwortlich. Unter den Wildnisbereitern standen mehrere Waldwarte, die einzelne Teile des Beritts beaufsichtigten und entsprechend den Festlegungen forstliche Maßnahmen durchführen ließen. Die Waldwarte waren nebenbei noch Bauern oder Schulzen, wohnten in Dörfern am Rande der Forsten. Sie erhielten keine bare Vergütung, sondern wurden durch eine zins- und scharwerksfreie Diensthufe, etwa 17 Hektar entlohnt. Mit der Herausbildung und Entwicklung des Lehns- und Ständewesens ging die Jagdgerechtigkeit auf den Landesherren über. Dieses mit dem Begriff des "Jagdregals" benannte Recht konnte ganz oder teilweise an die Ritterschaft und an Besitzer von Grund und Boden übertragen werden. Wechselten Grund und Boden ihren Besitzer, wurden die Jagdrechte mit übertragen. In den Polizei- und Landordnungen im 16. Jahrhundert "Vom Jagen und Schießen, Waldwerk und Fischereien" wurde die Jagd ausdrücklich an den Grundbesitzer gebunden. Allenthalben in Deutschland behielten sich die Fürsten das Recht der sogenannten "Hohen Jagd" vor, während der übrige grundbesitzende Adel die "Niedere Jagd" ausüben konnte. Zur "Hohen Jagd" rechnete man Elch-, Rot- und Damwild, Keiler, Trappe, Auerhahn, Schwan und Adler. Wo Wisent, Luchs und Bär vorkamen, stand auch dieses Wild dem Landesherrn zu. Alles übrige Wild durfte von den anderen Jagdberechtigten (Grundbesitzern) erlegt werden. Die Forst- und Jagdbediensteten in den landesherrlichen Forsten hegten und bejagten die Wildbestände entsprechend den Vorgaben des Landesherrn. Schon damals waren in der Jagdordnung Schonzeiten in der Bejagung des Hoch- und Niederwildes festgelegt, und zwar zwischen Fastnacht und Jakobi, d. h. die Zeit Februar bis zum 25. Juli.

Wie zur damaligen Zeit üblich, nutzten die Fürsten die Jagd für ihre Repräsentanz. Ferner diente sie ihrem Vergnügen und bereicherte die fürstliche Tafel mit wohlschmeckendem Wildbret. Die Erhöhung des Jagdaufwandes, das übersteigerte Prunk- und Vergnügungsbedürfnis des Adels führten zu einem Anwachsen der Jagdfron. Zu den großen "Festinjagden" wurde das Jagen in Galauniform mit erheblichem Prunk durchgeführt. Tagelang mußten vorher Hunderte, ja manchmal Tausende Scharwerker und weitere im Frondienst stehende Dorfbewohner alles Wild aus großen Wald- und Heideflächen in eingefriedete Flächen (die sogenannte Kammer) zusammentreiben. Von diesen "Kammern" führten Zwangswechsel, der sogenannte "Lauf", an einen überdachten Schießstand, dem "Schirm", vorbei. Nach dem Öffnen der Kammern drück-ten Treiber mit Hunden das Wild an den Schirmen vorbei. Krankes und noch gesundes Wild hetzte man um den Schirm herum und wieder zurück in die Kammer, um es beim nächsten Todeslauf am Schirm vorbeizujagen. Dies ging so lange, bis alles Wild abgeschlachtet war. Auf diese und ähnliche Weise wurden von einem Schützen am Tag ein paar hundert Stücke Wild erlegt.

Diese Entartung der Jagd, wie z. B. von den Kurfürsten und Königen von Sachsen und einigen anderen Reichsfürsten betrieben, war der Ausdruck des Verfalls der Jagd im Feudalismus. Die Hochmeister des Deutschen Ordens, die späteren Herzöge und Könige von Preußen, von Kaiser Wilhelm II. (1918) bis hin zum Ministerpräsidenten und Reichsjägermeister Göring (1945), hatten in Ostpreußen ihre sehr wildreichen Hof- bzw. Staatsjagdreviere. Kurfürst Johann Sigismund z. B. besaß eine unglaubliche Jagdpassion und jagte häufig in Rominten. Aus Aufzeichnungen seines Wildwägers Korn für die Jahre 1612 bis 1619 geht hervor, daß der Kurfürst in seinem Herzogtum insgesamt 11.768 Stück Wild erlegt hat, davon 4.935 Stück Rotwild, 112 Elche, 4.008 Sauen, 52 Bären, 215 Wölfe, 1.378 Hasen und 1.068 Stück weiteres Wild. Diese gewaltige Strecke war unter anderem nur durch große

"Festinjagden" möglich. Erwähnenswert ist in diesem Zusammenhang noch die "Große Jagd von Johannisburg", die 1698 anläßlich des politisch so bedeutsamen Treffens von August dem Starken (Kurfürst von Sachsen und König von Polen) und dem brandenburgischen Kurfürsten Friedrich III. (ab 1701 König in Preußen) abgehalten wurde.
Bei dem mit gewaltigem Aufwand vorbereiteten Jagen kamen an einem Tag über 200 Hirsche, 80 Stücke übriges Großwild wie Wisente, Elche, Wölfe und Luchse zur Strecke!
Umfangreich war die Berufsjägerei, und es bestand eine strenge Ordnung. Die untersten Jagdbediensteten (einfache Jäger), auch Birschknechte genannt, gehörten meistens der einfachen Landbevölkerung an. An den Berufsjäger wurden besonders hohe Anforderungen gestellt. Der hirschgerechte Jäger mußte in der Fährtenkunde versiert sein, die hirschgerechten Zeichen, zweiundsiebzig an der Zahl, beherrschen, mit der Hundehaltung und -führung vertraut sein und auf allen übrigen Gebieten des Jagdwesens umfangreiche Kenntnisse und Fertigkeiten besitzen. Die Ausbildung dauerte bei einem erfahrenen Jägermeister drei Jahre.
Im ersten Jahr erfolgte die Ausbildung im Hundewesen, der Fährtenkunde und im Jagdhornblasen. Während der Zeit wurde er als Hundejunge bezeichnet. Im zweiten Jahr durfte er sich Lehrbursche nennen und nach Beendigung der Lehrzeit dann Jägerbursche. Hatte er sich während dieser Zeit gut geführt und das Hornblasen erlernt, durfte er nunmehr die Hornfessel tragen. Nach erfolgreicher Beendigung der Lehrzeit wurde er wehrhaft gemacht, d. h. er wurde freigesprochen und erhielt den Lehrabschied (Lehrbrief). Er durfte dann auch eine Kugelbüchse führen und den Hirschfänger tragen. Der Jägerbursche begab sich auf Wanderschaft, um seine Kenntnisse bei anderen Dienstherren zu vervollkommnen. Außer den hirschgerechten Jägern gab es noch die "Reisjäger", die nur die Jagd auf Niederwild ausübten und weder Hornfessel noch Hirschfänger tragen durften. Als Waffe stand ihnen nur die Flinte zu.

Die wichtigsten Einnahmen des Jägers bildeten Schußgeld, Fanggeld und das Jägerrecht (Teile des erlegten Wildes).
Jungen Adligen wurde die Ausbildung zum Berufsjäger meist sehr leicht gemacht. Nach einfachen Diensten als Jagdpage konnten sie bald die Hornfessel und auf Reisen schon den Hirschfänger tragen. Nach Beendigung der Ausbildung erhielten sie den Kavaliersdegen und traten als Jagdjunker in eine gehobene Stellung bei Hofe ein. Aus den Beziehungen der Menschen zu den jagdbaren Wildtieren erwuchs in Jahrhunderten bis zur heutigen Zeit das jagdliche Brauchtum. In seinem Mittelpunkt steht die Weidgerechtigkeit mit der Hege des Wildes und der Jagdausübung nach strengen Regeln. Aus dem Berufsjägertum entstand die Weidmannssprache als Fach- und Standessprache.

Der Große Kurfürst hat in seiner achtundvierzigjährigen Regierungszeit aus einem bettelarmen Staat und verwüsteten Land ein geordnetes Staatswesen, ein schlagkräftiges, gut ausgerüstetes und geschultes Heer von 26.800 Mann, dazu noch Artillerie, Train und die ausgebildete Miliz aufgebaut. In der Festung Küstrin war ein Kriegsschatz eingemauert; er belief sich beim Tode des Kurfürsten (9. 5. 1688) auf 649.000 Taler, eine für die damalige Zeit beträchtliche Summe. Seine Siedlungs-, Handels- und Religionspolitik, gepaart mit zielstrebiger politischer Weitsicht, haben die Grundlagen für das spätere Königreich Preußen geschaffen.

Der Sohn und Nachfolger des Großen Kurfürsten, Friedrich III., ähnelte in keiner Weise seinem Vater. Klein und verwachsen von Gestalt, was er hinter äußerem Prunk zu verstecken suchte, war er ein leicht zu beeinflussender Mann. Ein höherer Rang war in der hierarchisch strukturierten Adelsgesellschaft mit einer hohen Stellung identisch. So angetan, versuchte Friedrich III. den Rang eines Königs zu erwerben. Sein Vorhaben, König von Branden-

burg-Preußen zu werden, ließ sich nicht umsetzen, weil der Kurfürst Reichsfürst war und mit Brandenburg zum Kaiserreich gehörte.
Das Herzogtum Preußen dagegen gehörte nicht zum Kaiserreich und deshalb gab es nur diesen Weg: Am 18. Januar 1701 krönte sich Friedrich III. im Königsberger Schloß zum König Friedrich I. in Preußen.
Eine ununterbrochene Reihe von Festen folgte dem Krönungsakt. Freudenfeste solcher Art waren nicht nur Prunksucht des Königs, sondern gehörten zur höfischen Lebensart vieler Fürstenhöfe. Die Ausgaben für die Hofhaltung stiegen rasch und unkontrolliert ins Unermeßliche. Es trat eine rapide Verschlechterung der Wirtschaft durch die hohen Abgaben und Steuern ein.

Außerdem wütete von 1709 bis 1711 die "große Pest" in Ostpreußen und forderte zahlreiche Opfer. Die Pest, auch "Schwarzer Tod" genannt, brach im Osten der Provinz aus und raffte 240.000 der rund 600.000 Bewohner Ostpreußens dahin. Ganze Dörfer starben aus. Auf die Pest folgte im Kreis Lötzen und in angrenzenden Gebieten die Pferdeseuche. In Masuren, besonders im Kreis Sensburg, kam es zu einer großen Heuschreckenplage, was für die gemäßigte Klimazone einmalig war. Die schwer geprüfte Provinz Ostpreußen hatte bitter unter all diesen Katastrophen zu leiden.

Nach dem Tode Friedrich I. (1713) begann sein Sohn Friedrich Wilhelm I., den man später den Soldatenkönig nannte, mit seinem drastischen Sparsamkeitsregime die zerrütteten Finanzen zu ordnen. Ohne Rücksicht auf Personen, nur vom Streben nach Sparsamkeit geleitet, löste der neue König den Hofstaat seines Vaters so gut wie auf. Er lebte einfach und kleidete sich bescheiden, mischte sich unter das Volk, kontrollierte und überprüfte persönlich seine Maßnahmen.
Die Wiederbesiedlung der von der Pest entvölkerten Landstriche, vor allem "Preußisch-Littauen" (Memelgebiet, Tilsit und Gumbinnen), die Rekultivierung wüster

Ländereien, den Aufbau von Dörfern und Vorwerken sah das Edikt von 1721 vor. Zahlreiche Schweizer, Pfälzer, Magdeburger und Halberstädter kamen und siedelten sich an. Sie erhielten zwei Hufen Land (etwa 34 Hektar) und zwei Freijahre. Doch die Wiederbesiedlung war sehr schwer.

Eine bedeutsame Verordnung wurde am 20. Mai 1720 für die Forst und Jagd erlassen und zwar die "Renovierte und verbesserte Holtz-, Mast- und Jagd-Ordnung". Auf 74 Seiten wurden genaue Anweisungen, Gebote und Verbote für alle forstlichen und jagdlichen Aufgaben festgeschrieben. In dieser neuen Ordnung sind der "Heydereuter-Eyd", der "Heyde-Läufer Eyd" und der "Schneide-Müller Eyd" enthalten.

Aus dem 18. Jahrhundert sind noch einige weitere Forstedikte bekannt. So hat Herzog Friedrich Wilhelm von Mecklenburg schon 1706 eine "Forst- und Holtz- auch Jagd- und Wild-Ordnung" erlassen. Sie enthielt 35 Gebote und Verbote zum Schutz der Wälder und des Wildes. Sein Nachfolger Christian Ludwig II. (1728 bis 1756) erließ den "Eyd der Förster und Holz-Vögte". In dieser Zeit (1717 bis 1749) gab in Leipzig H. F. v. Fleming sein viel beachtetes Jagdbuch "Der vollkommene Teutsche Jäger" heraus, welches lange Zeit als ein Standardwerk in allen deutschen Ländern galt.

1732 setzte die Einwanderung wieder ein, als der Fürstbischof von Salzburg, Leopold Graf Firmian, nach vorhergehenden Verfolgungen die in seinem Bistum lebenden Lutheraner und Reformierten auswies. In kürzester Frist mußten über 20.000 Salzburger ihre Heimat verlassen. Friedrich Wilhelm I. erließ am 2. Februar 1732 ein Patent, das den Salzburgern günstige Bedingungen für die Ansiedlung in Preußen versprach. Ihn leiteten dabei bevölkerungspolitische, ökonomische sowie religiöse Gesichtspunkte. Die Salzburger kamen in unerwartet großer Zahl, der größte Teil (ca. 16.000) wanderte bis nach Stettin und wurde dann per Schiff nach Königsberg gebracht. Der Rest

(5.553) zog mit Pferd und Wagen (780 Wagen mit 1.167 Pferden) von Salzburg - Passau - Regensburg - Nürnberg - Meißen - Berlin - Küstrin - Thorn - Johannisburg nach Masuren. Viele siedelten sich bei Gumbinnen, Goldap und Tilsit an. Die Salzburger bildeten den letzten großen Einwanderungsstrom in Ostpreußen, wenn man davon absieht, daß knapp einhundert Jahre später die Philipponen in Masuren siedelten.

Die Philipponen, eine russische Sekte, wurden durch preußische Kabinettsorder von 1825 in der Johannisburger Heide und im Kreis Sensburg angesiedelt. Die erste Kolonie mit 274 Seelen ließ Forstmeister Eckert am Kruttinenfluß 1829 ansiedeln. In der dort gegründeten Ortschaft Eckertsdorf hatten sie sich sogar eine eigene Kirche gebaut. Etwa 1.300 Philipponen wurden in Masuren seßhaft, behielten ihre eigenen Sitten und Gebräuche bis 1945.

Eine bedeutende Epoche für Preußen begann mit der Regierungszeit von König Friedrich II. (1740 bis 1786). Nach jahrelangen Kriegen und der Festigung Preußens als Großmacht in Europa, mußten schnellstens die Schäden beseitigt und die Wirtschaft wieder in Gang gebracht werden. So unter anderem auch die Forstwirtschaft. Friedrich der Große erließ mehrere Forstordnungen. Seine 1775 erlassene Ordnung bewirkte die weitere Urbarmachung und Kultivierung in Ostpreußen. Der Bewaldungsanteil sank daraufhin auf etwa 33 Prozent. Im Laufe des 19. Jahrhunderts reduzierte sich der Wald nochmals um etwa die Hälfte auf 17,4 Prozent.

Zum Ende des Jahrhunderts wurden ernsthafte Überlegungen und Anstrengungen unternommen, um die Qualität des Waldes und den Waldanteil anzuheben. Eine Reihe von Gesetzen, Verordnungen und Strafbestimmungen regelten die Erhaltung, Mehrung und Verbesserung des Waldzustandes. Forstliche Reformen begannen 1811 durch den Leiter der preußischen Forstverwaltung Georg Ludwig Hartig in seiner fünfundzwanzigjährigen Amtstätigkeit.

Für das Nachhaltigkeitsprinzip setzte er sich entschieden ein. Allmählich begann sich die wissenschaftlich begründete Forstwirtschaft durchzusetzen.

Forstleute wie Heinrich Cotta (1763 bis 1844), der sich in der Forsteinrichtung verdient gemacht hatte, oder Prof. Dr. Friedrich Wilhelm Ludwig Pfeil (1783 bis 1859) mit seiner Lehre "Dem Standort angepaßte Forstwirtschaft" und seinem Ausspruch "Fraget die Bäume, wie sie wachsen; sie werden Euch besser belehren als Bücher es tun!", haben, um nur zwei zu nennen, eine Pionierarbeit für den Wald geleistet.

Der Wald stellte in der damaligen Zeit eine Lebensgrundlage für die Bevölkerung dar. Ohne Holz war eine Weiterentwicklung nicht möglich. Neben Bauholz war der jährliche Brennholzbedarf gewaltig. So benötigte Anfang des 18. Jahrhunderts die Stadt Königsberg jährlich ca. 300.000 Festmeter Brennholz.

Forstschäden größeren Ausmaßes beeinflußten die Nachhaltigkeit der ostpreußischen Wälder. 1798 wurde durch eine Insektenkalamität der Nonne die Borkener Heide auf rund 4.000 Hektar kahlgefressen.

In den Jahren 1835 bis 1870 folgte durch Nonnenfraß und anschließenden Fichtenborkenkäferbefall, der sich über die ganze Provinz hinzog, ein Verlust von fast fünfunddreißig Millionen Festmeter Holz. Nahezu fast alle hiebsreifen Fichtenbestände fielen dem Insektenfraß zum Opfer. Auch Schädlinge wie Kiefernspinner und Forleule beteiligten sich an den großen Waldschäden.

Der Orkan vom 17. Januar 1818 hatte für 5,5 Mill. Thaler Nutzholz umgerissen, 131 Kirchen, 36.774 Häuser, 248 Mühlen stark beschädigt, 3.744 Pferde und Rinder sowie 1.992 Schafe getötet. Getreide, Heu und Stroh vernichtet. Dieser Schaden wurde mit 4.414.710 Thaler bewertet. (aus "Der Kreis Heiligbeil")

Große Sturmschäden gab es noch 1825 und 1894, und die Verwehungen auf den Nehrungen, führten ebenfalls zu erheblichen Verlusten. Alle diese Forstschäden bewirkten eine erhebliche Störung des Bestandes- und Altersaufbaus

des Waldes in den betroffenen Gebieten. Die forstliche Planung wurde hierdurch stark beeinflußt und oft gegenstandslos. Alle in der Forst Beschäftigten hatten in dieser Zeit Gewaltiges geleistet, um schnell die Forstschäden zu beseitigen und den Wald wieder aufzubauen.
Ein besonderes Problem bestand in der Befestigung und Aufforstung der Wanderdünen auf den Nehrungen. Hier hat Düneninspektor Wilhelm Franz Epha von 1876 bis 1903 mit seiner Methode Hervorragendes geleistet und die Wanderdünen festgelegt und aufgeforstet. Er rettete unter anderem das Dorf Pillkoppen auf der Kurischen Nehrung vor der drohenden Übersandung.

Durch den preußisch-französischen Krieg, die französische Besetzung und hohe Kriegslasten von 1806 bis 1813 hatte die Provinz stark gelitten.
Einhundert Jahre später begann der Erste Weltkrieg. Zwei russische Armeen fielen im August 1914 in Ostpreußen ein, besetzten und verwüsteten einen großen Teil der Provinz (41.000 Gebäude zerstört). Etwa 400.000 Menschen flohen damals vor der russischen Streitmacht. Ende August (Tannenberg) und Mitte September 1914 (Masurische Seen) wurden beide Armeen vernichtend durch die ostpreußische Armee unter Führung von General v. Hindenburg geschlagen. In der Winterschlacht im Februar 1915 verlor der russische Zar seine 3. Armee und damit war Ostpreußen von den Feinden befreit.

Der Versailler Friedensvertrag von 1919 entmachtete, beraubte und zerstückelte Deutschland. Die Reparationszahlungen betrugen 132 Milliarden Goldmark, der Verlust von 13,5 Prozent des Territoriums und weiterer Sanktionen waren zu beklagen. Ostpreußen wurde eine Insel und durch den "Polnischen Korridor" vom Deutschen Reich getrennt. Durch die Isolierung der Provinz wurde die soziale Lage immer schwieriger und zwang zu erheblichen Abwanderungen. Notstandsarbeiten in vielen Bereichen, so auch in der Forstwirtschaft, konnten die große Arbeitslosigkeit in keiner Weise senken und das Gesamtproblem, entstanden aus der Weltwirtschaftskrise und Stagnation, nicht lösen.

Nach und nach entwickelte sich die Struktur der ostpreußischen Forstwirtschaft. Sie sah 1939 bei der Besitzartenverteilung, 61 Prozent Staats-, 6 Prozent Kommunal- und 33 Prozent Privatwald, wie folgt aus:

- Regierungsforstamt Königsberg
  einschl. Reg. Bez. Marienwerder   23 Forstämter
- Regierungsforstamt Gumbinnen   27 Forstämter
- Regierungsforstamt Allenstein   39 Forstämter
- Heeresforst   2 Forstämter
- Landesbauernschaft   6 Forstämter
- Sonderforsten:
  Oberforstamt Elchwald (Staatsjagdrevier)   74.112 Hektar
  + angepachtete Schutzjagd   25.000 Hektar
  Oberforstamt Rominter Heide (Staatsjagdrevier) 25.065 Hektar
  + angepachtete Schutzjagd   10.000 Hektar

- Kommunal- und Körperschaftswald
  -Hospitalforst Klein Nuhr   3.760 Hektar
  -Stadtforst Elbing   2.666 Hektar
  -Stadtforst Allenstein   2.297 Hektar
- sowie weitere neun Kommunen mit über 1.000 Hektar Wald

- Privatforsten, von Forstbeamten bewirtschaftete   40 Reviere
- Forstamt Finckenstein, Bes. Burggraf zu Dohna   5.232 Hektar
- Forstamt Schönberg, Bes. Graf v. Finckenstein   5.144 Hektar
- Forstamt Waldhausen, Bes. Fürst v. Anhalt Dessau   4.936 Hektar
sowie weitere 19 Betriebe mit über 1.000 Hektar Wald.

Erwähnenswert ist, daß die ostpreußischen Forstbeamten durch die größeren Dienstländereien meist besser gestellt waren als ihre Kollegen im übrigen Deutschland. So verfügten die Forstdienststelleninhaber neben dem selben Gehalt, der Dienstwohnung, dem Wirtschaftsgebäude usw. wie ein bäuerlicher Betrieb über recht gute, ertragsfähige Ländereien. Forstamtsleiter besaßen bis 35 Hektar, die im Außendienst tätigen Revierbeamten bis 20 Hektar.

Das Engagement von Nichtforstleuten (wie z. B. Gutsbesitzer Graf v. Mirbach, Sorquitten, Nachfolger ab 1922 Freiherr von Paleske) für ihren Wald und das Wild war hervorragend und beispielgebend. In diesem Zusammenhang ist neben großer jagdlicher Passion auch Graf v. Schlieben, Sanditten, zu nennen. Die Aufzählung von verdienstvollen Männern wäre noch lang. Einmalig war in derGeschichte der preußischen Forstverwaltung die Anstellung einer Frau im Beamtenverhältnis. Im Forstamt Rossitten, auf der Kurischen Nehrung, verwaltete die Forstschutzgehilfin Martha Schmidt den relativ großen Forstbezirk Preil/Perwelk. Sehr engagiert betreute sie ihren Wald und das Wild, in erster Linie ihre Elche. Auf der Nehrung war sie unter dem Namen "Elch-Martha" überall bekannt.

Nach Etablierung der Nationalsozialisten ging Deutschland mit seiner aggressiven Außenpolitik und brutalen Innenpolitik gegenüber Andersdenkenden und Juden auf Kriegskurs. Zwanzig Jahre nach Versailles brach der Zweite Weltkrieg aus. Mit der Blitzkriegsstrategie und nach anfänglichen Erfolgen geriet Deutschland gegenüber den an Menschen und Material weit überlegenen Gegnern bald ins Hintertreffen. Die verlorene Schlacht um Stalingrad im Februar 1943 leitete die Wende des Krieges und die Niederlage Deutschlands ein. Der Untergang der Kultur und der Provinz Ostpreußen begann Ende August 1944 durch zwei gewaltige Bombenangriffe britischer Geschwader auf Königsberg mit der vollständigen Zerstörung der Innenstadt und vielen historischen Bauten. Die Rote Armee eröffnete am 13. Januar 1945 ihren Großangriff. Eine ungeheuere Übermacht (Soldaten 11:1, Artillerie 20:1, Panzer 7:1) durchbrach die deutsche Verteidigungsstellung. Jetzt begann eine in der Weltgeschichte bisher nie dagewesene Katastrophe.
In eisiger Kälte und bei Schneetreiben floh die ostpreußische Bevölkerung vor den erbarmungslosen, nur vom Rachegefühl beseelten, von Stalin und Ilja Ehrenburg

aufgehetzten Russen. 614.000 Tote der ostpreußischen Zivilbevölkerung waren bei der Vertreibung zu beklagen, das heißt: jeder vierte Einwohner von Ostpreußen kam durch direkte Kriegseinwirkungen, Ermordung, Freitod, Hunger, Erfrierung, Ertrinken oder Krankheit um. Am 8. Mai 1945 kapitulierte die Deutsche Wehrmacht. Damit war das Ende einer einst mit hoher Kultur und blühender Landschaft geprägten Provinz gekommen.

Die Geschichte Ostpreußens ist eine Geschichte des Ruhmes, aber auch der Not. In über siebenhundert Jahren deutscher Geschichte ist das Land von deutscher Kultur geprägt. Die noch erhalten gebliebenen, historischen Bauten zeugen vom Fleiß der früheren Bewohner. Mit dem Namen Preußen, dessen Kern Ostpreußen war, verbindet sich eine Staatsauffassung, die sich im Sinne vom Kantschen Pflichtbegriff auf Ordnungssinn, Sparsamkeit, Gerechtigkeit und Toleranz gründet. Die Prussen, zur ostbaltischen Völkerfamilie gehörend, legten als Urbevölkerung den Grundstein zur Landesentwicklung. Vor gut 1.000 Jahren beeinflußten auch die Wikinger (Normannen) die Entwicklung der Prussen (Prußai). Viele Zuwanderer aus allen deutschen Gebieten, aus Frankreich, der Schweiz, Litauen, Polen, den Niederlanden und aus dem Salzburgischen, siedelten sich im Laufe der letzten siebenhundert Jahre an und verschmolzen zum Neustamm der Ostpreußen. Die so vereinigte ostpreußische Bevölkerung entstand in einem langen Entwicklungsprozeß. Geprägt durch harte Arbeit, oft unter schwierigen Lebensbedingungen, besaßen sie Kraft, Fleiß und Ausdauer, um sich zu behaupten und die Provinz Ostpreußen zu einem wertvollen deutschen Land zu gestalten.

In meinem kurzen "Porträt Ostpreußens", im Gedenken an die ostpreußische Heimat, geht es um die Geschichte, die Kultur, um Landschaft, um Orte und Menschen. Es geht um einen deutschen Volksstamm, den Neustamm der Ostpreußen, der dieses Land 1945 verlassen mußte. Diese Tatsache soll nicht in Vergessenheit geraten, soll aber auch gleichzeitig als eine Brücke zwischen den Völkern und Feinden von einst dienen. Mehr Entgegenkommen, mehr Toleranz und der Mut zur Aufrichtigkeit kann zwischen den ehemaligen Gegnern ein friedliches Miteinander entstehen lassen.

Die Menschen aus den Gebieten ostwärts von Oder und Neiße, hatten eine dem Nazideutschland geltende Bestrafung hinzunehmen: "den Verlust ihrer Heimat"!

Ostpreußen - eine verlorene Provinz!

Sanditter Wald, die Wirkungsstätte von Forstgenerationen

Etwa Mitte des 19. Jahrhunderts erhielt der Förster Friedrich Schmidt aus Darkehmen (Angerapp) eine Anstellung bei dem Grafen Gustav Dietrich von Schlieben (1800 bis 1874), Sanditten, Kreis Wehlau.
Mein Urahne zog mit seiner Familie in das alte Forsthaus Pelohnen. Mit dem zweiten Förster, wohnhaft im Forsthaus Adamsheide bei Tapiau, verwaltete er die gräflichen Forsten von Sanditten.
Dieser Wald, gelegen nördlich und östlich des Flußdreieckes Pregel - Deime, im Mittelalter als "Wildnis" bezeichnet, war durch entsprechende Bewirtschaftung in einen Wirtschaftswald umgewandelt worden. Einige Reinbestände von Kiefer, Fichte, Erle und Birke, aber auch interessante Mischbestände sowie Eiche, Esche und Hainbuche zeigten bemerkenswerte Wuchsleistungen.
Die Äsungsverhältnisse waren im Sanditter Wald mit dem reichlichen Vorkommen von Weichlaubhölzern, Beerkraut, Weiden und Wiesen für alle Wildarten sehr günstig. Ihren ständigen Einstand im Revier hatten Rot-, Reh- und Damwild. Das Damwild wurde erstmals um 1830 vom Grafen in Sanditten eingebürgert. In den Jahren 1857 bis 1863 mußte nochmals Damwild aus dem Dönhoffstädter Gatter nach Sanditten gebracht werden, um den Bestand aufzufrischen. Das Damwild gedieh gut, vermehrte sich und breitete sich auch in den angrenzenden Forsten aus.
Das Elchwild, im Kreis Wehlau etwa 150 Stück, hatte seinen Einstand im Leipener- und Druskener Forst und im Frisching. Sanditten lag zwischen diesen beiden großen Waldgebieten, so daß das Elchwild häufig als Wechselwild anzutreffen war.
Schwarzwild gab es nördlich des Pregels, also in Sanditten, nicht sehr zahlreich. Wegen des Wildschadens, aber auch des jagdlichen Anreizes, da es die einzige noch vor-

kommende wehrhafte Wildart war, wurde es stark bejagd. Vom Nieder-, Flug- und Raubwild kamen alle Arten reichlich vor, und boten dem passionierten Jäger reizvolle Jagderlebnisse und gute Jagdstrecken.

Meine Vorfahren, alles tüchtige ostpreußische Forstmänner, die ihr Handwerk verstanden, die von Kind auf mit dem Leben im Wald und den Tieren eng verbunden und vertraut waren. Mit den natürlichen Instinkten eines Jägers, mit Achtung und Ehrfurcht vor dem Geschöpfe übten sie das edle Weidwerk aus. Pflichtbewußtsein, Einsatzbereitschaft und Treue, Tugenden und Charaktereigenschaften, die sie besonders auszeichneten. Ihre fleißige Arbeit brachte ihnen die Anerkennung und Achtung der Mitmenschen und der gräflichen Familie. Als Dank, Auszeichnung und besondere Ehre wurde meinem Urgroßvater Friedrich Schmidt (1822 bis 1899) vom Grafen Gustav Dietrich von Schlieben das Recht eines Erbförsters zuerkannt. Somit wurde immer einer der Söhne der Nachfolger des Vaters und Förster im Sanditter Wald. Diese Tradition fand seine Fortsetzung über meinen Großvater (1854 bis 1938) auf seinen Sohn Franz, meinen Onkel, bis zur Vertreibung 1945. Unsere Familie hatte somit über drei Generationen ihren Stammsitz in der Försterei Pelohnen.
An einem schönen Herbsttag im Jahre 1897 hörte man den ersten Schrei eines kleinen Mädchens im alten Forsthaus Pelohnen. Vierzehn Jahre nach der Geburt des ersten Kindes vergrößerte sich die Familie des Försters Schmidt um ein weiteres Kind, das siebente und letzte. Viele Jahre später wurde aus diesem Mädchen meine Mutter.

Das alte Forsthaus lag mitten im Sanditter Wald, an einem breiten, durch Pferdefuhrwerke entstandenen, mehrspurigen Sandweg, der von der Königsberger Chaussee nach Grünhayn führte. Die rechte Seite des Weges war ein festgetretener Fußgängerpfad, der in späteren Jahren auch gleichzeitig Radfahrern diente. Beiderseits des Wegs wuchs ein guter, mittelalter Kiefernbestand. Das Haus, auf

Fundamenten mit Hartbrandziegeln gemauert, sauber verfugt, hatte als Dachsteine Biberschwänze. Unten lagen drei Zimmer und die Küche, oben an den Giebeln mehrere Kammern. Die Fenster, schwarz gehalten, bestanden jeweils aus sechs kleinen Scheiben. Die Haustür, aus massiver Eiche, war ebenso schwarz. Vor dem Wohnhaus befand sich ein Garten mit vielen Blumen und einer Bank. Abgegrenzt war dieses von einem sauber gefertigten Staketenzaun. Hinter dem Haus befand sich das Stallgebäude mit Scheune, Hundezwinger und ein großer Obst- und Gemüsegarten. In dieser Umgebung wuchs meine Mutter auf. Spielgefährte mit brüderlichem Beistand war ihr drei Jahre älterer Bruder Franz. Die anderen Geschwister waren, als sie heranwuchs und schulpflichtig wurde, schon aus dem Haus.

Durch den Beruf ihres Vaters sehr vertraut mit dem Wald, der Natur und vor allen Dingen mit den Tieren, ergab sich fast von selbst ihre Achtung und Liebe zu allen Lebewesen, vor allem zu den Jungtieren. Die vielfältige Pflanzenwelt, die Blumen, die man vom zeitigen Frühling bis zum späten Herbst in Wald, Wiese, Feld, am Wegesrain, am Ufer des Schlangenteiches, nicht weit von der Försterei entfernt, blühend vorfand, erfreuten das Herz des heranwachsenden Mädchens. Wißbegierig wollte es alle im engen Zusammenhang stehenden Fragen wie Namen der Pflanzen, Pflege, Vermehrung und vieles mehr wissen.

So vergingen die Jahre bis zum Beginn des Ersten Weltkrieges. Im August 1914 überschritt die 1. Russische Armee unter Führung des Generals Rennenkampf die ostpreußische Grenze und stieß in Richtung Königsberg vor. Die bedrohte Bevölkerung flüchtete, so auch meine Großmutter mit ihrer jüngsten, siebzehnjährigen Tochter Helene. Sie gingen zu ihrem Bruder, dem Förster Otto Frenkel, wohnhaft in der Försterei "Luxjagdhaus" im Kreis Preußisch Stargard (Westpreußen). Mein Großvater dagegen blieb mit noch einigen alten Männern unmittelbar hinter der Frontlinie im Raum Tapiau hinter der Deime, vom Grafen beauftragt, die Evakuierung von Vieh und

Wertsachen durchzuführen. Nach etwa vierzehn Tagen, Anfang September, wurden die Russen zurückgeschlagen (Schlacht bei Tannenberg und Schlacht bei Schallen, Kreis Wehlau). Sie mußten den Sanditter Wald, Wehlau, Allenburg, Insterburg und weitere Städte räumen und wurden auf die Linie östlich Gumbinnen - Lötzen vorerst zurückgedrängt. Damit war für den Ersten Weltkrieg die Gefahr des Verlustes der Provinz Ostpreußen gebannt.

Schon damals hatten die Russen in den nur kurz besetzten Gebieten, in Städten und Ortschaften geplündert, gebrandschatzt und willkürliche Gewalttaten vollbracht. Beträchtliche Schäden entstanden. Die geflüchtete Bevölkerung kehrte zurück und begann mit den Aufräumungsarbeiten, so auch meine Familie. Das geplünderte und verwüstete Forsthaus wurde aufgeräumt, gesäubert und instandgesetzt - die altgewohnte Tätigkeit wieder aufgenommen.

Die drei Söhne, Fritz, Willi und Franz waren den Krieg über Soldat, wurden einige Male verwundet und kehrten nach Kriegsende in die Heimat zurück. Sie nahmen ihre forstliche Tätigkeit wieder auf. Fritz als Förster im Forstamt Kobbelbude im Samland; Willi als Revierförster in Groß Stamm, bei Sorquitten, Kreis Sensburg. Der Jüngste, Franz, wurde 1923/24 Nachfolger seines Vaters im Sanditter Wald, nun schon in der dritten Generation.

Das verantwortungsvolle Wirken eines jeden Forstmannes wird deutlich in dem Spruch, der über der Haustür einer alten Försterei zu lesen war:

"Wir ernten, was wir nicht gesät haben
und säen, was wir nicht ernten."

Diese Aussage charakterisiert sehr deutlich die Tätigkeit der Forstleute. In enger Verbindung mit der Jagdausübung sei ergänzend noch gesagt:

"Weidwerk ist kein Sport, sondern andächtiges Erleben der Natur, kein rohes Tun, sondern hohe Schule des Mitempfindens mit den Tieren der Heimat, kein Geschäft, sondern Meisterhandwerk nach strengen Regeln."

In diesem Sinne sahen die Vorfahren meiner Familie ihre Tätigkeit in Wald und Natur nicht nur schlechthin als Beruf, sondern als eine Berufung an, die sich vom Vater auf den Sohn nachweislich bis in die sechste Generation zurückverfolgen läßt.

Das Forsthaus Pelohnen war inzwischen baufällig geworden und so ließ der Graf auf der anderen Seite des Weges, genau gegenüber, eine neue Försterei bauen. Diese war geräumiger, außen verputzt und hatte oben für den alten Förster, meinen Großvater mit seiner Frau, ein großes Zimmer, Kammer und Küche als Altenwohnsitz.
Das alte und das neue Forsthaus hatten im Laufe der Zeit viel erlebt. Freude, aber auch Not und Leid, viele Familienfeiern, Hochzeiten, Geburten, aber auch Krankheiten und Todesfälle ließen die Familie immer wieder zusammenkommen.
Im Mai 1923 heiratete der Förster Adolf Mattke die Tochter Helene des Försters Schmidt. Aus diesem Anlaß vereinigten sich alle Familienmitglieder im Forsthaus Pelohnen. Ein Jahr später wurde ich geboren.
Ein besonderer Höhepunkt war die goldene Hochzeit unserer Großeltern im Oktober 1931 (siehe "Bilder aus dem Kreis Wehlau"), die würdig und feierlich mit Pfarrer Jahnke gestaltet wurde. Von den auf dem Foto abgebildeten Familienmitgliedern leben heute noch: Meta Schmidt, geb. Bukowsk, Meta Deutschmann, Joachim Karahl, Helmut Mattke, Gretel Schmidt, Fritz Mattke, Ilse Schmidt und Manfred Schmidt, der im Forsthaus Pelohnen geboren wurde, den Forstberuf erlernte und ihn noch bis zu seiner Pensionierung im Kreis Ludwigslust ausübte. Zwei seiner Söhne, Hans-Jürgen und Frank, haben ebenfalls den Forstberuf erlernt, ebenso meine Tochter Ute. Sie sind jetzt unsere jüngste Förstergeneration.

Ende der dreißiger Jahre zog Förster Franz Schmidt mit seiner Familie in das Forsthaus Adamsheide, weil der Schulweg für die Kinder (Gretel und Manfred) nach Tapiau kürzer und die Bedingungen allgemein günstiger waren. In das Forsthaus Pelohnen zog der Förster Waldemar Fischer und wohnte, arbeitete und betreute gemeinsam mit seinem Berufskollegen aus Adamsheide den Sanditter Wald bis zur Flucht 1945.

Auf Initiative von Cousin Jochen wurde schon 1991 mit Cousine Gretel eine der ersten Möglichkeiten genutzt, um in den bis dahin gesperrten nördlichen Teil Ostpreußens auf Spurensuche zu gehen. 1992 begleitete ihn dorthin Cousine Meta und 1993 reiste nochmals Meta mit Großnichte Marianne dorthin. Stationen ihres Besuches nach soviel Jahren waren unter anderem die Städte Königsberg, Pillau, Tapiau, Wehlau und Allenburg, das Samland und die Kurische Nehrung. Alles sah trostlos, viel zerstört und völlig verändert aus, nur die Landschaft hat ihren einmaligen Charakter bewahrt. Sie suchten auch nach den Forstgehöften Pelohnen und Adamsheide sowie nach der Grabstelle unserer Großeltern im Sanditter Wald. Leider war nichts mehr vorzufinden.
Erstmals im Mai 1994 und dann im Mai 1995 haben meine Frau und ich das "Nördliche Ostpreußen" aufgesucht. Im "Reisebericht und Erinnerungen an Ostpreußen" schildere ich unsere Fahrten in die alte Heimat. Der Wald, die Felder, die Pregelwiesen - alles entwickelt sich langsam zurück in eine "Wildnis" wie seinerzeit im Mittelalter. "Jagd vorbei".

Der olle Schmidt

Anfang Oktober des Jahres 1881 heiratete der Förster Friedrich Schmidt die Tochter Lina des Försters Frenkel aus Waldhof bei Angerburg. Das junge Paar zog nach einiger Zeit in die Försterei Pelohnen. Diese lag nördlich der Reichsstraße 1 Königsberg - Insterburg im Kreis Wehlau, mitten im Wald am Weg nach Grünhayn. Der Wald, etwa 750 Hektar Holzbodenfläche, gehörte dem Grafen von Schlieben. In der alten Försterei hatte schon der Vater von Friedrich Schmidt als Förster gelebt und für den Grafen gearbeitet. Jetzt beschäftigte sich der alte Herr noch mit der Aufgabe, seinen Sohn in die letzten Geheimnisse des Waldes, der Jagd und Fischerei einzuweisen.

Mein Großvater Friedrich, ein großer stattlicher Mann mit langem weißen Vollbart (siehe Titelseite), hatte mit seiner Frau sieben Kinder, davon drei Söhne. Der älteste, Fritz, genannt "Böb", der zweitgeborene, Wilhelm, genannt "Der lange Willi" und Franz; alle drei erlernten den Beruf des Försters und übten ihn auch bis zu ihrem Tod aus. Die Töchter heirateten: Charlotte den Bäcker und Landwirt Friedrich Deutschmann, Lina den Lehrer Otto Karahl, Elise den Lokomotivführer Fritz Schmidt und Helene den Förster Adolf Mattke.
In so einer Försterfamilie drehte sich natürlich alles um den Wald, um die Natur, um die Jagd. Großvater, als aufrechter, pflichtbewußter, dem Kaiser, der Obrigkeit und vor allem seinem Grafen treu ergebener Diener, tat alles, um "seinen Wald" und das Wild gegen jeden unberechtigten Eingriff, jede Gefahr zu schützen.
Der alte Graf schätzte meinen Großvater sehr und hatte ihn auf Pelohnen zum Erbförster gemacht. Sein Sohn Franz verwaltete später den Wald des Grafen von Schlieben bis zur Vertreibung 1945. Mein Großvater mußte den Grafen Georg Dietrich von Schlieben oft auf seinen Reisen und Jagden begleiten. Solche Jagdreisen führten sogar

bis auf die Insel Rügen. Hier veranstaltete der Fürst alljährlich große Jagden. Im Jagdschloß Granitz ließ der Fürst zu Putbus seine Jagdgäste reichlich bewirten und veranstaltete auch dort das abschließende Jagdfest.

Bei den Jagden in Sanditten, die der Graf von Schlieben durchführte, hatte Großvater die volle Verantwortung und Leitung. Mit dem zweiten gräflichen Förster aus Adamsheide und dem Oberinspektor wurde alles genau vorbereitet und abgesprochen, um den Jagderfolg auch zu garantieren. Abends mußten dann die beiden Förster Schmidt und Moldenhauer in ihrer Galauniform im hochherrschaftlichen Schloß Sanditten erscheinen und mit den Jagdgästen, der Adelsgesellschaft und der gräflichen Familie auf den Erfolg des Jagdtages anstoßen. Großvater war immer froh, wenn solche Veranstaltungen ohne große Probleme abliefen. Wenn, was ab und an mal vorkam, ein Gutsarbeiter, der als Treiber eingesetzt war, ein paar Schrote abbekam, regelte dieses schnell der Oberinspektor. Der betreffende (getroffene) Treiber wurde, ohne daß die Jagdgesellschaft es bemerkte, erstmal innerlich und äußerlich mit Alkohol "eingerieben" und später puhlte man die paar Körner heraus. Während der "Operation" erhielt der Patient zur Ruhigstellung reichlich hochprozentigen Alkohol. Als Schmerzensgeld gab es je nachdem ein bis fünf Reichsmark, damit war die Angelegenheit meistens zu aller Zufriedenheit geregelt. Ernsthafte Verletzungen kamen glücklicherweise nicht vor.

In den ersten Jahren nach dem Ersten Weltkrieg, in den Hungerjahren der Inflationszeit, waren Wilddiebereien an der Tagesordnung. Einige ehemalige Soldaten nahmen aus dem Krieg Gewehre mit nach Hause und versuchten nun, Wild zu erlegen. Oft schlossen sich mehrere Wilderer zu regelrechten Banden zusammen und wilderten im großen Stil. In diesen Fällen hatten es die Forstbeamten sehr schwer, und viele Förster mußten ihr Leben lassen. Otto Busdorf, ein erfolgreicher Kriminalbeamter, der sich vorrangig mit Förstermorden in dieser Zeit befaßte, beschreibt in seinen Büchern "Wilddieberei und Förstermorde" viele tragische Schicksale.

Mein Großvater, damals um die fünfundsechzig Jahre alt, versuchte, das Wild zu schützen so gut es ging. Tag und Nacht war er unterwegs. Dennoch wurde auch bei ihm gewildert. Schüsse fielen mal an dieser Ecke des Revieres, mal an der anderen. Man fand Aufbruch oder ein angeschossenes oder verludertes Stück Rehwild, auch mal ein Stück Rotwild.
Eines Nachmittags ging meine Mutter nach Grünhayn, um ein paar Besorgungen zu erledigen. Als Begleitung hatte sie in diesen unruhigen Zeiten den mannscharfen Drahthaarrüden "Tell" mitgenommen. Großvater war im Garten beschäftigt. Die Sonne ging langsam unter, die Abenddämmerung begann, als plötzlich in Richtung des Schlangenteiches ein Schuß fiel. Großvater eilte ins Haus, griff zu Drilling und Patronen und lief schnell den Waldweg zum Schlangenteich entlang. Nach etwa vierhundert Metern, hinter dem Teich, sah er einen Mann mit Gewehr langsam suchend im Kiefernaltholz gehen. Bis zum Wilderer waren es lediglich vierzig Schritt, doch erkennen konnte er ihn leider nicht. Da galt es sofort zu handeln: „Halt, Waffe weg, Hände hoch". Noch beim Anrufen ließ sich der Wilderer geschickt hinter eine starke Kiefer fallen und eröffnete sofort das Feuer.
Großvater, ebenfalls blitzschnell hinter einen starken Baum flüchtend, schoß zurück. Sein Hahndrilling 9,3 x 72, die Schrotläufe geladen mit vier Millimeter Schrot, war eine zuverlässige Waffe. Durch die gute Deckung konnten die Kugeln nichts ausrichten. Plötzlich erhielt mein Großvater aus anderer Richtung Feuer. Die Kugel schlug in den Stamm, daß das Holz nur so splitterte.
Ein zweiter Mann stand etwa siebzig bis achtzig Meter rechts seitlich vom ersten. In der zunehmenden Dämmerung konnte man den zweiten Wilddieb schlecht ausmachen. Dieser feuerte mit seinem Karabiner 98 in schneller

Folge mehrere Schüsse, die aber glücklicherweise nicht trafen - nur Holz splitterte! Sein Kumpan, die Situation ausnutzend, wollte sich flüchtend absetzen, aber Großvater konnte in diesem Augenblick eine Schrotladung nachschicken. Mit einem Schrei, aber weiterflüchtend, quittierte der Wilderer den Treffer. Damit war das Feuergefecht beendet.

Großvater wartete noch einige Zeit, dann ging er vorsichtig mit schußbereiter Waffe nach Hause. Sofort wurden der Graf und der zuständige Gendarmeriewachtmeister telefonisch verständigt. Ein noch am selben Abend mit Polizei, Hunden und Sturmlaternen durchgeführtes Absuchen der Kampfstätte erwies sich als ergebnislos. Am nächsten Morgen untersuchte man nochmals alles gründlich und fand dabei vier Patronenhülsen von Großvater, drei und fünf Hülsen von den Wilderern. Letztere Patronenhülsen stammten von Militärgewehren - Typ Karabiner 88 bzw. 98. Die weiteren Ermittlungen in der Umgebung brachten keine Ergebnisse. Ein Erfolg war jedoch zu verzeichnen, im Sanditter Wald wilderte seitdem niemand mehr!

Nach vielen Jahren erzählte man unter der Bevölkerung, daß ein Bauernsohn aus Poppendorf bei einer Schießerei durch einige Schrote leicht verletzt worden sei.

Großvater versah weiterhin seinen Dienst gewissenhaft, bis er 1923/24 seinem Sohn Franz das Revier übergab. Zur Jagd ging er auch weiterhin, erlegte noch mit über achzig Jahren jedes Jahr seinen Bock, ging im Frühjahr auf den Schnepfenstrich und nahm an den Hasenjagden teil.

Im Sommer 1934, es war während der Zeit der Sommerferien, besuchte er uns im Forsthaus Plauen. Meine Eltern holten ihn von der Bahnstation Eiserwagen mit unserem einspännigen Kutschwagen ab. Dieses war der kürzeste Weg, er führte etwa zwei Kilometer durch den Plauer Wald zur Försterei. Mein Bruder und ich konnten die Zeit kaum erwarten, bis Opa kam. Kleine Geschenke und ein paar Süßigkeiten bereiteten uns viel Freude. Beim Abendessen erzählte Großvater unter anderem, daß er seit vierzig Jahren nicht mehr im Freien gebadet hatte. Am nächsten Tag beschlossen wir, mit Großvater angeln zu gehen. Etwa einhundert Meter von der Försterei entfernt floß ein kleines Flüßchen, die Swine. Im Durchschnitt dreißig bis vierzig Meter breit, schlängelte es sich mit vielen Windungen durch ein großes Ursprungstal. Die Böschung, oft steil, war hauptsächlich mit Weiden bewachsen, das Wasser stellenweise tief und langsam fließend. Nur an flachen Stellen rann es schnell. Sehr fischreich, lebten in ihr vor allem große Hechte, viele Aale, Barsche, Plötze, Döbel und weitere Fischarten - ein wahres Anglerparadies, dieser Fluß. Wir wollten mit unserem Boot an eine gute Hechtangelstelle fahren. Unser Ruderboot, solide gebaut, jährlich geteert, war an einem Pfahl befestigt.

Opa stieg mit dem linken Bein in den Kahn und zog gerade das rechte nach, als sich der Kahn zur Seite schob. Er verlor das Gleichgewicht, drehte sich und fiel rückwärts in den Fluß. Das Wasser spritzte an der Anlegestelle hoch. Mein Großvater verschwand sofort im Fluß. Ich war erschrocken und wie erstarrt, sah zuerst den Hut und dann die Pfeife im Wasser fortschwimmen. Endlich rappelte sich Großvater langsam hoch. Dabei half ich ihm und angelte anschließend Hut und Pfeife heraus.

Großvater stand noch eine Weile im metertiefen Wasser, schüttelte mehrfach den Kopf und meinte, er hätte nicht gedacht, nach so vielen Jahren nochmal im Fluß baden zu müssen.

In den nächsten Tagen angelten wir noch mit gutem Erfolg in der Swine. Beim Ein- und Aussteigen in das Boot waren wir nach diesem Zwischenfall wesentlich vorsichtiger. Opa hatte bei uns auch noch jagdlichen Erfolg und schoß einen braven Bock. Dieser war meinem Vater schon lange bekannt und für Opa reserviert.

An den Abenden wurde unter der Petroleumlampe Skat bzw. 66 gespielt, auch Geschichten über die vergangenen Zeiten, über Jagderlebnisse, über Reisen nach Rügen, Bialystock, Schlobitten usw. erzählt. Wir Kinder lauschten dann still und gespannt den Erzählungen.

In guter Erinnerung ist mir noch Großvaters Heiligtum, der "Gewitterkasten". Das war sein Sekretär, ein zu damaliger Zeit übliches Möbelstück, so eine Kombination zwischen Schreibtisch und Wandschrank. In dessen Mitte befand sich ein kleines Schränkchen, welches er immer verschlossen hielt. Außerdem hatte der Sekretär noch viele kleinere und größere Schubfächer. Der Name "Gewitterkasten" kam wohl auch daher, weil mein Großvater darin seine Jagdmunition aufbewahrte. Die Patronen wurden damals meistens selbst gestopft. Alle Zutaten wie Pulver, verschiedene Schrotkörner, Zündhütchen usw. kaufte man in größeren Mengen recht billig ein. Im Schränkchen bewahrte er auch die alkoholischen Getränke auf, wie Klaren, selbstgefertigten Bärenfang und Waldmeisterschnaps, außerdem lag da immer eine Tüte mit Bonbons. Opa naschte sehr gern, aber auch für seine vielen Enkel (insgesamt 14) hatte er, wenn sie zu Besuch kamen, immer einige Süßigkeiten übrig.

Kurz vor Weihnachten 1937 erkältete sich Großvater beim "Fuchssprengen" und erkrankte an einer Lungenentzündung. Am 2. Januar starb er im 84. Lebensjahr. Am 6. Januar ("Heilige Drei Könige"), fiel in der Nacht Neuschnee. Die Äste der Nadelbäume bogen sich unter der Last des Schnees, hier und da flogen ein paar Meisen und Finken, ein Specht klopfte im alten Kiefernholz. Selbst ein Eichelhäher begleitete den Trauerzug mit heiserem Rätschen.
Eine schier endlose Trauergemeinde gab dem alten, verdienstvollen Förster das letzte Geleit. Etwa einen Kilometer von der Försterei Pelohnen entfernt hatte sich Großvater ein kleines Fleckchen Erde als letzte Ruhestätte ausgesucht. Dort wollte er inmitten "seines Waldes", in dem die heimatlichen Tiere lebten, seine letzte Ruhestätte finden. Seinem Wunsch wurde entsprochen und so weihte Pfarrer Jahnke die Grabstelle und würdigte in ergreifenden Worten das Leben des Forstmannes. Ehrensalut, "Jagd vorbei" und "Das letzte Halali" verhallten im schneebedeckten Sanditter Wald.

Wilddieb aus Leidenschaft

Der jüngste Bruder meiner Großmutter, Otto Frenkel, Jahrgang 1870, erlernte den selben Beruf wie sein Vater: Er wurde Förster. Nach seiner Ausbildungs- und Militärzeit tat er in einigen Oberförstereien Dienst, bis er mit über dreißig Jahren sein erstes Forstrevier "Luxjagdhaus", einschließlich Zülskamp und Stretlow mit rund 1.026 Hektar, im Kreis Preußisch Stargard bekam. Es wurde alsbald geheiratet und das junge Paar zog in die Försterei "Luxjagdhaus". Die Förstereien lagen meistens etwas abseits von den Ortschaften am Waldesrand, umgeben von einem großen Garten, Wirtschaftsgebäuden und den Dienstländereien. Ein Förster hatte je nach Forststelle acht, zehn und mehr Hektar Land zur eigenständigen Nutzung und Bewirtschaftung. Also nebenbei eine kleine Landwirtschaft. Zwei Pferde, drei bis vier Kühe, ein paar Schweine und verschiedene Arten von Federvieh gehörten dazu.
Für eine Förstersfrau war es sehr wichtig, daß sie sich in der Landwirtschaft auskannte, in Haus und Hof, Garten, in der Viehaufzucht mit entsprechenden Kenntnissen tatkräftig anpackte und die Hilfskräfte richtig anleitete. Meine Groß- und Patentante jedenfalls beherrschte diese Aufgaben bestens. In wenigen Jahren hatte es die Familie durch gute Wirtschaftsführung, etwas Glück in der Viehaufzucht und sparsamster Lebensweise zu einigem Wohlstand gebracht.
Großonkel Otto war in erster Linie Förster und Jäger. Von der Landwirtschaft verstand er auch eine ganze Menge und half, wenn es sein Dienst zuließ, in den Arbeitsspitzenzeiten in der Landwirtschaft voll mit. Neben den beruflichen und wirtschaftlichen Tätigkeiten war er ein geselliger Mann und spielte gerne Skat. Jede Woche, am späten Mittwochnachmittag, so gegen 17 Uhr, trafen sich im Klubzimmer des Bahnhofrestaurants von Occipel die Skatbrüder aus dem Ort und der näheren Umgebung, um sich beim Dauerskat, bei Bier und einigen Schnäpsen bis gegen

Mitternacht gegenseitig das Geld abzunehmen. Natürlich spielte man nur auf einen Zehntel Pfennig, aber bei Bockrunden erhöhten sich Verlust bzw. Gewinn. Häufige Teilnehmer waren, wie man so zu sagen pflegte, die Honoration des Ortes, so sie des Kartenspielens mächtig und Lust dazu hatten. In diesem Ort beteiligten sich fast regelmäßig der Molkereiverwalter, der Mühlenbesitzer, der Gutsinspektor, der Bahnhofsvorsteher, einige Handwerksmeister und natürlich auch der Förster. Manchmal nahm auch ein Gast oder der Sanitätsrat an der Stammtischrunde teil. Es wurde an einem bzw. zwei Tischen gespielt. Nur bei Anwesenheit von zwei oder fünf Skatfreunden mußte der Gastwirt einspringen, damit der Skatabend gerettet war. Bei diesen Zusammenkünften sprach man natürlich über die Neuigkeiten in Ort und Umgebung, über die kleine und große Politik. Es ging immer heiter und gemütlich zu.

Es kam eine Zeit, da diese wöchentliche Abwechslung die beruflichen Sorgen des Försters Otto Frenkel nicht verdrängen konnte. In seinem Revier wurde gewildert! In den angrenzenden Gebieten, wie Forst Wirthy, Forst Deutsch Heide, trieb ein Wilderer sein Unwesen. Das besondere dabei war, daß der Wilddieb es nur auf die Trophäen der stärksten Rothirsche abgesehen hatte. Er trennte nur das Haupt ab, alles andere ließ er liegen. In jedem Herbst, vor allem in den mondhellen Nächten, wurden zwei, drei auch manchmal vier der stärksten Rothirsche in den großen Waldungen südlich von Preußisch Stargard gewildert. Schwerpunkt war das Gebiet zwischen Hagenort und Occipel, um dessen See herum bis zum Fluß Schwarzwasser und dann zur Ortschaft Dlugie, wiederum um den See herum und entlang dem Verbindungsflüßchen zwischen den beiden Seen. Die Hirsche erlegte er oft mit einem Kugelschuß, aber es kam auch vor, daß er mit Posten schoß. Hieraus konnte man schlußfolgern, daß der Frevler einen Drilling besaß. In den Vollmondperioden waren alle Forstbeamten, Forstgehilfen und Forstaufseher ständig unter-

wegs, um dem Unwesen ein Ende zu bereiten, aber immer wenn ein Schuß fiel, kamen sie in den großen Revieren zu spät und fanden nur den Hirsch ohne Haupt vor. Unter den gewilderten Geweihten befanden sich oft junge, gut veranlagte Zukunftshirsche. Ein Jammer für alle weidgerechten Jäger!

Der Erste Weltkrieg brach aus. Da man die jungen Förster und Forstgehilfen als Soldaten in den Krieg schickte, übernahmen die verbleibenden, älteren Forstbeamten, auch schon im Ruhestand befindliche, in weit größeren Forstbezirken den Forst- und Jagdschutz. Die Wilderei hörte nicht auf, im Gegenteil, sie nahm noch zu. Von 1916 bis August 1918 trieb der fahnenflüchtige Franz Kleinschmidt in der Tucheler Heide, dem Gebiet zwischen Konitz, Tuchel und Preußisch Stargard, ein brutales Wildererdasein, dem sechs Forstbeamte zum Opfer fielen. In dieser Zeit gab es zahlreiche Überfälle und Feuergefechte, wobei einige Forstbeamte verletzt wurden. Obwohl Kleinschmidt zweimal verwundet wurde, konnte er mit Hilfe der einheimischen Bevölkerung und Komplizen Unterschlupf finden und sich auskurieren. Dieser hinterlistige Verbrecher war der Schrecken der Tucheler Heide. Er schoß, vor allem in den angrenzenden Oberförstereien Königsbruch, Jägerthal und Charlottenthal, alles Wild, was er erreichen konnte und veräußerte das erbeutete Wildbret an Hehler und Mittelsmänner weiter. Auf Trophäen (Geweihe) legte er keinen Wert. Sein Haß und seine Rachsucht gegen Förster und Jäger waren grenzenlos. Kleinschmidt bildete bald eine Bande, die systematisch wilderte, auch zahlreiche Waldbrände legte, um die Forstbeamten abzulenken.

Zur Verstärkung des Forst- und Jagdschutzes und zur Bekämpfung des Wildererunwesens wurden etwa vierzig gelernte Jäger vom II. Jägerbataillon unter Leitung von Kriminalkommissar Otto Busdorf eingesetzt. Bei Zusammenstößen mit der Bande erschoß man im Frühjahr 1918 ein Bandenmitglied und nahm einen weiteren Verbrecher fest. Endlich, im August 1918, stellte ein Kommandojäger den berüchtigten Kleinschmidt. Bei der Festnahme griff der Verbrecher sofort mit einem langen Dolch an, aber der Angegriffene war schneller und streckte ihn mit einem Schuß nieder. So endete der mehrfache Förstermörder, der gefährlichste, brutalste, den es je in Deutschland gab. Ein Aufatmen ging durch die Reihen der grünen Zunft, als Kleinschmidt und seine Bande unschädlich gemacht waren. Währenddessen trieb der Trophäenwilderer sein Unwesen weiter.

In den am meisten betroffenen Oberförstereien Hagenort und Wildungen war man sich einig, daß der Wilderer ein etwas älterer Mann und nicht mehr wehrpflichtig sein mußte. Eventuell eignete er sich nur für das letzte Aufgebot, dem Landsturm. Ferner mußte er sehr gute Kenntnisse über den Wildbestand haben, kannte eingehend die Umgebung, jeden Pfad, jede Lichtung, jeden Graben, jeden Brunftplatz, jede Suhle und die Wechsel. Er wußte, wo die Feisthirsche standen, wo sich ihre Tageseinstände befanden, wohin die Rudel wechselten, wußte, welche Fütterungen von starken Hirschen angenommen wurden. Er hatte die Übersicht wie ein langjähriger Berufsjäger; hinzu kam seine ausgesprochene Vorsicht. Sein indianermäßiges Verhalten, seine Ausdauer, Geduld und sein Instinkt verhalfen ihm immer wieder dazu, die Forstbeamten zu überlisten.

Nur einmal in der Brunft im Jahre 1917 gab es einen ernsten Zusammenstoß zwischen dem Nachbarförster aus Gemble und dem Trophäenwilderer. Die Rothirschbrunft hatte den Höhepunkt erreicht. Mehrere gute Hirsche schrien die ganze Nacht. In der Morgendämmerung zogen stellenweise Nebelschwaden über die Wiesen zum Dlugiesee, es war erheblich kälter geworden. Seit Tagen mußten die Forstbeamten morgens und abends, ja die ganze Nacht auf den Beinen sein, um ihr Wild zu schützen. Bei einem Ansitz sah der Forstbeamte, wie seitlich am Waldrand jede Deckung ausnutzend, ein Mann in Richtung des schreienden Platzhirsches schlich, die Entfernung betrug gut einhundert Schritt. Jetzt war Eile geboten, also baumte er schnell von seiner Kanzel ab und versuchte, näher an den sich entfernenden Wilddieb heranzukommen. Eiligen Schrittes verkürzte er die Entfernung auf etwa fünfzig Schritte, nahm dabei auch wahr, daß sich der schreiende Hirsch über die Wiese langsam dem Tageseinstand näherte, also direkt auf den Wilderer zuwechselte. In dieser Situation mußte schnell gehandelt werden. „Hände hoch oder ich schieße!" schallte es durch den Wald. Blitzschnell fuhr der Wilderer herum, ließ sich fallen und schoß sofort. Der Forstbeamte erwiderte das Feuer, aber die Kugeln verfehlten ihr Ziel. Im nächsten Augenblick flüchtete der Wilderer mit einem Satz in den Wald und war wie vom Erdboden verschwunden. Eingehende Untersuchungen, auch mit Hunden, erbrachten leider nichts. Fest stand nur, daß der Wilderer mittelgroß und von breiter, kräftiger Statur war, soweit man dieses in der Morgendämmerung feststellen konnte. Außerdem zeigte dieser gewissenlose Frevler sein rücksichtsloses, zu allem entschlossenes Verhalten.

Der Krieg ging 1918 seinem Ende zu. Die Not unter der Bevölkerung wurde immer größer. Daher häuften sich auch weitere Fälle von Wilddiebereien, besonders die Schlingenstellerei, die heimtückischte und widerlichste Art des Wilderns. Auch aus dem Nachbarforst Wilhelmswalde wurden Wilddiebereien mit Schußwaffen gemeldet. Zwar konnten zwei Schlingensteller aus Kasparus festgenommen werden, der Trophäenwilderer blieb jedoch unerkannt. Jeweils in der Zeit nach dem Fegen der Geweihe (Juli) bis zum ersten Schnee mußten alle Forst- und Jagdschutzbeamten ständig im Revier unterwegs sein, um endlich den gefährlichen Frevler hinter Schloß und Riegel zu bringen. In Forst- und Jägerkreisen stellte man Überlegungen an, wer denn dieser unsichtbare, nicht habhaft zu werdende Strolch sei. Abseits und einsam liegende Gehöfte, Katen und Hütten überprüfte man gründlich. Waldarbeiter, der Fischer und andere Personen kamen in den Verdacht und wurden beobachtet. Eines Tages hatte Großonkel Otto einen Einfall, eine Überlegung. Der Mühlenbesitzer, sein Skatfreund, wohnte in seiner Wassermühle an dem Verbindungsbach zwischen dem Occipel- und Dlugiesee. Der Bach, welcher mit dem Kahn befahrbar war, stellte eine gute Wasserstraße dar und hatte den Vorteil, die Verbindung zwischen beiden Seen herzustellen. Das meiste zur Mühle gehörende Ackerland lag in der Nähe, nur zwei Wiesen und ein Ackerstück befanden sich an den Seen. Eine günstige Lage und Ausgangsposition für Wilddiebereien.

Beim nächsten Skatabend brachte Förster Frenkel das Gespräch mehrfach auf das Wildererunwesen und beobachtete dabei den Müller. Dabei konnte er feststellen, wie gespannt von innerer Unruhe dessen Augen flackerten. Aber immer wieder lenkte der Mühlenbesitzer geschickt das Gesprächsthema in andere Bahnen. Die Verdachtsmomente verstärkten sich. In den nächsten Tagen beobachtete man aus sicherer Entfernung morgens und abends die Mühle. Dabei wechselten sich der Revierförster mit seinem Forstaufseher Raddatz ab. Aber nichts Verdächtiges konnte wahrgenommen werden.

Nach etwa vierzehn Tagen, Ende September, die Brunft war in vollem Gange und Vollmond zum Wochenende, sagte Förster Frenkel bei der Skatrunde so beiläufig, daß er am Freitag mit dem Frühzug nach Preußisch Stargard reisen müßte und erst am nächsten Tag, am späten Sonnabend, wiederkäme. Zum genannten Frühzug ließ Großonkel Otto anspannen und sich zur Bahn fahren. Dabei fuhr sein Kutschwagen auf dem einzusehenden Landweg auf etwa vierhundert Meter an der Mühle vorbei. Jeder konnte sehen, wie der Förster zur Bahn gebracht und der Wagen vom Kutscher zurückgefahren wurde. Dies gehörte zu dem Plan, den nur der Revierförster mit seinem Forstaufseher kannte und ausgearbeitet hatte.

Am Tag zuvor versteckte Raddatz des Försters Waffe und Jagdausrüstung in der Rotwildfütterung des Reviers und brachte das Fahrrad zum Bahnhof Hagenort. Großonkel

Otto fuhr also mit dem Zug bis nach Skurz, stieg aus, stärkte sich in der Bahnhofsgaststätte und fuhr mit dem Nachmittagszug zurück über Occipel nach Hagenort.
Mit seinem Fahrrad kam er schnell zur Rotwildfütterung, wo der Forstaufseher schon wartete. Nochmals besprachen sie die Einzelheiten, dann nahmen sie ihre festgelegten Positionen ein. Auf den Jagdfrevler wollten sie die ganze Nacht warten.

Es wurde ziemlich kalt, die Temperatur nährte sich dem Gefrierpunkt, am Himmel waren ab und zu ein paar Wolken zu sehen. Der Mond kam nach 21 Uhr langsam über die Baumkronen hervor und in den Wiesen bildeten sich Nebelschwaden. Auf der Kanzel an der Waldwiese, sie stand an einer schmalen länglichen, sich zum Bach hinstreckenden Äsungsfläche, wurde es ungemütlich. Die Kälte zog sich von den Beinen nach oben und ließ die Glieder steif werden. Die Zeit schien nicht zu vergehen, wie eine Ewigkeit kam es ihm vor. Mittlerweile kletterte am sternenklaren Himmel der Mond empor. Sein fahles Licht hatte die schwebenden Nebelbänke durchbrochen und aufgelöst, so daß man die Wiese gut übersehen konnte. Die Hirsche röhrten in der Nähe des Sees, aber auch aus der Ferne hörte man sie schreien. Es war Hochbetrieb. Immer wieder vernahm man den Sprengruf eines Platzhirsches, der Rivalen und das Kahlwild trieb. Im Schilf brach und krachte es.
Unablässig suchte das Fernglas die Waldränder ab. Ein paar Rehe, eine Ricke mit zwei Kitzen, zogen äsend über die Fläche. In der Ferne schreckte lang anhaltend ein Reh. Schlich dort der Wilderer oder waren Sauen die Unruheverursacher? Unwillkürlich kamen solche Gedanken auf. Plötzlich war ein lautes Knacken im Holz, immer näher kommend, mit unterschiedlichem Quieken zu hören. Eine Rotte Sauen wechselte zu den alten Eichen am Bestandsrand, die in jenem Jahr reichlich Mast trugen. Kaum fünfzig Schritte von der Kanzel entfernt, begannen sie im Randschatten der alten Bäume zu brechen und Eicheln

aufzunehmen. Frischlinge, Überläufer und einige stärkere Stücke schmatzten, grunzten und stritten sich dabei sehr geräuschvoll.

Lautlos huschte plötzlich ein Schatten am Hochsitz vorbei. Ein Schrecken fuhr durch die Glieder des Försters - es war nur ein Waldkauz. Kein Flügelschlag verriet sein Kommen. Langsam schwebte er, hin und her schwenkend, tief über die Wiese. Fast auf der Stelle rüttelnd, dann blitzschnell hinunterstoßend, um Beute zu machen. Lautlos, wie er geflogen kam, verschwand er mit einer Maus in den Fängen am gegenüberliegenden Waldrand. Sein erschaudernder Ruf "Kiu-witt, kiu-witt, kuwitt, kuwitt" (Komm mit, komm mit, ins kühle Grab ...) schallte noch lange herüber. Der "Totenvogel", von der Bevölkerung abergläubisch so genannt, brachte angeblich häufig Unglück.

Kurz vor Mitternacht hallte vom am Ende der Wiese, etwa vierhundert Schritte entfernt, ein Schuß herüber. Förster Frenkel, am nächsten postiert, kletterte schnell die Leiter hinunter und eilte in Richtung des Schusses. Ein Schnaufen, mit kurzem scharfen Warnlaut "Uff" ließ die überraschten Sauen aus dem "Gebräch" flüchten.

Sich immer im Schatten des Waldrandes haltend, kam er der Stelle, an der der Schuß gefallen sein mußte, näher. Eine vorstehende Baumgruppe umgehend, entdeckte er auf etwa dreißig Schritte den Wilderer kniend beim Geweihabschlagen.

„Nur ruhig Blut" - die schnelle Gangart hatte seinen Puls sowieso noch erheblich gesteigert. Tief durchatmen, den Drilling in Anschlag bringen - jetzt handeln. „Hände hoch oder ich schieße!" schrie er. Der Wilderer griff sofort nach seiner Waffe, die am Hirsch lag. Förster Frenkel zögerte einen winzigen Augenblick - zwei Schüsse fielen fast gleichzeitig und hörten sich wie ein Doppeln an. Der Wilderer sackte getroffen in sich zusammen, der Förster erhielt einen starken, schmerzhaften Schlag gegen die Brust. Sich krümmend und röchelnd, sackte er schwerverwundet zu Boden. Mehrere Postenkörner hatten die Brust und den Bauch getroffen.

Wenig später kam eiligen Schrittes der Forstaufseher heran und fand am Tatort seinen schwerverwundeten Vorgesetzten. Entsetzt versuchte er, ihm erste Hilfe zu leisten, dieser aber sagte: „Raddatz, schauen Sie nach, wer ist dieser Lump?" Nachdem der Forstaufseher den regungslos daliegenden Wilderer umgedrehte, stellte er fest, daß dieser bereits tot war. Die Kugel hatte ihn mitten in die Brust getroffen. So kam er zurück und antwortete: „Herr Revierförster, es ist der Müller!"
Notdürftig leistete er Hilfe. Die Verletzungen waren innerlich, denn die Wunden bluteten kaum, nur aus dem Mund floß etwas schaumiges Blut und beim Atmen war ein Röcheln zu hören. Schnell deckte er den Förster mit seinem Lodenmantel zu und lief die etwa drei Kilometer zur Försterei.

Die Nachricht von dieser Tragödie versetzte alle in helle Aufregung. Großtante ließ schnell anspannen, genügend Decken und Kissen in die Kutsche packen, verständigte die Oberförsterei und den Arzt. Im Galopp ging es dann zur Unfallstelle. Forstaufseher, Kutscher und Großtante halfen dem Schwerverletzten in das Fahrzeug, welches ihn zur Försterei brachte.
Inzwischen waren der Oberförster, der Sanitätsrat und der zuständige Gendarmeriewachtmeister eingetroffen. Der Arzt untersuchte und versorgte den Verletzten. Da schnellstens operiert werden mußte, galt es, sofort zum Krankenhaus zu fahren. Bis Preußisch Stargard waren es rund dreißig Kilometer. Der Schwerverletzte wurde wiederum mit Kissen und Decken in die Kutsche gelegt. Die Großtante kutschierte und der Sanitätsrat begleitete sie. Vorher rief man Oberförster Kühne in Lubichow, der Ort lag auf der Hälfte der Strecke, an, um dort die Pferde zu wechseln. Auf diese Weise legten sie die Strecke in kürzester Zeit zurück.
Im Krankenhaus hatte man sich schon entsprechend vorbereitet, so daß ohne Zeitverzögerung mit der Operation begonnen werden konnte. Am nächsten Tag operierten die

Ärzte noch ein zweites Mal. Leider waren die Verletzungen an Lunge, Magen und Darm so schwer, daß Großonkel Otto Frenkel nach drei Tagen starb.

Die Trauerfeier erfolgte unter zahlreicher Teilnahme unserer großen Försterfamilie und aller Förster und Jäger aus nah und fern, sowie vieler Freunde und Bekannten. Mit allen jagdlichen Ehren wurde er beigesetzt. Ergriffen von den Jagdsignalen "Jagd vorbei" und "Halali", vom Ehrensalut, verneigte sich die Trauergesellschaft zum letzten Mal in ehrendem Gedenken vor dem Toten.
Ein tapferes Jägerherz hatte in treuer Pflichterfüllung aufgehört zu schlagen.

Hansi

Seit es den Menschen gibt, befaßt er sich mit der Zähmung und Nutzbarmachung von Wildtieren. Vor etwa zehntausend Jahren wurde aus dem kleinen indischen Wolf der Hund zum ersten Haustier und Jagdhelfer des Menschen. Etwa vier- bis fünftausend Jahre später begann man die Zucht auf Steppenpferd bzw. Steppentarpan auszuweiten. Sie waren die ersten Zug- und Tragtiere des Menschen. Aus Zentralasien ist seit mindestens zweitausendfünfhundert Jahren die Falknerei bekannt. Adler, Habichte und Falken wurden für jagdliche Zwecke eingesetzt. Durch die Beizjagd machte der Mensch auch Raubvögel für sich nutzbar.

Bis in die heutige Zeit hinein, versucht man auf allen Ebenen Tiere zur Arterhaltung, Forschung und Weiterentwicklung einzusetzen. Dabei ist die wissenschaftliche Sachkenntnis von großer Bedeutung. Lebens- und Verhaltensweisen der einzelnen Tierarten gründlich zu studieren, zeigt aber auch gleichzeitig auf, daß es noch einige Wissenslücken zu schließen gilt. Die Fragen des Natur- und Artenschutzes stehen heute mit im Vordergrund.

Im Umgang mit Haus- und Wildtieren gibt es zwischen der Land- und der Stadtbevölkerung gewisse Unterschiede. Der Stadtbevölkerung mangelt es im allgemeinen an der Artenkenntnis, dem Wissen um die richtige Behandlung und Pflege der Tiere. Es fehlt oft die natürliche Verbundenheit zum Tier. Wer sich aber nicht in die "Seele" eines Tieres einzufühlen vermag, wird das tierische Verhalten nie richtig deuten.
Wenn auf der einen Seite das hilfreiche Bedürfnis zum Schutz und zur Lebenserhaltung für Jungtiere und kranke Tiere besteht, so macht man aus Unkenntnis oft entscheidende Fehler. Werden Wildtiere gefunden, so bringt man

sie, wenn man selbst nicht weiter weiß, zum Förster oder wenn es im Ort einen Tierarzt, Lehrer oder Pfarrer gibt, zu ihnen. Aus diesem Grund gab es in den Gärten und auf dem Hof vieler Förstereien oft gezähmte Wildtiere.

Der Revierförster Brack aus Lieblacken, Forstamt Tapiau, hatte mit Hilfe seiner Frau zwei Elche aufgezogen. Forstamtmann Eschment, Forstamt Rossitten, auf der Kurischen Nehrung, und auch Oberforstmeister Kramer, Oberforstamt Elchwald, zogen ebenfalls Elchkälber auf. Ein Elchtier Namens "Pauline" setzte sogar 1937 im Gehege Werbellinsee ein Kalb. Im Forstamt Pfeil sorgte ein aus einem Ei erbrüteter Kranich mit Namen "Ibikus" jahrelang für Ordnung auf dem Hühnerhof. Jeder Besucher wurde mit Trompetenrufen rechtzeitig angemeldet.
Bei den übrigen Wildarten wie Reh-, Dam-, Rot- und Schwarzwild gab es noch unzählige Beispiele für die Wildtierhaltung. Auch Marder, Fuchs, Dachs, Igel, Eichhörnchen und viele Vogelarten vom Storch, der Taube bis zur Rabenkrähe wurden gehalten - alles konnte man auf Forstgehöften vorfinden.

In der Försterei Pelohnen wurden im Lauf der Zeit viele Wildtiere aufgezogen. Meine Mutter zeigte hierfür sehr großes Interesse und hatte auch eine glückliche Hand im Umgang mit diesen Tieren. Der Rabe "Jacob", die Hohltaube "Weißchen", das Eichhörnchen "Puzzi" und viele andere Wildtiere lebten jahrelang auf dem Forsthof und sorgten für Abwechslung und Freude.
Anfang Juni 1918 machte Großvater seinen üblichen Reviergang. Plötzlich stand der Drahthaarrüde "Tell" auf einer kleinen Waldwiese vor. Mein Großvater schaute interessiert nach und fand ein hilfloses Kitz, welches wohl schon einige Zeit ohne Ricke war. Zu damaliger Zeit wurde häufig gewildert. Schlingen fand man oft an Wechseln. Auch mit Schußwaffen versuchten Wilderer Beute zu machen. Einige wildernde Hunde trieben ebenfalls ihr Unwesen.

Gleich, wie die Ricke umgekommen war, es mußte geholfen werden. Vorsichtig trug Großvater das Kitz, ein Bockkitz, nach Hause. Aufopferungsvoll und sehr besorgt nahm sich meine Mutter diesem Tier an. Den Zeigefinger tauchte sie in verdünnte warme Kuhmilch und führte diesen in den Äser des Kitzes, bis es Schluck- und Lutschbewegungen machte und etwas Nahrung aufnahm. Es dauerte einige Zeit ehe er die "Nuckelflasche" annahm. Allmählich wurde die Krise überwunden, und "Hansi", so hatte man es getauft, nahm seine neue Umwelt in Besitz. Mit "Tell" begann ein sehr vertrautes Zusammenleben. Auch mit Teckel "Lumpi", den Katzen und dem Geflügel auf dem Hof, gab es keine Probleme. Neben seiner Flasche begann er bald Grünes zu äsen, allerlei Gräser, Löwenzahn, Klee und im Garten sehr gerne Blumen. Ob Nelken, Rosen, Stiefmütterchen, Erdbeerblätter, Zweige und Blätter von Sträuchern, wie Johannis-, Him- oder Brombeeren, auch Obstbaumspitzen und Blätter - alles probierte er. Wenn es "Hansi" schmeckte, dann naschte er noch mehr davon. Erstaunlich schnell wuchs er heran. Meiner Mutter folgte er, wenn möglich, überall hin. So begleitete er sie ins Dorf nach Grünhayn oder auch auf das Gut nach Sanditten.

In Wald und Feld genoß er die Freiheit und entfernte sich oft ziemlich weit. Wenn aber "Hansi" gerufen wurde, war er sofort wieder da. Im Dorf dagegen empfand er alles fremd und unnatürlich. Die vielen Menschen, alle bestaunten und bewunderten ihn und wollten ihn streicheln. Fremde Pferde, Kühe, Schafe, Hunde mochte er sichtlich nicht, von überall konnte Gefahr kommen. Dann schmiegte er sich dicht an und wagte nicht, sich zu entfernen. Gut veranlagt, schob er schon im nächsten Frühjahr als Jährling ein angedeutetes ungerades Sechsergehörn mit relativ viel Masse. Jetzt wurde er schon selbstbewußter und setzte sich gegenüber fremden Hunden durch. Auch bei Besuchern nahm er eine Angriffsstellung ein; hielt sein Haupt gesenkt, etwas schräge und scharrte mit dem Vorderlauf. Aber einen direkten Angriff von vorne wagte er noch nicht. Nur hinterrücks versuchte er zu stoßen. Die Scheu gegenüber dem Menschen ging mehr und mehr verloren.

Im Jahr darauf schob er ein gutes Sechsergehörn mit recht langen Enden. Mit Beginn der Blattzeit (Ende Juli-August) wurde er immer aggressiver. Nur noch meine Mutter durfte mit ihm umgehen. Ihr folgte und gehorchte er. Jeden Fremden nahm er unverhofft und blitzschnell an. Großvater mußte den Hundezwinger erweitern und "Hansi" kam dort hinein.

Am 26. September 1920, es war ein Sonntag, hatte meine Mutter ihren 23. Geburtstag. Zu Kaffee und Kuchen versammelten sich neben den zahlreichen Familienmitgliedern auch noch einige Jagdfreunde und Bekannte, so z. B. der "Wanderjäger" Rudolf Herrenkind und der Kaufmann Arnswald aus Wehlau, der ebenfalls ein sehr passionierter Jäger war. Nach der Kaffeetafel genehmigte man sich einige Gläschen "Bärenfang". Die Frauen probierten den Johannisbeerwein. An diesem wunderschönen Herbsttag kam recht bald eine gute Stimmung auf und man stattete auch "Hansi" einen Besuch ab.

Kaufmann Arnswald, vom Bärenfang mutig geworden, wollte "Hansi" unbedingt aus dem Zwinger lassen. Man warnte ihn vor dem angriffslustigen Bock. „Ach was" sagte er, immerhin war er sich seiner Kraft und Körpergröße von fast 1,90 Meter und annähernd 100 Kilogramm Gewicht bewußt, „mit diesem Zwirnbock werde ich doch fertig!" Er öffnete den Zwinger und eh er sich versah, startete der Bock eine Attacke. Oh, das tat weh; die

rechte Handfläche, vom kleinen Finger bis zum Daumen, war tief aufgeschlitzt. Schnell mußte ein Notverband angelegt und der Gast zum Arzt gebracht werden.
Die Geburtstagsfeier nahm ein tragisches Ende. Hansi mußte den Weg in die ewigen Jagdgründe antreten, was meine Mutter sehr mitnahm und sie viele Tränen kostete.

Das Aufziehen von weiblichen Wildtieren ist problemloser. Sie sind anhänglich und selten aggressiv. In der Blatt- bzw. Brunftzeit wechseln sie gerne für ein paar Tage in den Wald, kommen aber wieder und im nächsten Jahr stellt sich oft Nachwuchs ein.

Von Aufzucht und Haltung des männlichen Rehwildes ist dringend abzuraten.

Hinterhalt

Wenn der Stammhalter geboren wird, Mutter und Sohn alles überstanden haben und gesund sind, herrscht in jeder Familie große Freude. So war es auch am 1. März des Jahres 1885, als sich nach Tochter Charlotte Sohn Fritz bei der Familie des Försters Friedrich Schmidt und seiner Ehefrau Lina einfand.

Der Stammhalter wuchs im Elternhaus mit noch weiteren Geschwistern (drei Brüder, vier Schwestern) auf. Aus unerklärlichen Gründen wurde er in der Familie, von seinen Schulfreunden und von allen, die ihn kannten, nur "Böb" gerufen.

Wenn der Sturm durch die Kronen der uralten Eichen rauscht, wenn Regen, Gewitter und Sonnenschein in wechselnder Folge über die Erde huschen, dann fühlt sich ein naturverbundener Forstmann in seinem Element. Kaum, daß der kleine Böb richtig laufen konnte, nahm ihn sein Vater schon mit in den Wald. Die häufige Begleitung, auch zur Jagd, ließen bei dem Jungen schon frühzeitig den Wunsch reifen, Förster zu werden, wie der Vater, sein Großvater und weitere Vorfahren und Familienangehörige. Das bewußte Erleben der Natur, das Zusammenleben mit Tieren von frühester Jugend an, entwickelten in Böb die Achtung vor dem Geschöpf. Die Vorbildwirkung des Vaters in seiner forstlichen und jagdlichen Tätigkeit weckte den Wunsch, es ihm gleichzutun. Die Erziehung nach alten, bewährten Grundregeln, formte mit der Zeit bei dem Knaben Eigenschaften wie Ehrlichkeit, Gehorsam, Pünktlichkeit, Ausdauer, Zuverlässigkeit. Er wuchs zu einem treuen, der Obrigkeit ergebenen, charakterfesten jungen Mann heran.

Nach der Schulzeit begann mit sechzehn Jahren die Lehrzeit für den Forstdienst in Verbindung mit dem Militärdienst im Jägercorps. Im Regulativ von 1887 des

preußischen Staatsministeriums wurden hohe Anforderungen an die Aspiranten für die Forstlehre gestellt. Der Aspirant mußte spätestens drei Monate vor Lehrzeitbeginn (Lehrbeginn 1. Oktober) dem zuständigen Oberforstmeister die Bewerbung mit folgenden Unterlagen einreichen: Geburtsurkunde, Unbescholtenheitszeugnis der Polizeibehörde, Abgangszeugnis der Schule, Lebenslauf und ein Attest eines oberen Militärarztes.
Strenge Maßstäbe und Anforderungen waren im Gesundheitsattest festgelegt. Sie sollten frei von körperlichen Gebrechen, chronischen Krankheiten, mit scharfem Auge, gutem Gehör, fehlerfreier Sprache und entsprechend des Alters mit Minimalmaßen antreten. Mit sechszehn Jahren mußte man mindestens 153 Zentimeter groß sein und einen Brustumfang von 73 bis 79 Zentimeter haben. Aspiranten, die keine höhere Schule besucht und demnach nicht die Reife für die Tertia (mittlere Reife) besaßen, mußten sich einer besonderen Prüfung in den Schulkenntnissen unterziehen. Da unser Böb nur die Volksschule besucht hatte, mußte er zu so einer Aufnahmeprüfung, die er zur allgemeinen Freude der Familie auch bestand.
Am 1. Oktober 1901 begann seine zweijährige Forstlehre. Anschließend wurde er zum Militärdienst, zum Jäger-Bataillon 1, General Graf Yorck von Wartenburg, nach Ortelsburg einberufen. Nach der Militärdienstzeit, legte er die Jägerprüfung ab. Die weitere forstliche Ausbildung beinhaltete die Vorbereitungszeit auf die Försterprüfung. Dazu gehörte auch die Durchführung von Forstschutzdienst in verschiedenen Oberförstereien. Mit Erfolg bestand Böb die Prüfung und konnte sich königlichpreußischer Förster nennen.

Im August 1914 brach der Weltkrieg aus. Mobilmachung, alle Reservisten wurden zur Fahne gerufen. Mit seinem Jäger-Bataillon machte Böb den Feldzug mit. Von der Befreiung Ostpreußens mit Sieg über die eingefallenen russischen Armeen bei Tannenberg bis zu den verlustreichen

Materialschlachten 1918 im Westen kämpfte er tapfer als Sergeant. Er wurde verwundet und geriet bei Kriegsende in Gefangenschaft. 1919 kehrte er in die Heimat zurück.

Zunächst außerplanmäßig in einigen Forstämtern tätig, erhielt er 1923 im Forstamt Kobbelbude, etwa dreißig Kilometer westlich von Königsberg gelegen, die Försterei Neplecken. Mit seiner Frau Grete, geb. Fiehn, Tochter des Oberförsters Fiehn aus Kobbelbude, zog er dorthin. Die Försterei, gut einen Kilometer vom Dorf entfernt, lag allein am westlichen Waldrand. Ein geräumiges Wohnhaus, Wirtschaftsgebäude, großer Obst- und Gemüsegarten, außerdem gut zehn Hektar Dienstland mit totem und lebendem Inventar, waren zu betreuen. Jede Försterfrau wußte um ihre Aufgaben und stand den im Haus und Hof Beschäftigten umsichtig, aufmerksam und sparsam vor. Diese Aufgabenverteilung gab es bei den meisten Försterfamilien. Der Mann ging seinem Beruf nach. Forst, Jagd, Fischerei, Hundezucht und -dressur, eventuell Imkerei, das waren seine Haupttätigkeiten. Nur in dringenden Fällen und während der Erntezeit half er in der Landwirtschaft mit.

Aller Anfang war schwer, so auch der des Försterehepaares Schmidt. In dieser Zeit herrschte in Deutschland die Inflation. Die Geldentwertung nahm ein gewaltiges Ausmaß an. Millionen-, Milliarden- ja Billionengeldscheine gab es. Innerhalb von vierundzwanzig Stunden fiel der Wert der Zahlungsmittel erheblich. 1924, mit Einführung der Rentenmark, konnte dieser Preisverfall gestoppt werden. Aber die Bevölkerung litt weiter. Durch den verlorenen Weltkrieg, den Versailler Vertrag, durch Zahlung gewaltiger Reparationen, Zerstückelung des Deutschen Reichs, Stagnation der Wirtschaft wuchs die Zahl der Arbeitslosen bis auf sechs Millionen an. In den Städten litten viele Familien an Hunger. In dieser Situation nahm die Wilderei stark zu. Mit Schlingen, Fallen, aber auch mit Schußwaffen, stellte man dem vorkommenden Getier nach.

Viele Militärgewehre nahm man nach Kriegsende einfach mit nach Hause und nutzte sie zum Wildern. Die Forstbeamten hatten es sehr schwer. Viele verloren in treuer Pflichterfüllung ihr Leben. Einige wurden schwer verletzt, zu Krüppeln geschossen oder geschlagen.

Onkel Böb mußte ebenfalls eine böse Erfahrung machen. In der Bludauer Heide, die zum großen Waldkomplex des Forstamtes Kobbelbude gehörte, wurde in den Förstereien Kobbelbude, Elenskrug, Neplecken und Bärwalde seit Jahren gewildert. Schüsse fielen mal da, mal dort. Es wurde Aufbruch gefunden, auch verludertes Wild. An Wildwechseln fand man oft Schlingen. Einen Schlingensteller hatte man in Bärwalde auf frischer Tag gestellt, aber dennoch ging der Wildfrevel weiter.

An einem Sommerabend im Jahre 1925 fiel nicht weit von der Försterei ein Schuß. Onkel Böb ergriff seine Repetierbüchse und eilte in Richtung des Schusses. Nach etwa vierhundert Metern sah er auf einer kleinen Lichtung mit etwas Strauchwerk einen Mann knien und einen Rehbock aufbrechen. Fast geräuschlos und schnell, auf etwa zwanzig Meter heranpirschend, die Waffe im Anschlag, rief Onkel Böb den Wilderer an: „Hände hoch". Erschrocken erhob sich der Wilderer und nahm seine Hände hoch. „Hände in den Nacken, umdrehen, bei Widerstand oder Flucht schieße ich, in Richtung Försterei, vorwärts marsch!" Der Wilderer befolgte die Anweisungen. Onkel Böb wollte gerade die Waffe des Wilderers, die an einem Baum stand, an sich nehmen, da erhielt er von einem zweiten Wilderer, den er leider nicht bemerkt hatte, einen gewaltigen Schlag auf den Kopf. Bewußtlos brach er zusammen. Wie lange er da lag, war im nachhinein schwer zu sagen. Jedenfalls war es schon dunkel, als er wieder zu sich kam und blutüberströmt in Richtung Försterei wankte, hinfiel, kroch und sich wieder aufrappelte. In der Ferne hörte er Rufe und Hundegebell. Seine Frau und die Beschäftigten suchten bereits nach ihm. Endlich fanden sie ihn.

Jetzt ging alles schnell. Ein Notverband wurde angelegt, das Forstamt verständigt, Pferde angespannt und im schnellen Trab ging es zur etwa acht Kilometer entfernten Kreisstadt Fischhausen. Die Straße führte immer am Fischhausener Wiek entlang und gleich, wenn man nach Fischhausen hereinkam, lag zur rechten Hand das Hospital. Dort wurde Onkel Böb fachgerecht untersucht, versorgt und behandelt. Schwere Gehirnerschütterung und Schädelbruch stellten die Ärzte fest. Der grüne Filzhut hatte den Schlag wohl etwas gedämpft. Längere Zeit mußte er in ärztlicher Behandlung bleiben, auch später litt er manchmal unter Kopfschmerzen.

Auf Grund der Beschreibung und Aussage meines Onkels konnten der Wilderer ermittelt und durch Haussuchungen die Beweise für den anderen Täter erbracht werden.

Bei der Gerichtsverhandlung wurde durch den Staatsanwalt der Tatbestand nach dem Strafgesetzbuch für "Schweren Forstwiderstand" § 118 und § 119, "Gefährliche Körperverletzung" § 223 a und "Jagdwilderei" § 292 als erfüllt angesehen und Zuchthausstrafen von fünf und drei Jahren beantragt. Die beiden geständigen Täter fanden milde Richter. Der Hauptangeklagte erhielt zweieinhalb Jahre und sein Komplice eineinhalb Jahre Haft.

Fazit: Da Onkel Böb nur einen Wilderer vermutete, versuchte er diesen übereilig und diensteifrig dingfest zu machen, ließ alle Vorsicht außer acht und begab sich in Lebensgefahr. Der hinter Büschen verborgene zweite Wilderer hatte somit Gelegenheit, den Förster niederzuschlagen.

Bevor man die Straftäter aus dem Gefängnis entließ, bot die preußische Forstverwaltung meinem Onkel eine neue Stelle als Büroleiter (Revierförster i. G.) im Forstamt Rehhof, Kreis Stuhm, an. In beiderseitigem Einverständnis übernahm Onkel Böb diese Stelle und zog Anfang 1927 nach Rehhof. Diese Maßnahme wurde von der Forstverwaltung vorsorglich getroffen, um eventuelle Racheakte auszuschließen.

In Rehhof, einer Ortschaft mit etwa 2.800 Einwohnern und Bahnstation, vielen Geschäften und manchen anderen Vorteilen, waren die Lebensbedingungen viel besser als im Forstamt Kobbelbude.

Anmerkung: Da das Ehepaar Schmidt keine Kinder hatte, adoptierte es ein Mädchen mit Vornamen Ilse, (geb. 23. September 1928). Am 1. September 1935 verstarb Onkel Böb, ein Jahr später seine Frau (19. Dezember 1936). Beide wurden in Königsberg beerdigt. Um die achtjährige Tochter Ilse kümmerte sich dann Onkel Willi.

Forsthaus Plauen

Auf jeder Landkarte von Ostpreußen (Maßstab 1:300.000) oder Kreiskarte von Wehlau findet man östlich von dem Dorf Dettmitten, in gut zwei Kilometer Entfernung, am Waldrand ein Hirschgeweih abgedruckt. Dieses Zeichen gibt den Standort einer Försterei an. In diesem Forsthaus Plauen, zugehörend zum Kirchspiel Allenburg, einer Kleinstadt mit etwa 2.700 Einwohnern, bin ich geboren und lebte dort bis zum meinem dreizehnten Lebensjahr. Eine Fülle unvergeßlicher Jugenderinnerungen verdanke ich diesem Stückchen Heimat. Mein Schulweg nach Dettmitten, z.T. ein Landweg auf schwerem Lehmboden, davon ein Stück Hohlweg, war im Winterhalbjahr kaum passierbar. Vom Dorf ging es dann zügig auf der Wehlauer Chaussee über die Brücke des Masurischen Kanals nach Allenburg hinein. Zur neuen Volksschule mußte man durch die ganze Stadt in Richtung Gerdauen. Täglich etwa sechs Kilometer hin und sechs Kilometer zurück, bei gutem, aber auch bei schlechtem Wetter, ob Sommer oder Winter, immer zu Fuß. Schlimm war es bei starkem Frost und viel Schnee, ich brauchte dann gut zwei Stunden. Morgens um 6 Uhr nach dem Frühstück, bestehend aus einer Milchsuppe, auch "Klunkersuppe" genannt, dazu Brot mit Butter, ging es im Dunkeln los. Am späten Nachmittag, wenn es wieder dunkel wurde, kam ich müde nach Hause. Schnell wurde etwas gegessen und dann bei Petroleumlicht noch Schularbeiten gemacht, denn mein Klassenlehrer Horlitz nahm es mit den Hausaufgaben immer sehr genau. Wenn ich jetzt zurückdenke, war diese Kinderzeit für mich eine schöne, unbeschwerte, erlebnisreiche, freilich auch sehr harte und entbehrungsreiche Zeit.

Mein Vater, Jahrgang 1890, von Jugend auf mit der Natur verbunden, erlernte den Forstberuf. Beim Jäger-Bataillon 1 in Ortelsburg war er Soldat und kämpfte mit dieser Einheit im Ersten Weltkrieg. Sein erstes Forstrevier, etwa eintausend Morgen groß, hieß Plauen. Beim Rittergutsbesitzer Major Otto v. Weiß, Groß Plauen, trat er in den Dienst und übernahm die Verantwortung für Wald und Wild. Der alte Förster Groneberg wies seinen Nachfolger gründlich in die Belange des Forstrevieres Plauen ein.

Die Försterei lag westlich des Waldes unmittelbar an einem etwa zwei Hektar großen, rund zweihundertjährigen Eichenbestand. Das Haus, aus rotem Mauerstein, sauber verfugt, hatte unten drei Zimmer, Küche, Speisekammer, Flur und Abstellkammer und oben ein Zimmer, eine Kammer, Räucherkammer, reichlich Platz für Vorratskisten, Mehlkisten, Truhen und Platz zur Obstlagerung. Umgeben war es von einem sehr großen Garten. Etwa einhundert Obstbäume und Sträucher wuchsen darin. Vor dem Haus blühten vom Frühling bis zum Herbst viele Blumen und Stauden. Eine Hecke aus Fichten, mit in gleichen Abständen stehendem Rotdorn, trennte Garten und Hof. Auf dem Hof stand im rechten Winkel zum Wohnhaus das Wirtschaftsgebäude, ein langer Fachwerksbau, bestehend aus Stall und Scheune. Auf dem mit Stroh gedeckten Dach hatte am vorderen Giebel ein Storchenpaar ein Nest gebaut. Eine Remise und ein großer Holzschuppen befanden sich an der hinteren Seite des Gebäudes. Mitten auf dem Hof stand eine etwa sechs Meter lange Futterküche mit Schleppdach. Dahinter an der Rückseite der Hundezwinger. Einige, etwa vierzigjährige, recht hohe Birken umgaben diesen zentralen Punkt. In dem unterteilten Hundezwinger hielt mein Vater immer mehrere Jagdhunde. Auch zur Dressur übernahm er Hunde. Zwischen diesem Gebäude und dem Wohnhaus stand die Wasserpumpe. Sie bestand aus Gußeisen. Im Winter gab es oft mit dem Wasser Schwierigkeiten. Bei Frost fror die Pumpe immer ein. Entweder mußte von oben heißes Wasser eingefüllt werden oder sie wurde mit Stroh umwickelt und angezündet, damit das Eis taute. In Richtung des Abhangs zur Swine, einem kleinen Fluß, lag der von Sträuchern bewachsene Erdkeller. In ihm gab es auch eine Abteilung, die als Eis-

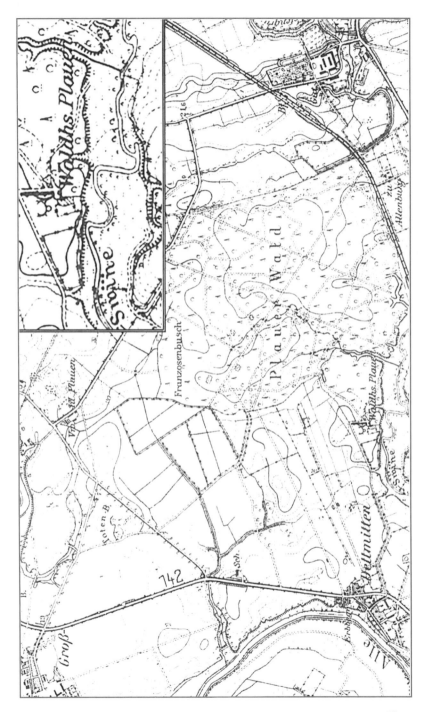

keller diente. Wenn auf dem Fluß das Eis eine Stärke von über zwanzig Zentimeter erreicht hatte, wurden Eisblöcke herausgesägt, im Keller gestapelt und mit Häcksel bzw. Stroh abgedeckt. Im Sommer kühlte man damit Milch, Butter, Speisen und Getränke. Damals war man mehr oder weniger Selbstversorger. Meine Eltern bewirtschafteten das zur Försterei gehörende Dienstland. Im Stall standen zwei bis drei Kühe, Jungvieh, Schweine, Federvieh und ein Pferd. Durch Schleudern trennte man täglich die Milch von der Sahne. Wenn sich genügend Sahne sammelte, stellte man Butter her. Das geschah mit einem Butterfaß, welches an der Seite eine Kurbel zum Drehen besaß. Quark und sogar Käse gab es auch aus eigener Produktion. Wöchentlich, meistens am Sonnabend, backte meine Mutter Brot. Im Anschluß daran schob sie noch einen Kuchen oder Fladen für den Sonntag in den Ofen.
Im Sommer galt es Beeren, Pilze, Lindenblüten, Kamille, Waldmeister, Schafgarbe und weitere Kräuter für den Winter zu sammeln. Der Wintervorrat mußte ausreichend sein, dazu gehörten auch reichlich Obst und Gemüse. In ein großes Faß legte man Weißkohl ein und stellte Sauerkohl her. Gurken, Kürbis, Rote Beete - alles wurde vorsorglich in Speisekammer und Keller eingelagert. Einwecken, Einlegen, Trocknen - alles Tätigkeiten von großer Bedeutung, die man planmäßig und gut organisiert durchführte.
Das Fischen mit Netzen, Aalschnüren sowie das Angeln in der fischreichen Swine brachte je nach Jahreszeit immer recht gute Fänge. Manchmal bereicherte auch Wildbret unsere Speisekarte. Alljährlich im Dezember fand ein Schlachtefest statt. Ein großes Schwein von etwa vier Zentnern mußte dran glauben. Die schnelle und vollständige Verwertung des Tieres brachte viel Arbeit mit sich. Das Wurstmachen war eine Kunst für sich, es wurde Leber-, Blut-, Mett- und Grützwurst hergestellt. Fleisch, vor allem Schinken, pöckelte man ein, d. h., es wurde eingesalzen. Später kam alles in die Räucherkammer. Der Räucherschinken mußte immer von einem Schlachtefest zum anderen reichen.

Im Garten, wenn man aus der Haustür trat, gleich rechts, befand sich die Gartenlaube, eine natürlich gewachsene Laube aus Weißbuche, entsprechend beschnitten. Ein länglicher, aus Eichenbohlen bestehender Tisch und ringsherum Sitzbänke bildeten das Inventar der Laube. An der linken Ecke vor der Laube lag ein großer bemooster Stein. Rechts seitlich hinter der Laube, in etwa zwanzig Meter Entfernung, hatte mein Vater seinen Bienenstand mit zehn bis zwanzig Völkern in strohgeflochtenen Bienenstöcken. Im Sommer wurden die Beuten aufgesetzt, damit die Bienen die Waben mit Honig füllten. In nordwestlicher Richtung schützte eine hohe Lindenhecke diesen Stand.
Im Anschluß an den Garten begann ein großes Ursprungstal, in dem die Swine, auch manchmal als Swöne bezeichnet, floß. Stellenweise war das Tal, in dem sich das Flüßchen in starken Windungen durch die Wiesen schlängelte, etwa einen Kilometer breit. Der Hang, ziemlich abfallend, etwa einhundert Meter lang, bildete im Winter eine hervorragende Rodelbahn. Gleich darunter machte die Swine eine große Schleife - dort befand sich ein Stück Ackerland und unser Gemüsegarten. Der Zaun bestand aus drei Stangen, war mit Fichtenrippen eng verflochten und schützte so recht gut Garten- und Ackerland. Etwas stromaufwärts besaßen wir noch zwei weitere Wiesen, eine große und eine etwas kleinere. Auf der anderen Seite des Flusses befand sich nur Wiesenland.
Nach starken Regenfällen, vor allem im Spätherbst, trat der Fluß oft über seine Ufer und überschwemmte das gesamte Tal. Eine riesige Wasserfläche, fast wie ein großer See, im Winter eine gewaltige Eisfläche, für uns Jungen einmalig zum Schlittschuhlaufen, entstand. Wenn das Eis stark genug war, konnte man stromabwärts bis zur Ankermühle bei Allenburg laufen. Stromaufwärts ging es unter die Eisenbahnbrücke Wehlau-Allenburg und der Straßenbrücke bei Eiserwagen hindurch bis zur Einmündung der Ilme bei Ilmsdorf. Im Frühjahr, wenn die Schneeschmelze einsetzte, schoben sich krachend und berstend die Eisschollen zusammen und bildeten Eisbar-

rieren. Im Flußbett floß das gelb aufgewühlte Wasser, Strudel bildend, reißend stromabwärts. Auf den überschwemmten Wiesen, sie standen etwa einen Meter unter Wasser, fuhren wir Jungen auf Eisschollen. Es kam auch manchmal vor, daß einer von uns ins Wasser fiel. Richtige Seeschlachten lieferten sich die Parteien.

Mein Cousin, Horst Rohloff aus Dettmitten, zwei Jahre älter als ich, brachte aus dem Dorf immer ein paar gleichaltrige Jungen mit. Zwei Parteien wurden gebildet - Wikinger gegen Alemannen. Mit Stangen bewegten wir unsere Eisschollen fort. Holzschwerter, Schilder, hergestellt aus Deckeln von Blechtonnen, Pfeil und Bogen stellten die Bewaffnung dar. Bei diesen "Seegefechten" mußten wir nur aufpassen, daß wir nicht in die Strudel des schnellfließenden Flusses gerieten.

Zwischen der großen Wiese und dem Gartenland machte der Fluß eine scharfe Biegung. Dort befand sich eine kleine mit Schilf bewachsene Insel. In der Nähe lag unsere Bootsanlegestelle. Wenn man vom Forsthaus zur Bootsanlegestelle ging, kam man nach etwa einhundert Metern an einen Steilhang, wohl zwanzig Meter senkrecht abfallend. Schräg am Hang führte auf lehmigem Boden ein Pfad hinunter zur Anlegestelle. Bei trockenem Wetter war er begehbar, bei Regen aber gefährlich glitschig und somit unpassierbar. Im Winter, bei Schnee und Eis,- mußte man einen kleinen Umweg gehen, um zum Steg zu gelangen.

Seitlich, durch ein kleines Tal floß ein Graben zur Swine. Die Hänge waren mit Buchenjungwuchs bestockt, dazwischen stand ab und zu ein gewaltiger Überhälter. Am gegenüberliegenden Hang befanden sich ein großer Fuchs- und ein Dachsbau. Ende März, Anfang April, wenn der Frühling einzog, sah alles wie ein blauer Teppich aus. Leberblümchen bedeckten beide Hänge. Dazwischen blühte ab und an ein Seidelbaststrauch mit seinen vielen kleinen rosaroten Blüten. Später schimmerte das Weiß der Anemonen, das Gelb der Primeln und das Blau der Veilchen durch den Wald. Es duftete himmlisch. Mit dem Erwachen der Natur kamen auch die Vögel wieder. Unser Storchenpaar fand sich auf seinem Horst ein, aber auch andere rote Langschnäbel wollten diesen Nistplatz erobern. Es gab Kämpfe unter den Vögeln und danach Siegesgeklapper.

Scharen von Zugvögeln, Gänsen, Kranichen, viele Entenarten, die sich auf der Durchreise in den hohen Norden befanden, hielten kurze Rast. Ständig war Leben auf den teilweise überschwemmten Wiesen und dem Fluß.
Auf den großen, alten Eichen fielen mit viel Lärm und Gezwitscher Schwärme von Staren, aber auch Finken ein, um am nächsten Tag weiter in ihre Brutgebiete zu ziehen. Täglich setzte sich die Schar der Durchzügler anders zusammen, ein Paradies für Vogelfreunde und Ornithologen. Wenn Schnepfen, Bekassinen, Tauben und viele andere durchgezogen waren, verblieben eines Tages nur noch unsere einheimischen Arten. Die Melodien ihrer Gesänge kündigten die wärmere Zeit an.
Eine schwer zu beschreibende Gegend, dieses Fleckchen Erde, meine Heimat. Man muß es erlebt haben, muß aufgewachsen sein in dieser Einsamkeit, muß die Urwüchsigkeit der Natur gesehen und das Rauschen des Windes in den uralten Eichen vernommen haben, um es nachempfinden zu können.

Nichts übte für mich eine solche Anziehungskraft wie ein Gewässer aus. Es war gleich, ob es sich um einen Bach, einen Fluß oder See handelte.

Die ständige Bewegung des Wassers, das Geheimnisvolle, was seine Wellen, Strudel, die Oberfläche verdeckte, das plötzliche Auftauchen, Platschen und Rauben eines guten Hechtes, überall regte sich das Leben, überall lauerte der Tod. So ist es in der Natur. Libellen verharrten über dem Wasser, um sich dann auf ein Seerosenblatt zu setzen. Bachstelzen hüpften am Ufer und der Eisvogel in grün- und blauschillernden Farben schoß blitzschnell ins Wasser, um Beute zu machen. In der Abenddämmerung schwebten riesige Mückenschwärme wie Wolken aussehend über dem Fluß, begleitet vom vielstimmigen Froschkonzert. Aus der Ferne verabschiedete der Kuckuck mit seinem Ruf den Tag. Die Nacht brach heran, in der Eulen und Fledermäuse jagten. All diese Erinnerungen in der Vielfalt zu erfassen, ist ein schwieriges Unterfangen.

Anmerkung:
Durch die Aufsiedlung des Gutes im Jahre 1934 wurde mein Vater arbeitslos. Zwei Jahre wohnten wir noch im Forsthaus und lebten von den Erträgen unserer Landwirtschaft. 1936 wurde mein Vater zweiter Stadtförster von Wehlau und wir zogen nach Holländerei.

1. Onkel Fritz Schmidt (Lokführer) und Wilhelm Schmidt (Revierförster) im September 1924

2. Groß Stamm, Ostern 1926, Onkel "Willi" mit Ehefrau (Tante "Lieschen")

3. Revierförster i. G. Fritz Schmidt, Onkel "Böb" nach erfolgreicher Jagd im FA Rehhof, Kreis Stuhm im Jahre 1932

4. Mein Großvater Förster Friedrich Schmidt oder der "olle Schmidt" (1854-1938) neben dem "Gewitterkasten"

5. Meine Mutter mit dem Bockkitz "Hansi"

6. Mutter Helene Mattke mit ihren Söhnen Helmut und Fritz

7. Förster Adolf Mattke mit Ehefrau, Söhnen und Drahthaarrüden „Tell"
vor der Försterei Plauen, bei Allenburg

8. Letzter Dienstsitz meines Vaters (ab 1940) vor der Vertreibung, Försterei Rossen,
bei Braunsberg

 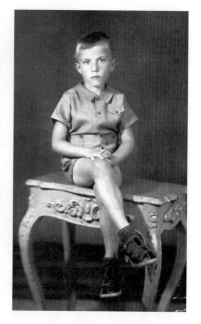

9. Großmutter Lina Schmidt (1860-1941), Herbst 1940

10. Von ihren 14 Enkeln der Jüngste, Herbert Mattke, Herbst 1940

11. Die Alle am Silberberg

12. Försterei Groß Stamm bei Sorquitten, Kreis Sensburg/Ostpreußen

13. Aufbruch zum Angeln auf dem Gehlandsee, bei Sorquitten (2. v. r. Onkel Willi)

14. Revierförster Franz Schmidt (1894-1945)

15. Mein Vater, Revierförster Adolf Mattke (1890-1969)

16. Goldene Hochzeit meiner Großeltern am 31.10.1931.
Von den Hochzeitsgästen vor der Försterei Prelohnen leben noch: 8. v. l. Cousine Meta Deutschmann (geb.: 01.02.1907), 4. v. r. Cousin Joachim Karahl (geb.: 31.12.1916). Von der Kinderschar: 1. v. r. der Autor des Buches (geb. 15.03.1924), 2. v. r. Bruder Fritz Mattke (geb.: 17.12.1925) und von den sitzenden Kindern: 1. v. r. Cousin Manfred Schmidt (geb. 28.10.1928), Cousine Ilse Schmidt (geb.: 23.09.1928) sowie Cousine Gretel Schmidt (geb.: 19.12.1924)

17. Hauptmann Heisig mit seinem 1935 auf dem Schießplatz Arys, Kreis Johannesburg, erlegten Wolf

18. Jahresjagdschein 1941/42 von Revierförster Wilhelm Schmidt (Onkel "Willi") (1889-1967)

19. Revierförster Fritz Schmidt (Onkel "Böb") (1885-1935) mit Ehefrau Grete und Adoptivtochter Ilse im Jahre 1933

20. Berufskollege Herbert Unruh als Fahnenjunkerunteroffizier, Anfang 1944

21. Verfasser als Leutnant, 1945

22. v .l. n. r.: Revierförster i. G. Siegfried Binder, Oberst Adolf Galland, der spätere Generalleutnant der Jagdflieger, vor seinem im September 1941 im FA Pfeil erlegten Elchschaufler, Forstanwärter Siegfried Stetzuhn, Forstanwärter Klaus Dentler

23. Wisente im Revier Wildhügel, Forstamt Pfeil 1942

24. Krajebieter im Elchwald

25. Wisente im Revier Wildhügel, 1942

26. Oberforstmeister Kramer mit Forstmeister Coermann, umgeben von den Revierbeamten des FA Pfeil, Revierförster i. G. Binder, Revierförster Spie, Revierförster Sandmann, Revierförster Premper, Oberförster Jacob, Forstaufseher Petersdorff, Revierförster Ringhardt und Revierförster Beyer.

27. Forstamt Pfeil, Kreis Labiau

28. Forstamt Neu-Sternberg (Groß Baum, Kreis Labiau)

29. 80. Geburtstag von Obf. i. R. Erich Ringhardt, am 27.03.1972.
v. l.: Obfm. i. R. Hans Kramer, Lisa Ringhardt und der Jubilar

30. Autor vor dem zerstörten Tor der Försterei Rossen, 1972

Alle Jahre wieder ...

Mein Vater war von kleinauf immer etwas benachteiligt. Er hatte am 24. Dezember, am Heiligen Abend, Geburtstag. Solche Geburtstagskinder, wie man zu sagen pflegte "Christkinder", sind, was die Vorfreude auf diesen Tag, was die Geburtstagsfeier und die Geschenke betrifft, in gewisser Weise betrogen.
Der Vater meines Vaters, also mein Großvater, der Zieglermeister in Klein Plauen war, hatte mit seiner Frau sechs Kinder, vier Jungen und zwei Mädchen. Mein Vater war von dieser Kinderschar der älteste. Von Jugend auf mußte er schwer arbeiten, im Garten, auf dem Hof und in der Ziegelei. Mit der Natur sehr eng verbunden, liebte er Wald und Wild. Er war still, zurückhaltend, rechtschaffend und wenn möglich am liebsten einsam im Wald. So verlebte er seine Jugend. Seinem größten Wunsch, Förster zu werden, strebte er eifrig zu. Nach der Lehre, Ausbildung, Militärzeit und dem Ersten Weltkrieg wurde er Förster im Plauer Wald.
An das Forsthaus Plauen, in dem ich auch geboren wurde, kann ich mich noch sehr gut erinnern. Ich habe, soweit ich zurückdenken kann, die alljährlichen Vorbereitungen auf das Weihnachtsfest ohne große Abweichungen erlebt. Immer der selbe Rhythmus, immer die gleichen Aufregungen für meine Mutter. Und dies geschah wie folgt.
Anfang Dezember gab es alljährlich ein Schlachtefest. Vorratsbedacht wurde ein Schwein verarbeitet, denn bis zum nächsten Jahr mußte es reichen. Bei diesen Arbeiten hatte die Hausfrau die Hauptlast zu tragen. Von früh bis spät mußte sie umsichtig wirtschaften und die Selbstversorgung in der einsam gelegenen Försterei organisieren. Wenn uns auch meistens eine Haushilfe unterstützte, so lag die ganze Verantwortung bei meiner Mutter. Mein Vater fühlte sich nur zuständig und verantwortlich für seinen Beruf, also für Wald, Jagd, Fischen und Feldarbeit. Vieh

und Stallarbeit waren wiederum Aufgabe meiner Mutter. Am Heiligen Abend, nachdem wir morgens unseren Vater zum Geburtstag gratuliert hatten, wurde gefrühstückt. Es war dann noch dunkel, die Dämmerung nahm langsam ab, der Tag begann. Draußen lag meistens Schnee und oft recht kalt. Vater rüstete sich zum Reviergang. Von den vielen Hunden kamen der Drahthaarrüde "Tell" und der Teckelrüde "Lump" mit.
Nachdem ich in die Schule ging, durfte ich auch mit. In den Rucksack wurde der Fuchsschwanz (eine kleine Baumsäge) eingepackt, dann die Flinte über die Schulter gehängt, und so stiefelten wir los. Vater vorneweg, ich in seiner Spur hinterher und die Hunde tobten vor Freude um uns herum, bis sie dann an die Leine gelegt wurden. Zuerst kontrollierten wir die Fallen und Eisen. Wenn wir Glück hatten, saß ein Marder oder auch mal ein Fuchs in der Falle. Anschließend durfte ich mit den Hunden noch ein paar Dickungen bzw. Erlenbrücher durchdrücken, um Füchse, manchmal auch einen Hasen, den "Weihnachtshasen", auf Schußentfernung meinem Vater zuzutreiben. Jeder Paß, jeder Wechsel, jede Dickung, in der sich der Fuchs aufhielt und entlangschnürte, waren meinem Vater genau bekannt. Er stellte sich günstig zum Paß und Wind auf, und nach seinem Pfiff begann ich, die Hunde zu schnallen und langsam zu drücken. Dieses war im hohen Schnee nicht so einfach. Bei Neuschnee bogen sich die Äste der jungen Fichten und Kiefern unter der Last des Schnees. Ein Streifen oder Anstoßen an die Äste löste ein Schneegestöber aus und verwandelte mich in einen lebenden Schneemann. Die Hunde dagegen befanden sich in ihrem Element, sie stöberten und suchten nach Wild.
Als kleiner Bub von sechs Jahren erstmalig solch einen Jagdeinsatz mitzumachen, war schon recht anstrengend. Ich erinnere mich noch gut an meinen ersten weihnachtlichen Reviergang. Es lag hoher Schnee, Vater stellte mich an eine Schneise, sagte, daß ich auf seinen Pfiff die Hunde losmachen und in diese Richtung, er zeigte mit der Hand geradeaus, bis zur nächsten Schneise gehen, dabei manch-

mal an die Bäume klopfen, "hop, hop, hop" rufen und auch pfeifen sollte. Die Aufgabe war mir klar. Auch die Hunde wußten, worum es ging. Ungeduldig winselnd, auch etwas bellend, äugten sie meinem Vater hinterher, bis er um die nächste Biegung verschwand. Noch eine Weile, dann hörte ich den Pfiff. Also los, die Hunde geschnallt und in angegebener Richtung vorwärts gegangen.

Ein lückiger Jungwuchs, Fichte, viel Birke, ab und zu eine Weide und hier und da ein Buchenhorst. Nach etwa fünfzig Metern sah alles so ähnlich aus, ob man nach links, rechts oder geradeaus schaute, überall das gleiche Bild. Die Hunde stöberten, plötzlich gaben sie Laut, Hetzlaut, der sich entfernte. Dann zwei Schüsse in schneller Folge, mir schien als wenn es ganz rechts von mir war. Also schnell in diese Richtung. Da eine Unebenheit, ein Loch, stolpern, hinfallen, wieder aufrappeln, alles voller Schnee; Zipfelmütze, Joppe, Kragenausschnitt, Ärmel, Handschuhe. Hastig abklopfen, nur schnell weiter - aber wohin? Ja, diese Richtung mußte es wohl sein. Rufen, keine Antwort, wieder lauter rufen - nichts - Angstgefühl kam auf; ich hatte mich verirrt. Immer wieder rufend, weinend, weiter stampfend lief ich durch den Schnee. Die Angst wurde immer größer. „Papa" immer wieder „Papa, wo bist du?" rief ich, aber keine Antwort, kein Schuß, kein Hundegebell. Vor mir sah ich eine Spur im Schnee, „das ist ja meine". Ich war einen Augenblick ratlos, offenbar im Kreis gelaufen! Was aber nun? Ich tat das einzig Richtige und ging auf meiner Spur zum Ausgangspunkt zurück, wo mich mein Vater angestellt hatte. Erstmal war ich froh, aus der schneebehangenen Dickung herausgekommen zu sein. Nach einer Weile hörte ich Vater laut pfeifen. Sofort antwortete ich und eilte ihm auf der Schneise entgegen. Dann sah ich ihn um die Biegung kommen, beide Hunde waren bei ihm und in der Hand trug er an den Hinterläufen einen Fuchs. Ich war glücklich, ich fühlte mich geborgen, die Angst war im Nu verflogen.

Der Fuchs wurde in den Rucksack gesteckt und dann gingen wir in die angrenzende Abteilung, eine etwa zehnjährige Fichtenanpflanzung. Zielstrebig ging Vater auf eine drei Meter hohe schneebehangene Fichte zu. Diese sollte unser Weihnachtsbaum werden. Schon Wochen vorher hatte mein Vater diesen Baum ausgesucht. Schnell nahm er den Fuchsschwanz aus dem Rucksack und sägte die Fichte ab. Dann traten wir den Heimweg an. Meine Mutter wartete schon lange mit dem Mittagessen. Sie schimpfte über unser Zuspätkommen, auch war sie jedes Jahr darüber ungehalten, daß der Weihnachtsbaum erst mittags eis- und schneebehangen gebracht wurde. Er mußte doch noch einige Zeit im Flur abtauen, erst dann konnte er in der "guten Stube" aufgestellt und geschmückt werden.

Abends, wenn der Weihnachtsbaum im vollen Lichterglanz strahlte, und wir hatten immer sehr schöne Bäume, kam der Weihnachtsmann. Mein jüngerer Bruder Fritz und ich waren dann immer sehr aufgeregt, denn mit dem Aufsagen unserer Weihnachtsgedichte war das so eine Sache. Mal ging alles gut und im nächsten Jahr fehlte mir oder meinem Bruder schon nach zwei Sätzen der Faden. In den ersten Jahren hatte sich unser Vater als Weihnachtsmann verkleidet, dieses merkten wir aber erst viel später. Dann wechselte er öfter. Auch Onkel Wilhelm aus Dettmitten tat meinen Eltern diesen Gefallen. Zu Beginn des Weihnachtsabends spielte meine Mutter auf dem Klavier Weihnachtslieder, und manchmal begleitete Vater sie auf der Geige. Nach 1933 spielte mein Vater selten Geige,

weil ihm der Mittelfinger der linken Hand fehlte (abgeschossen, siehe "Die neue Flinte"). Er konnte daher die Seiten schlecht greifen und die Weihnachtslieder klangen unsauber.
Die Weihnachtsbescherung verlief nach unseren damaligen Möglichkeiten, und wenn ich jetzt zurückdenke, erhielten wir auch allerlei Spielzeug und Geschenke. Bei mir hielten meine Spielsachen allerdings meistens nicht sehr lange. Ich mußte alles gründlich untersuchen ... Zweckmäßige Dinge, wie Rodelschlitten, Schlittschuhe, Fußball waren vorteil- und dauerhafter.

Der Ablauf des 24. Dezember war jedes Jahr ähnlich. Meine Mutter konnte sagen und tun was sie wollte, aber am Tagesablauf hielt mein Vater stur fest und gestaltete seinen Geburtstag nach eigenen Regeln.

Fasanenjagd

Gutsbesitzer Otto v. Weiß, der Nachbesitzer des Stammsitzes Groß Plauen, Kirchspiel Allenburg, des ehemaligen Rittergutbesitzers v. d. Goltz. Große Ländereien und der Plauer Wald gehörten nun zu seinem Besitz. Als aktiver Offizier machte er den Ersten Weltkrieg mit und war 1914 als damaliger Rittmeister und Kommandeur einer Geschützbatterie an der Schlacht bei Schallen in unmittelbarer Nähe von Allenburg und Groß Plauen beteiligt. Daß man die Russen dort schnell vertrieb, verdankte man auch den treffsicheren Kanonieren des Rittmeisters v. Weiß.
Die Stadt Allenburg, vor allem die Kirche und einige im Umkreis liegende Ortschaften, erlitten bei den schweren Kämpfen (24. August bis 10. September 1914) erhebliche Schäden. So auch das alte Gutshaus in Groß Plauen. Später gingen Gerüchte umher, daß v. Weiß bei den Kampfhandlungen mit seiner Batterie das alte Gutshaus in Brand geschossen haben soll. Jedenfalls baute man nach dem Kriege das Gutshaus auf Staatskosten neu auf. Es entstand ein schönes großes Schloß. Bei Kriegsende nahm Major v. Weiß aus der Armee den Abschied und widmete sich der Bewirtschaftung seines Gutes. Gewohnt, im Kreise seiner Regimentskameraden zu repräsentieren, zeigte er sich unter seinesgleichen spendabel und großzügig. Kostspielige Reisen, Vergnügungen aller Art und Anschaffungen überschritten oft die Gutseinnahmen. Kamen dann auch noch schlechte Ernten hinzu, verschuldete man sich noch mehr. Die Weltwirtschaftskrise und die Inflation taten ihr übriges. Im November 1923 wurde die Rentenmark eingeführt (Umtauschkurs: eine Billion Reichsmark = eine Rentenmark). Die Wirtschaft stagnierte, es gab Absatzschwierigkeiten, die sich in Ostpreußen wegen der Isolierung der Provinz vom Reich durch den polnischen Korridor besonders bemerkbar machten. Die Folge war steigende Arbeitslosigkeit. Die Gewerbetreibenden hatten keine Aufträge,

den Kaufleuten fehlte es an Kunden, so trieben sie in den Konkurs. Während jener Zeit verschuldete sich die Landwirtschaft noch weiter. Auf dem Gut Plauen dagegen ging alles im bisher gewohnten Gang. Die Gutsnachbarn, die Prominenz, die alten Kriegskameraden, sogar Reichspräsident v. Hindenburg waren Gast in Groß Plauen, und alle wurden entsprechend bewirtet.

Um die gesellschaftliche Bedeutung und Repräsentation noch zu erhöhen, sollte neben den üblichen Jagden noch eine neue Wildart, der Fasan, eingebürgert werden. Es war Mitte der 20er Jahre, als mein Vater von seinem Dienstherrn diesen Auftrag bekam. Major v. Weiß wollte achthundert bis eintausend Fasanen in seinem Jagdgebiet halten. Dieses sollte auch noch schnell geschehen. Zuerst hatte mein Vater versucht, sich einige theoretische Kenntnisse über die Bewirtschaftung und das Aussetzen von Fasanen zu beschaffen. Im "Leitfaden für das preußische Jäger- und Försterexamen" stand dazu recht wenig. Veröffentlichungen von Altmeister Diezel über die Niederjagd und aus der Zeitschrift "Wild und Hund" wurden nun eifrig studiert. Die Nachbarförster konnten wenig helfen, da keiner von ihnen bisher mit Fasanen zu tun hatte.

Aus den theoretisch gewonnenen Erkenntnissen war als erstes eine intensive Bekämpfung von Raubwild und Raubzeug, vor allem von Habichten, Krähen und Elstern notwendig. Der Fasan braucht sommerliche Wärme und Wald, Wasser, Wiese. Geeignete Standorte mußten gefunden werden, wo sich die Anlage von Remisen als zweckmäßig erwies. Dieses sind Busch- und Strauchgruppen im Felde, die meist auf Ödland in der Nähe von Wasser angelegt werden. Dort sollten die Fasanen die nötige Ruhe, Deckung, Nistplätze und Äsung finden. Auf der Plauer Feldmark wurde eine Remise in der Nähe von Klein Plauen, zwei weitere etwa einen Kilometer nordöstlich von Dettmitten angelegt. In der Hauptsache bepflanzte man sie sehr dicht mit größeren Fichten, ergänzte sie aber auch an einer Seite mit Eberesche, Holunder, Weide, Erle und anderem Strauchwerk. Diese Flächen waren etwa zwei bis vier Morgen groß. Außerdem nutzte man die natürliche Deckung im Ursprungtal, entlang der Swine, von der Eisenbahnstrecke Allenburg - Wehlau bis in Höhe von Dettmitten. Auch den Westrand des Plauer Waldes von der Abteilung 3, 4 und 8 bis zum Franzosenbusch bezog man in das Fasanengebiet ein. An den Remisen und im vorgesehenen Bewirtschaftungsgebiet baute man mehrere Fasanenschütten, das sind mit Rohr, Stroh oder Reisig abgedeckte Futterstellen, etwa einen Meter hoch und nach hinten schräge abfallend. Ab September beschickte man die "Schütten" mit Abfallgetreide (Weizen oder Gerste), Druschabfall, dem "Kaff", auch mit Heusamen, der auf den Heuböden des Gutes reichlich anfiel, und mit Futterrüben, Mohrrüben, aber auch mit Eicheln. Oft habe ich im Schlitten, den unser Schimmel "Mulla" zog, meinen Vater bei der Kontrolle und Ergänzung des Fasanenfutters begleitet.

Da es sehr viele Fasanenarten gibt, galt es, eine geeignete Art auszuwählen. Vom Böhmischen Fasan, auch Kupferfasan genannt, konnten schon im Frühjahr 1925 etwa fünfzig Stück angeschafft werden. Die Fasanen kamen in eine in der Nähe der Försterei schnell gebaute Voliere, im Ausmaß etwa zehn mal fünfzehn mal zwei Meter, alles mit Maschendraht umgeben. In der Voliere, aber auch in Nistkästen ließ man die Hennen legen und brüten. Fasaneneier wurden auch Puten bzw. Zwerghühnern auf dem Geflügelhof des Gutes zum Ausbrüten untergelegt, die nach dem Schlupf auch einige Zeit das "Gesperre" führten. Aufzuchtfutter für die Fasanenkücken waren hartgekochte und kleingehackte Eier mit Schafgarbe und als Leckerbissen Ameiseneier. Anfang September ergänzten noch fünfhundert etwa zehn Wochen alte Jungfasanen die schon vorhandenen und sich akklimatisierten Fasanen.
Anfänglich gab es einige Verluste durch Raubwild, vor allem durch den Habicht. Mein Vater stellte mehrere Habichtskörbe auf und hatte damit Erfolg. Auch Abwande-

rungen, vor allem durch junge Hähne nach Eiserwagen und in den Allenburger Stadtwald, stellte man fest. Im strengen Winter 1928/29 (Februar 1929 -41°C, das Quecksilberthermometer gefror bei -39°) gab es bei allen Wildarten ziemliche Verluste, so auch bei den Fasanen. Jedes Jahr wurden bis zu eintausend Fasanen ausgesetzt, und die im Spätherbst durchgeführten Fasanenjagden wiesen dann auch recht gute Strecken auf.

Ende Oktober bzw. im November fand die alljährliche große Fasanenjagd auf dem Gut Plauen statt. Eingeladen wurden die nahe gelegenen Gutsbesitzer v. Boddin, Leißienen; v. Schrötter, Wohnsdorf; Hans Graber, Groß Neumühl (ein großer Nimrod vor dem Herrn und guter Hundezüchter); Lorenz, Eiserwagen; Graf v. Schlieben, Sanditten; sowie Dr. Stengel, Allenburg, der Universal- und Hausarzt vieler im Umkreis wohnender Jäger; Major Wolff, Ölsenau und von der "Grünen Farbe" die umliegenden Forstbeamten, vor allem wegen ihrer meist guten Hunde und dem Jagdhornblasen.
Auf der Gästeliste standen etwa zwanzig Jäger. Pünktlich zur angegebenen Zeit fanden sich die meisten Jagdgäste mit ihren flotten Kutschgespannen vor dem Gutshaus in Groß Plauen ein, nur einige Forstkollegen kamen mit dem Fahrrad. Nach einem kurzen aber kräftigen Jagdfrühstück verteilten sich die Jäger auf die gutseigenen und die aus der Nähe kommenden Fahrzeuge, z. B. das von Boddin, der nur einen Kilometer von Leißienen über die Hindenburgbrücke der Alle hinwegfahren brauchte. Auf das Signal "Aufbruch zur Jagd", geblasen von meinem Vater und noch zwei bis drei Forstkollegen, setzte sich die ganze Jagdgesellschaft in Marsch. Etwa fünf bis sechs Jagdgespanne trabten die Lindenallee in Richtung Klein Plauen. Dort warteten schon etwa ein Dutzend Gutsarbeiter bzw. junge Burschen als Treiber. Gleich hinter dem Dorf, in Richtung Potawern, befand sich eine Remise. In einer Senke gelegen, zum Teil natürlichen Ursprungs und durch Anpflanzungen ergänzt, stellte sie ein ideales Biotop dar. Ein

vorzügliches Fasanengebiet, bestehend aus Strauchwerk von Laub- und Nadelhölzern mit Schilfpartien. Nach Einweisung der Schützen auf ihren Ständen und dem Signal "Antreiben" setzten sich die Treiber in Bewegung. Sogleich stiegen die ersten Fasanen auf und passierten die etwa fünfzig Meter auseinanderstehenden Jäger. Die anstreichenden Fasanen mußte der Jäger erst unterscheiden, ob es sich um einen Hahn oder eine Henne handelte. Es sollten nur Hähne geschossen werden. Zum Ende eines Treibens kam es oft vor, daß mehrere Fasanen, die vor der Treiberwehr herliefen, sogenannte "Infantristen" bezeichnet, gleichzeitig aufstiegen und die Schützenkette überflogen. Man sprach dann von einem "Bukett". Die Kunst des Schützen bestand jetzt darin, aus den anstreichenden Hähnen zwei, also eine "Dublette", zu schießen.
Leider wird an Fasanen oft vorbeigeschossen, weil sie recht groß erscheinen und man ihre Fluggeschwindigkeit unterschätzt. Ein querstreichender Hahn passierte oft mehrere Schützen, die alle zweimal schossen, aber jedesmal hinterher. Das Signal "Hahn in Ruh" beendete das Vorstehtreiben. Die Hunde mußten noch einige Fasanen nachsuchen, dann legten die Jagdhelfer Strecke. Die Ergebnisse der erfolgreichen Jäger trug man in eine Schußliste ein. Das erste Vorstehtreiben bei Klein Plauen brachte immer zwischen dreißig bis vierzig Fasanenhähne.
Mit den Fahrzeugen ging es etwa zwei Kilometer über Feldwegen zu den nächsten Remisen, einer größeren und einer kleinen, in der Nähe von Dettmitten. Der Abstand zwischen beiden Remisen betrug nur etwa einhundert Meter. Die besten Schützenstände befanden sich dazwischen und in Richtung Plauer Wald. Als nächstes wurde dann der "Franzosenbusch" durchgedrückt. Kaum verhallte dort der letzte Schuß, ertönte nach "Hahn in Ruh" das Signal "Schüsseltreiben", womit man die Jagdteilnehmer zum Essen zusammenrief.
Neben Pflanzgarten und Wildfutterscheune brannte ein Lagerfeuer. Ein Gutsfahrzeug hatte in Milchkannen eine kräftige Erbsensuppe mit Speck herangebracht, die eine

Küchenmamsell ausgab. Auch Tee mit Rum gab es. Brustflaschen mit "Zielwasser" machten bei eifriger Diskussion die Runde.
Als nächstes trieb man die Abteilungen 4, dann die 3, direkt neben dem Forsthaus Plauen und zuletzt noch eine Partie entlang der Swine. Letzteres war ein sehr langgestrecktes Treiben und bei der Hanglage zum Fluß mit viel Strauchwerk, einigen starken Eichen, Buchen, Linden und Rüstern sehr schwer zu bejagen. Dort gab es aber die meisten Fasanen, nur mußte man sich beeilen, denn die entsprechend der Jahreszeit einsetzende Dämmerung erschwerte das Treffen. Kaum waren die letzten erlegten Fasanen in die Schußliste eingetragen, zogen die Pferde im flotten Trapp ihre Fahrzeuge über Dettmitten, die Wehlauer Chaussee zum Gut Groß Plauen. Vor dem Schloß legte man Strecke, meist über zweihundert Fasanenhähne, ein paar Hasen und mal ein Fuchs. Nach Verblasen der Strecke kürte der Jagdherr Major v. Weiß den erfolgreichsten Jäger zum Jagdkönig. "Halali" und "Jagd vorbei" beendeten die Fasanenjagd.
Nach anschließendem Jagdessen im Schloß wertete die "Herrenrunde" die Jagd noch gründlich und meist feuchtfröhlich aus. Jagdgäste von weither fuhren erst am nächsten Tag heimwärts.

Spätherbst 1931, die Plauer Fasanenjagd war mit einer guten Strecke zu Ende gegangen. Darüber freute sich mein Vater, der für den Ablauf und letztendlich auch für das Ergebnis die Verantwortung trug. Am Tag nach dieser Jagd ging ich zur Swine herunter. Plötzlich sah ich im Unterwuchs etwas Buntes vorbeihuschen, einen Fasanenhahn! Mein Jagdinstinkt und Jagdeifer waren sofort geweckt. Ich bemerkte gleich, daß er "geflügelt", also flugunfähig war, griff nach ihm, aber der Hahn war schneller. Im Gras und hinter dem Strauchwerk drückte er sich. Nun versuchte ich ihn mit einem Sprung zu fangen, aber leider schlugen mir nur Zweige und Äste ins Gesicht und zerkratzten mich. So ging die Hatz noch eine Weile. Diese Tatsache spornte mich noch besonders an. Unser Gemüseland an der Swine war mit einem Fichtenrippenzaun gegen Wild geschützt. Dort beging der Hahn einen Fehler und wollte durch die eng stehenden Fichtenrippen schlüpfen. Sein Kopf paßte zwar durch, aber nicht sein Körper. Ich stürzte mich auf ihn und erlöste ihn von den Qualen. Stolz marschierte ich den Hang hinauf und zeigte meinen überraschten Eltern meine erste "Jagdbeute", einen Fasanenhahn.

Bis 1933 erfolgten auf dem Gut Groß Plauen Fasanenjagden in ähnlicher Weise. 1934 wurde das Gut aufgesiedelt, und somit hörten diese Jagden auf.

Zwei Patronen Kaliber 12

Im Spätherbst des Jahres 1932, ich war damals acht Jahre alt, beging ich eine leichtsinnige, gefährliche Tat - und das kam so.
Meine Mutter, durch Familie, Haus, Garten, Landwirtschaft überlastet, hatte zur Hilfe meistens ein Hausmädchen. Mutter hier und Mutter dort, überall mußte sie anpacken, die Wirtschaft führen und die Selbstversorgung in der abgelegenen, einsamen Försterei Plauen organisieren. Bis Dettmitten zum Krämerladen Naujocks mußte sie gut zwei Kilometer, nach Allenburg sechs Kilometer fahren. Gekauft wurde damals nur das Allernötigste, wie Zucker, Salz, Petroleum, Streichhölzer und für Vater Tabak. Der Jahresbedarf an Roggen- und Weizenmehl wurde in der Ankermühle bei Allenburg gemahlen, ebenso die Haferflocken. Alle anderen Lebensmittel erzeugte man durch die eigene Landwirtschaft.

Wir Kinder, mein Bruder Fritz, knapp zwei Jahre jünger als ich, waren uns oft selbst überlassen. Wir hatten ja im Haus, Hof, Garten sowie angrenzendem Wald und am Fluß, der Swine, viel Platz und Auslauf zum Spielen.
Leider kam es oft vor, daß wir uns beim Spielen stritten. Manchmal habe ich meinem Bruder das Spielzeug weggenommen oder ihm bei Meinungsverschiedenheiten einen Stoß oder Schlag versetzt. Und jedesmal reagierte er darauf mit fürchterlichem Geschrei. Mutter untersuchte nicht erst die Angelegenheit, denn für sie war klar, daß ich Schuld hatte, und schon bekam ich meine Abreibung. Täglich gab es ein- oder zweimal ein paar Ohrfeigen und wenn es schlimm kam auch mal mit der Rute ein paar Schläge. An diese "Tatsache" gewöhnte ich mich im Laufe der Zeit und sah es bei der Autorität meiner Mutter als gegeben an.

Unsere damalige Haushilfe, mit Vornamen Martha, ein etwa zwanzigjähriges Mädchen aus dem benachbarten Ort Eiserwagen, war recht tüchtig und eine gute Hilfe für meine Mutter. Martha jedenfalls packte kräftig zu und lernte gleichzeitig kochen, backen und viele andere Dinge in der Wirtschaft. Nun kam es manchmal vor, daß meine Mutter im Dorf oder in der Stadt einkaufen bzw. einige Besorgungen machen mußte und Martha die "Regierungsgewalt" übernahm. Recht umsichtig und fleißig wachte sie über uns Kinder. In Fragen der Erziehung hatte sie sich auch Rechte angemaßt, die ihr nach meiner Auffassung nicht zustanden. Jedes Mal, wenn ich etwas anstellte, bekam ich dann auch von Martha ein paar Hiebe. Dieses war zuviel für mich, ich schrie dann voller Wut und Zorn über diese zusätzliche Züchtigung. Ich schwor Rache. Sie war mir einfach zuwider. Klagen und Beschwerden bei meiner Mutter nutzten leider nichts.

Viele Pläne erdachte ich, um unser Mädchen zu vertreiben. Im Winter, als Tauwetter einsetzte, hatte ich schon einen Anschlag - ein Attentat - auf sie gestartet. Mitten auf unserem Hof stand die Futterküche zum Kochen von Kartoffeln für unsere Schweine. Dieses Gebäude, etwa sechs Meter lang, hatte ein Schleppdach aus Dachpappe. An der Rückseite der Futterküche befand sich der Hundezwinger. Als die Zeit zum Füttern herankam, kletterte ich durch den Hundezwinger auf die Hundehütte und dann auf das Dach der Futterküche. Auf dem Dach lag etwa zwanzig Zentimeter Schnee. Ich rollte eine große Schneekugel, so groß wie man sie zum Schneemannbauen benötigt. Nach einer Weile kam Martha, ging in die Futterküche, machte dort zwei Eimer mit Schweinefutter fertig, öffnete wieder die Tür und wollte das Futter zum Schweinestall tragen. In diesem Augenblick gab ich meinem Schneeball einen Stoß. Ich hatte mit meiner "Bombe" richtig gezielt, sie traf voll: Ein kurzer Aufschrei, Martha ging zu Boden, die Eimer kippten um, sie lag in einer "Schneelawine"! Dann begann ein fürchterliches Geschrei und Gezeter, so daß meine Mutter herbeieilte. Ich Übeltäter konnte leider nicht schnell genug türmen und erhielt für meine Tat eine entsprechende Abreibung mit gleichzeitiger Ermahnung, so etwas nie mehr zu tun.

Monate vergingen, der Zustand hielt an, meine Abneigung gegenüber Martha steigerte sich und die Rachegedanken nahmen zu. Plötzlich hatte ich einen genialen Einfall. Die Gelegenheit war günstig. Martha stand am Herd und kochte für das Mittagessen eine Suppe.

Der Herd - aus großen Kacheln gemauert, mit Verzierungen, Motiven und Sprüchen versehen, wie z. B. "Eigener Herd ist Goldes wert" oder "Sich regen bringt Segen" - besaß auf der Kochstelle Herdringe. Die Kochtöpfe hängte man entsprechend ihrer Größe in den Herd, in die Feuerung hinein. Herd und Ofen wurden mit Holz geheizt. Kohlen waren uns damals unbekannt.

Neben der Küche befand sich unser kleines Wohnzimmer, das Vater gleichzeitig als Arbeitszimmer diente. Wenn man von der Küche in dieses Zimmer kam, stand rechts ein schmaler Schrank. In ihm befanden sich ein paar Gewehre, lagen Akten und einige Bücher. An der Wand hing das Telefon, ein Kurbelkasten. Unter dem Fenster stand Vaters Schreibtisch. An der Giebelseite des Zimmers hatte ein Sofa seinen Platz, davor ein runder Tisch mit ein paar Stühlen. Daneben in der Ecke stand ein kleines Tischchen mit unserem Radioapparat, der mit Akku und Trockenbatterie betrieben wurde, links davon ein in die Innenwand eingebauter Ofen, den man vom Eßzimmer aus heizte und somit beide Zimmer warm hielt. Davor befand sich ein länglicher Tisch mit einer Eckbank, darüber hing eine Petroleumlampe.

Im Schreibtisch bewahrte Vater in zwei Fächern die Jagdmunition auf. Die Schubfächer verschloß er nie, so daß man jederzeit an die Munition herankam. Ich nahm also zwei Schrotpatronen, Kaliber 12, wickelte sie in Zeitungspapier ein und ging damit in die Küche. Hier öffnete ich ganz ruhig die Herdtür und steckte die gefährliche Ladung in den Herd, machte die Herdtür zu und verließ die Küche. Durch den Türspalt vom kleinen Wohnzimmer aus schaute ich gespannt, was sich nun ereignen würde. Martha rührte die Milchsuppe gleichmäßig weiter, damit sie nicht anbrannte bzw. überkochte. Ungeduldig und erregt wartete ich - eine Weile passierte nichts. Ich zweifelte schon an der Wirkung meiner "geballten Ladung", da plötzlich eine gewaltige Detonation, ein Aufschrei, Martha fiel vor Schreck um. Funkenasche, eine Rauchwolke, zischen der übergeschwappten Suppe auf dem Herd - ein Chaos in der Küche! Martha rappelte sich schreiend hoch, lief panikartig ohne Latschen auf Strümpfen hinaus über den Hof meiner Mutter entgegen, die den Knall im Stallgebäude gehört hatte. Meine Mutter hastete in die Küche, sah die Verwüstung und fand auf dem Fußboden vor der halb herausgerissenen Herdtür den Messingboden einer Schrotpatrone. Sofort war ihr alles klar.

Ich verkroch mich inzwischen unter dem Sofa. Es half nichts, ich wurde hervorgezerrt und bekam eine fürchterliche Tracht Prügel. Das "Attentat" verfehlte seine Wirkung nicht - mein Racheplan ging in Erfüllung. Martha kündigte sofort ihren Dienst, ließ sich den restlichen Lohn und einen "Zuschlag" als Entschädigung auszahlen, packte ihre sieben Sachen und verließ noch am selben Tag unser Forsthaus.

Die neue Flinte

Die Jagdsaison im Winter 1932/33 hatte sich für meinen Vater gelohnt. Achtzehn Fuchsbälge, darunter einige "Oberköpfe" und etwa ein halbes Dutzend Marder, Iltisse und Wiesel waren das Ergebnis.
Vom ersten Frost, der in Ostpreußen meistens schon Anfang Oktober kam, bis zum Februar (Rollzeit) bejagte man den Fuchs und das übrige Raubwild intensiv. Alle nur möglichen Jagdarten kamen zur Anwendung, um Reineke habhaft zu werden. So zum Beispiel das Fuchsdrücken, Anfang der Saison immer sehr erfolgreich, oder Ansitz am Luderplatz, Hasenklage, Mäusepfiff, Fallensysteme und die Bodenjagd, das Fuchssprengen mit dem Erdhund.
Ein bis zwei Teckel, meist Kurzhaar- bzw. Rauhhaarteckel, neben einem großen Vorstehhund, hatte mein Vater immer. Mit Hilfe dieser Hunde konnte er so manchen Fuchs erlegen.

Der Rauchwarenhändler, der jedes Jahr aus Leipzig anreiste und seine Lieferanten aufsuchte, zahlte meinem Vater einen guten Preis. Rund 1.000,00 RM für die Bälge war für die damalige Zeit sehr viel Geld. Diese gute Nebeneinnahme investierte er zum Teil wieder in die Jagd. Diesmal mußte es eine neue Selbstspannerflinte, Kaliber 12, der Firma Sauer sein. Es war die erste Waffe dieser Art. Alle anderen Waffen waren Hahngewehre, wie im 19. und Anfang des 20. Jahrhunderts üblich.

Im Herbst war es, zur Zeit der Hühnerjagd, als mein Vater die neue Flinte aus dem Karton, dem Ölpapier auspackte, sorgfältig vom Öl und Fett reinigte, zusammensetzte und den Trageriemen festmachte. Ein paar Probeanschläge, ja, die Flinte lag gut, sie paßte. Der Schaft hatte die richtige Länge. Auch die Sicherung und die Abzüge funktionierten, alles in bester Ordnung. Neugierig schaute ich zu und

staunte über die neue Flinte, die ich auch kurz in die Hand nehmen durfte. Vater wollte auch gleich die Schußleistung der Waffe überprüfen. Was lag näher, als sie auf Rebhühner einzuweihen. Gleich neben der Försterei lagen auf den Feldern immer ein paar Völker.
Zu meinem Bedauern durfte ich nicht mit. Nur "Dina", unsere Drahthaarhündin, nahm er zur Suche mit. Ich mußte erst meiner Mutter etwas helfen, dann ging ich nach oben in mein Zimmer. Nach einer Weile hörte ich einen Schuß. Etwa fünf Minuten später stieß jemand hastig die Haustür auf, schnelle Schritte eilten durch den Flur, die Küchentür flog auf, sie knarrte etwas, dann hörte ich meine Mutter aufschreien. Ich eilte die Treppe herunter und erblickte auf den Fußbodenfliesen im Flur von der Haus- bis zur Küchentür eine Blutspur. Durch die offene Küchentür sah ich, wie meine Mutter aufgeregt mit Mull- und Leinentüchern die linke Hand meines Vaters verband, um die Blutung zu stillen.

Was war geschehen? Mein Vater hatte mit seiner Hündin die Suche auf Hühner gleich hinter unserem Garten begonnen. Keine dreihundert Meter entfernt stand der Hund plötzlich vor. Vater machte sich schußfertig, ließ den Hund nachziehen. Die Kette Hühner wurde zu zeitig aufgescheucht, strich schußungünstig ab und fiel nach etwa zweihundert Metern wieder ein. Mit seiner neuen Flinte kam mein Vater nicht zurecht. Er hing sie wieder über die linke Schulter, mit dem Lauf nach vorne und legte seine linke Hand, wie gewohnt doch unvorschriftsmäßig, auf die Laufmündung. Leider vergaß er das Sichern der Flinte!

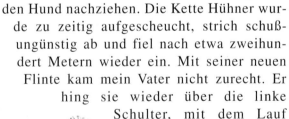

Der Hund arbeitete weiter und sie näherten sich der Stelle, wo das Hühnervolk eingefallen war. Einen kleinen Graben entlang des Weges zum Wald, bewachsen mit ein paar Sträuchern, hatte er noch zu überqueren. Dabei stieß ein Ast an den Abzug, der Schuß ging los und die Schrote Nr. 7 rissen meinem Vater den Mittelfinger der linken Hand ab. Glücklicherweise traf der Schuß nicht in den Handballen.

Mein Vater hatte den Schreck und den Schock relativ schnell überwunden, da er als Soldat im Ersten Weltkrieg zweimal verwundet worden war und solche Situationen kannte. Nachdem meine Mutter ihn notdürftig versorgt hatte, spannte sie schnell unseren Schimmel vor den Kutschwagen und fuhr im vollen Trab über Dettmitten nach Allenburg. Die etwa sechs Kilometer bis zum Arzt legten sie in Rekordzeit zurück. Dr. Stengel, auch ein passionierter Jäger, als praktischer Arzt für alle Krankheitsfälle in Allenburg und Umgebung zuständig, hatte Verständnis. Bei der fachgerechten Versorgung der Verletzung schimpfte mein Vater über sein Mißgeschick und sagte: „So ein Mist, so eine Schweinerei, nun bin ich schon über zwanzig Jahre im Dienst und nie ist mir so etwas passiert!" Worauf Dr. Stengel recht trocken bemerkte: „Nun ja, Herr Förster, wenn Sie alle zwanzig Jahre einen Finger verlieren, können Sie noch sehr alt werden!"

Am nächsten Tag sah ich meinen Vater in den Garten gehen. In der rechten Hand einen Spaten, unter dem linken Arm mit der verbundenen und geschienten Hand eine Zigarrenkiste geklemmt. Gleich neben unserer Laube befand sich ein großer Stein, ein Findling. Vater, so makaber es schien, grub schräge unter den Stein ein Loch, versenkte die Zigarrenkiste und bedeckte sie mit Erde.

Man muß schon sagen, unsere Vorfahren hatten Nerven! Aber was sollte mein alter Herr auch mit dem abgeschossenen Finger tun?

Ein schwerer Forstunfall

Weltwirtschaftskrise und Inflation hatten nach dem Ersten Weltkrieg die deutsche Wirtschaft bis in die Grundfesten erschüttert. Die Reichsregierung versuchte Ende 1931 der ostpreußischen Landwirtschaft durch Gründung des "Ostfonds" zu helfen. Ein Jahr später wurde das Osthilfegesetz erlassen. Für viele Betriebe kamen diese Maßnahmen aber zu spät.
Die wirtschaftliche Talfahrt wirkte sich auch auf das Gut Groß Plauen aus. Der Gutsbesitzer v. Weiß versuchte, durch Kahlschlag von einigen Hektar alter Eichen und weiterer wertvoller Bäume seinen Besitz noch zu retten.
In den Winterhalbjahren 1931/32 und 1932/33 führte man im großen Stil Holzeinschlagsarbeiten durch. Neben den zwei ständigen Waldarbeitern des Reviers wurden alle geeigneten Gutsarbeiter, einige Gespanne zum Holzrücken bzw. der Abfuhr und noch ein paar Saisonarbeiter aus dem Heer der Arbeitslosen eingesetzt. Zeitweilig waren über zwanzig Mann tätig. Der Einschlag erfolgte an mehreren Hiebsorten. Dabei fielen Holzarten wie Esche, Rüster, Weißbuche oder Kiefer der Axt zum Opfer. Auch der über zwei Hektar große, gut zweihundert Jahre alte Eichenbestand an der Försterei Plauen wurde bis auf einige Randbäume gefällt. Dieser für die Stieleiche besonders geeignete Standort mit frischem Lehmboden im Bereich der dortigen Staubeckenzone, sorgte für eine hervorragende Wuchsleistung. Mit über fünfunddreißig Metern Höhe erreichten die Eichen die erste Ertragsklasse, das sind rund vierhundertzwanzig Festmeter Derbholz je Hektar.

Jede körperliche Arbeit, ganz gleich in welcher Branche, bringt immer ein gewisses Unfallrisiko mit sich. In der Forstwirtschaft ist diese Gefahr besonders groß, weil das Produkt, das Holz, immer unterschiedlich gewachsen und beschaffen ist und sich aufgrund seiner Eigenschaften auch abweichend verhält. Zum anderen wirkt die Produktionsstätte Wald, also die freie Natur, mit allen Witterungseinflüssen auf den Arbeitsablauf. Diese nur oberflächlich und grob aufgezeigten Faktoren weisen auf große Gefahrenquellen in der Waldarbeit hin. Ein wichtiger Grundsatz beim Arbeiten bleibt, neben der Verwendung ordnungsgemäßen Werkzeugs, auf jeden Schritt und Handgriff zu achten, den Arbeitsgang vorausschauend und umsichtig, unter Beachtung aller eventuellen Gefahrenquellen, abzuschätzen. Zu damaliger Zeit waren Fragen des Arbeitsschutzes nicht vordringlich. Nur die exakte Aushaltung des Holzes in guter Qualität war wichtig, für seine Sicherheit mußte jeder selbst sorgen.

Wenn ich aus der Schule kam oder es sonst einrichten konnte, schaute ich den Waldarbeitern bei ihrer schweren körperlichen Arbeit zu. Der Fallkerb sollte so tief wie möglich angesetzt werden, damit wertvolles Nutzholz nicht als Stockholz verlorenging. Dabei mußten auch die Wurzelanläufe beigeschnitten bzw. gehackt werden, denn der Stammfuß der Eichen hatte bis 1,50 Meter Durchmesser. Die Schrotsägen, mit der damals üblichen Dreiecksbezahnung, waren aber im allgemeinen höchstens 1,50 Meter lang. Daher hatte man sich einige längere Sägen beschafft, die aber dann von je vier Mann gezogen werden mußten. Der zweite Mann auf jeder Seite zog mit Hilfe eines kurzen Strickes mit. Jedenfalls dauerte es immer ziemlich lange bis der Baum mit Knistern und Knacken in Bewegung geriet und dann laut krachend, splitternd und berstend auf den Boden schlug. Gebrochene Äste unterschiedlicher Länge und Stärke flogen nach dem Aufschlagen der Krone umher. Wenn so eine starke Eiche zu Boden fiel, lagen rund acht Festmeter Derbholz mit einem Mal da und mußten entsprechend ihrer Verwendbarkeit aufgearbeitet werden. Zuerst wurde geprüft, ob ein Stück Furnierholz dabei war, dann erfolgte die Aushaltung entweder als Schiffbau-, Tischler- oder Stellmacherholz. Auch Nutzscheite für den Böttcher wurden ausgehalten und Brennholz aufgesetzt.

Mein Vater hatte in dieser Zeit reichlich zu tun, worüber er oft mächtig stöhnte und fluchte. Neben der Abrechnung und Verlohnung der vielen Arbeitskräfte mußte das eingeschlagene Holz ordnungsgemäß aufgemessen, numeriert und belistet werden. Die notwendigen Schreibarbeiten führte er immer abends bei Petroleumlicht durch.

Bei der Zweitfrühstücks-, Mittags- oder Vesperzeit nahmen die Waldarbeiter um ihr Lagerfeuer, welches gleich bei Arbeitsbeginn in Gang gebracht wurde, auf Holzklötzen Platz. Aus Strauchwerk hatten sie in Hauptwindrichtung eine Art Wind- und Regenschutz gebaut. Arbeitsschutzhütten, wie sie heute überall üblich sind, kannte man nicht. Aus dem Rucksack holten sie grobes Roggenbrot, ein Stück Räucherspeck und eine "Krucke" mit Malz- oder Zichorienkaffee. Die flache Emailleflasche wurde ans Feuer gestellt, Räucherspeckscheiben auf einer Astgabel über die Flammen gehalten bis das Fett zu tropfen anfing, dann begann die Mahlzeit. Als Gemüsebeilage gab es mal einen Apfel, eine Kohlrabi- oder Wruckenscheibe (Kohlrübe), eine Mohrrübe oder ein Stückchen Gurke. Regelmäßig bekam ich eine Kostprobe ab, und es schmeckte mir ausgezeichnet. Als Mittagsmahlzeit wärmten sie sich oft in einem Blechnapf einen mitgebrachten Eintopf auf. Nach dem Essen griff man zu einer flachen Brustflasche, dem "Quartierchen". Dieses Gefäß faßte einen viertel Liter hochprozentigen Korn. Ein kräftiger Schluck und die Arbeit konnte wieder weitergehen. Zum Feierabend befand sich kein Tropfen mehr in der Brustflasche.

Es ereignete sich zu Beginn des Winters, es gab leichten Frost, aber nur sehr wenig Schnee, zum Schlittenfahren reichte es nicht, als gegen Feierabend plötzlich lautes Rufen und ein anhaltender, markerschütternder Schrei von den nur etwa einhundertundfünfzig Meter von der Försterei entfernt arbeitenden Holzfällern erschallte. Mein Vater lief hastig aus dem Haus und ich sofort hinterher. An

der Unfallstelle lag ein Arbeiter mit dem linken Bein unter einem starken, etwa zehn Meter langen Eichenstamm. Durch ungenügendes Abstützen beim Trennschnitt fiel das gut drei Tonnen schwere Stammende auf sein Bein. Kopf- und Ratlosigkeit herrschten zuerst bei den Holzfällern. Vater ließ schnell aus unserer Scheunendurchfahrt eine Wagendeichsel als Hebebaum holen. Noch weitere Hebebäume wurden provisorisch beiderseits des Stammes angesetzt und so konnten die vielen Männer langsam den Stamm hochdrücken. Schichtholz wurde zur Absicherung untergelegt und der Verletzte vorsichtig hervorgeholt.
Schnell hatte man aus Vaters Bett den Federbettenkasten mit Matratzen herangeschafft und den laut stöhnenden Verletzten hinaufgelegt. Mit Leinen-, Mull- und Handtüchern bewickelte man das bis zum Knie zertrümmerte und blutende Bein. Da nichts anderes vorhanden war, flößte man ihm zur Schmerzlinderung reichlich Schnaps ein.
Inzwischen wurde unser Schimmel vor den Kastenwagen gespannt. Mit dem Bettkasten legte man den in Decken gehüllten Verletzten auf das Fahrzeug. Dann kutschierte mein Vater über Dettmitten nach Allenburg. Zur Begleitung hatte er noch einen seiner Waldarbeiter mitgenommen. Meine Mutter verständigte telefonisch die Gutsverwaltung und rief Dr. Stengel, unseren Praktischen Arzt in Allenburg an, damit dieser schon die nötigen Vorbereitungen treffen konnte. Für die etwa sechs Kilometer bis zum Arzt brauchte das Fahrzeug fast eine dreiviertel Stunde. Dr. Stengel verabreichte nach Inaugenscheinnahme der schweren Verletzungen zunächst eine schmerzstillende Injektion, um dann die weitere notwendige Behandlung vorzunehmen.

Im Laufe meiner langen forstlichen Tätigkeit habe ich viele schwere Forstunfälle, sogar tödliche gesehen, aber jedesmal erinnere ich mich unwillkürlich an diesen ersten miterlebten schweren Unfall im Forstrevier meines Vaters.

Das "Gewitter"

Klimatisch gesehen grenzt Ostpreußen an das Kontinentalklima an. Je näher man nach dem Südosten und Osten der Provinz kommt, desto länger, strenger und schneereicher werden die Winter. Ostpreußens Kältepol ist die masurische Kreisstadt Treuburg (Februar 1929: -45° C). Beim Vergleich der durchschnittlichen Frosttage eines Jahres wird dieses um so deutlicher. In Nordwestdeutschland gibt es im Durchschnitt vierundsiebzig, in Mitteldeutschland neunundachzig und in Ostpreußen einhundertneunundzwanzig Frosttage.

Für die langen und kalten Winter mußte sich die Bevölkerung mit ausreichendem Heizmaterial versorgen. Da Steinkohle und Brikett für Heizzwecke damals kaum jemand kaufte, heizte man ausschließlich mit Holz oder Torf. Auf den Höfen zerkleinerten die Leute vom Frühjahr bis zum Herbst große Mengen von Brennholz und stapelten es in Holzmieten oder in Holzschuppen. Vor allem die brenn- und heizkräftigen Hölzer wie Buche, Hainbuche, Eiche, Akazie, Birke oder harzreiche Kiefer waren gefragt. Die ärmere Bevölkerung versuchte durch Raff- und Leseholz ihren Brennholzbedarf zu decken. Auch das Stockholz, wir sagten hierzu "Stubben", wurde für Brennzwecke geworben.
Durch den in den letzten Jahren durchgeführten großen Holzeinschlag gab es viele Stubben im Plauer Wald, vor allem vor der Försterei. Die Stubben der zum Teil zweihundertjährigen Eichen brachten mit ihren Wurzeln relativ viel Holz, welches im Boden verblieb. Trockenes Eichenholz aus Stubben und Wurzeln war hervorragend geeignet, um im Winter die Öfen zu heizen, die dann fast wie Kohlen die Energie in Schamott und Kacheln speicherten, um allmählich mollige Wärme im Zimmer zu verbreiten. Das Roden der Stubben war eine äußerst schwere körperliche

Arbeit, die einen kräftigen Mann verlangte, gewisse Kenntnisse voraussetzte und nicht sehr ergiebig war. Deshalb sprengte man die größeren Baumstubben von Eichen und Kiefern mit Dynamitpatronen. Die notwendige Kenntnis in der Anwendung des Sprengstoffes besaß mein Vater und einige ältere Arbeiter, die den Weltkrieg als Soldat oder bei den Pionieren mitgemacht hatten.

An den Tagen, an denen gesprengt wurde, verfolgte ich mit großem Interesse die Tätigkeit des für die Sprengung von meinem Vater verantwortlich gemachten Arbeiters, dem "Sprengmeister". Aus etwa fünfzig Kilogramm schweren Holzkisten entnahm man das "Donarit", eine walzenförmige, etwa zehn Zentimeter lange und einhundert Gramm schwere, in Ölpapier eingepackte Sprengpatrone. Entsprechend der Größe des Stubbens wurden mehrere Donaritpatronen um die Sprengkapsel gebunden und diese Ladung so tief wie möglich unter den Stubben geschoben. In die Sprengkapsel steckte man die schwarze Zündschnur und klemmte sie mit einer Spezialzange fest. Ein Zentimeter Zündschnur hatte eine Brenndauer von einer Sekunde. In der Regel schnitt der Sprengmeister die Zündschnur auf etwa dreißig Zentimeter Länge, so daß ihm genügend Zeit blieb, um in Deckung zu gehen. Das andere Ende der Zündschnur schnitt er schräg an. Auf die schräge Schnittfläche drückte er einen Streichholzkopf, der mit der Reibfläche einer Streichholzschachtel gezündete wurde. Aus sicherer Deckung wartete man die Sprengung ab. Die Gewalt so einer Explosion schleuderte Erde, Steine und Wurzelstücke oft einhundert bis zweihundert Meter weit und man mußte acht geben, davon nicht getroffen zu werden. Das Aufsammeln der Wurzel- und Stubbenstücke sowie das Abhacken, Zerkleinern und Ausgraben der noch festsitzenden Teile waren Arbeiten, um das Stockholz zu werben und ofenfertig zu machen. Manchmal mußten sie noch eine zweite Sprengung am Stubben vornehmen, um den Rest herauszubekommen.

Die Kisten mit dem Sprengstoff, etwa fünf bis sechs Stück, waren in der Scheune, die etwa dreißig Meter vom Wohnhaus stand, auf der Tenne gestapelt. Die Sprengkraft dieses Dynamits hätte völlig ausgereicht, um das Forsthaus Plauen mit allen Nebengebäuden mit einem Schlag vom Erdboden verschwinden zu lassen! Sicherheitsbestimmungen, wie sie heute vorgeschrieben sind, kannte man damals in der Form nicht bzw. wurden auch nicht so genau genommen.

Ich erinnere mich an einen Sonnabend, als sich mein Vater gleich nach dem Mittagessen eine gute Uniform, die zweite Garnitur, anzog, sein Fahrrad schnappte und den Landweg nach Dettmitten fuhr. Dort gesellte sich sein Cousin, der Tischlermeister Wilhelm Rohloff, dazu und gemeinsam ging die Fahrt auf der Wehlauer Chaussee über Groß Plauen, Leißienen, Paterswalde nach Allenberg. Ziel des knapp fünfzehn Kilometer weiten Ausflugs war Schwager Walter Bohl, der als Obergärtner in der Heilanstalt Allenberg arbeitete. Als vierter im Bunde fand sich noch ein weitläufiger Verwandter, Fritz Schmadtke, ein. Alle vier hatten etwa das gleiche Alter und den Weltkrieg mitgemacht. Sie spielten leidenschaftlich Skat, wobei Fritz Schmadtke der beste Spieler dieser Runde war. Es wurde um einen zehntel Pfennig gespielt. Zuerst trank man gemütlich Kaffee, aß reichlich den von Frau Frieda, meiner Tante, gebackenen Kuchen und erzählte sich die letzten Neuigkeiten. Später ging man dann zu Schnaps, Bier und Dauerskat über. Mit dem scharfen Skatspiel, mit kräftigem Kontra, Re und Bock, konnten die vier die ganze Nacht verbringen. Nur zum Essen unterbrach man kurz.

Inzwischen ging meine Mutter ihrer gewohnten Arbeit in Haus, Hof und Garten nach, als sich im Süden der Himmel verdunkelte und Gewitterwolken aufzogen. Auch aus mehr westlicher Richtung, von Dettmitten, zog eine zweite Gewitterfront, etwas tiefer, heran. Stürmischer Wind trieb tiefschwarze und in allen Schattierungen bis schwefelgelbe Wolkenmassen, ineinanderwirbelnd von Blitzen erhellt, immer näher. Drohend kündigte sich das Unwetter an. Meine Mutter schloß gerade alle Fenster und Türen, da trommelten schon die ersten Regentropfen an die Fensterscheiben. Wir hatten gerade im kleinen Wohnzimmer auf dem Sofa Platz genommen, als uns die Blitze und das fürchterliche Donnern erreichten.

Blitz und Donner, oft gleichzeitig Schlag auf Schlag, ein Bersten und Krachen, versetzten uns in Angst. Plötzlich ein großer elektrischer Funke in der Zimmerecke, wo sich der Sicherungskasten des Telefons befand, der Deckel des Kastens flog ins Zimmer, ein gewaltiges Krachen folgte, wir schrien auf und nahmen an, daß unser Haus getroffen war. Später stellte sich heraus, daß ein Blitz in unsere Telefonleitung, die von der Försterei zum Gut Gr. Plauen führte, eingeschlagen hatte. Ein etwa zweihundert Meter von uns entfernter Telefonmast war zerstört worden.
Aneinandergeschmiegt, zitternd und weinend, umklammerten Fritz und ich unsere Mutter. Bei jedem Blitz und Donner zuckten wir zusammen und hatten schreckliche Angst. Obgleich es erst so um die Kaffeezeit war, konnte man nicht die Hand vor Augen sehen. Nur grell zuckende Blitze erhellten in Bruchteilen einer Sekunde das Wohnzimmer. Meine Mutter zündete deshalb die Petroleumlampe an, um mehr Helligkeit im Raum zu haben und den Blitzen die blendende Wirkung zu nehmen. Auf den runden Tisch hatte sie griffbereit ihre Handtasche mit wichtigen Papieren, Geld und Schmucksachen gestellt.
Ein greller, blendender Blitz, wieder ein gewaltiges Krachen, dann ein Bersten, Splittern und dumpfer Aufprall. In eine große Birke auf dem Hof, keine zwanzig Meter vom Haus, hatte es eingeschlagen. Die Krone war gebrochen und ein Teil zu Boden gefallen. Heftiger Regen, vermischt mit großen Hagelkörnern, prasselte an die Fenster, der Sturm rüttelte heftig an den Fensterläden, es goß, als wenn die Sintflut nahte. Der Himmel über Dettmitten färbte sich rot. Ein Gebäude brannte lichterloh. Wie sich später her-

ausstellte, war es eine Scheune. Die Heftigkeit des Unwetters nahm nicht ab. Es schien, als wenn es sich in dem Gebiet zwischen den Flüssen Alle und Swine, also über uns, festgesetzt hatte. Ein Tropengewitter kann man sich nicht schlimmer vorstellen. Es war, als wenn der Weltuntergang begann, bei dem sich alle "bösen Geister" der "Hölle" gleichzeitig austobten. In meinem ganzen Leben habe ich ein so heftiges Gewitter nicht wieder erlebt.

Nach Stunden flaute allmählich das Gewitter ab. Meine Mutter versuchte, sich einen Überblick über den Schaden zu machen. Unser Vieh, einschließlich unseres Schimmels "Mulla", war aus der Koppel ausgebrochen und in den Wald geflüchtet. Eine Sterke wurde erst nach zwei Tagen wiedereingefangen. Die abgesplitterte Birkenkrone lag neben unserer Pumpe. In eine alte knorrige Eiche, etwa fünfzig Meter von unserem Gehöft entfernt, hatte es ebenfalls eingeschlagen. Ein von der Krone bis zur Wurzel verlaufender, etwa zehn Zentimeter breiter, von Borke bis ins Splintholz gehender Riß markierte den Weg des Blitzes, der solange die Eiche stand wie ein "Kainsmal" sichtbar war. Hagel und der wolkenbruchartige Regen richteten im Gemüse- und Obstgarten erhebliche Schäden an. Das Wichtigste für uns aber war, daß kein Blitz unsere Scheune in Brand gesetzt hatte. Damals war ich mir der großen Gefahr nicht bewußt, die für uns durch das in der Scheune gelagerte Dynamit bestand.

Als am nächsten Morgen mein Vater gut gelaunt vom Dauerskat wiederkam, überraschte ihn in Dettmitten die Nachricht von dem gewaltigen Gewitter. Er sah die abgebrannte, noch schwelende Scheune und einige Stücken Vieh, die auf der Koppel zwischen dem Dorf und unserer Försterei vom Blitz erschlagen, umherlagen. In Allenberg nahm man bis spät in die Nacht hinein nur weit entfernt in südlicher Richtung Blitze, Wetterleuchten und manchmal ein fernes Donnern und Grollen wahr.

Meine Mutter machte Vater bittere Vorwürfe über den unverantwortlichen Leichtsinn mit dem Sprengstoff. Am nächsten Tag wurde das Dynamit in den Erdkeller, der ein Stück abseits der Försterei lag, umgelagert, auch wurde die Menge wesentlich verringert.

Meister "Grimbart"

In Dettmitten bei Allenburg lebte mein Onkel Wilhelm mit seiner Familie, Ehefrau Hedwig, geb. Gronenberg, und Sohn Horst. Tante Hedwig war genaugenommen eine Cousine meines Vaters. Wilhelm Rohloff, ein Tischlermeister, beschäftigte in seinem Betrieb ein, manchmal zwei Gesellen und einen Lehrling.

Mein Cousin zweiten Grades, Horst, war älter als ich, geboren am 27. Februar 1922. Die Grundschule besuchten wir in Allenburg. Von Dettmitten bis Allenburg hatten wir einen gemeinsamen Schulweg.

Nun, wir Jungs, mein Bruder Fritz, Cousin Horst und ich waren oft zusammen. Für uns war die Tischlerwerkstatt sehr interessant. Hier konnte man genau verfolgen, wie Möbel hergestellt, wie geleimt, gebeizt und poliert wurde. Der Geruch von Leim, Beize, Holz ist branchentypisch und mir unvergeßlich. Manchmal durften wir auch ein Stück Holz bearbeiten und das machte uns sehr viel Spaß.

Onkel Wilhelm, ein stattlicher Mann und im selben Alter wie mein Vater, wurde häufig von meinem alten Herrn aufgesucht. Mein Vater ging gern, wenn er nach Allenburg oder nach Groß Plauen fuhr oder nur zum Krämerladen Naujocks in Dettmitten mußte, für ein Stündchen plachandern. Er mußte ja an der Tischlerei vorbei. Bei diesen Gesprächen, auch mit seiner Cousine Hedwig, ergab es sich einmal, daß mein Vater behauptete, man könne auch den Dachs essen, er würde gut schmecken und nicht von anderem Wildbret bzw. Fleisch zu unterscheiden sein.

Onkel Wilhelm, sehr penibel und im Essen mäklig, vertrat dagegen die Meinung, daß er so etwas sofort erkennen würde. Schon der Dachsgeruch allein sei unverkennbar, dieses bemerkte er immer an den Lederstiefeln meines Vaters, wenn er sie in der nassen Jahreszeit mit Dachsfett einschmierte, um sie wasserabweisend und geschmeidig zu machen.

Seit diesem Gespräch vergingen Monate. Der Herbst mit seinen ersten Frösten als Vorboten des nahenden Winters machte immer mehr auf sich aufmerksam. Es begann die hohe Zeit der Raubwildfänger. Alle Methoden der Jagd wurden angewandt, um Fuchs, Marder, Iltis, Wiesel zu erbeuten. Jeder Balg brachte für die damalige Verhältnisse sehr viel Geld. Daher bestand bei allen Förstern und Jagdpächtern ein großes Interesse, möglichst viel Raubwild und Raubzeug zu schießen bzw. zu fangen.

Mein Vater hatte in seinem Revier mehrere Marderschlagbäume, Knüppelfallen, Kastenfallen, aber auch einige Tellereisen stehen, die täglich revidiert wurden. Auf diesen Reviergängen begleitete ich meinen Vater so oft wie möglich. Meistens sonntags oder während der Winterferien.
Einmal im Spätherbst des Jahres 1934 verreiste mein Vater für ein paar Tage. Er beauftragte mich, die Fallen zu kontrollieren. Zu diesem Zweck übergab er mir seinen Tesching mit einigen KK-Patronen (.22 lfB) mit dem Hinweis, falls ein Fuchs im Eisen sei, genau auf den Kopf zu schießen. Mit dem KK-Gewehr konnte ich schon recht gut umgehen und hatte meine Treffsicherheit auf Scheibe und sogar auf Spatzen schon unter Beweis gestellt. Ich nahm diesen Auftrag sehr ernst. Am nächsten Morgen marschierte ich mit umgehängtem KK-Gewehr zur Fallenkontrolle. Auf dem Reviergang prüfte ich aus einiger Entfernung, ob die Falle noch fängisch stand. Mehrere Fallen hatte ich schon revidiert, alles fand ich noch in Ordnung. Da, der nächste Marderschlagbaum war zu. Unter der mit Fichtenreisig abgedeckten Falle hing ein verendeter Baummarder. Ich versuchte den Marder aus dem Schlagbaum herauszubekommen, es ging nicht so einfach. Nur mit Hilfe von zwei kurzen Knüppeln konnte ich den Schlagbaum hochdrücken und den Marder herausnehmen. Es war ein recht starkes Tier. Die Falle wieder fängisch zu stellen, schaffte ich nicht. Ich ließ alles so und kontrollierte noch die anderen Fallen. Dann zog ich wie ein erfolgreicher Jagdkönig mit gesteigertem Selbstbewußtsein nach Hause. Meine

Mutter staunte nicht schlecht, als ich ihr meinen Marder zeigte. Am nächsten Morgen zog ich mit großen Erwartungen wiederum los. An die zwanzig Fallen mußten auf dem Rundgang kontrolliert werden, keine durfte ich vergessen. Nichts, wieder nichts; auf zur nächsten Falle - ebenfalls noch fängisch und in Ordnung. Meine Erwartung und Spannung steigerte sich von Falle zu Falle. Ich kam bei meinem Kontrollgang zur letzten Falle - einem Tellereisen. Mein Vater hatte dieses am großen Mutterbau am Hang zur Swine gestellt. Der Bau befand sich inmitten einer Fläche von Buchenüberhältern mit darunterstehendem Buchenjungwuchs. Schon aus einiger Entfernung sah ich, daß vor der Röhre der Boden zerwühlt und die am Baum befestigte Ankerkette des Tellereisens straff gespannt war. Als ich näher kam, bewegte sich die Kette. Aufgeregt machte ich das KK-Gewehr schußfertig und schlich vorsichtig heran. Auf etwa fünf Schritte sah ich im Halbdunkeln der Röhre ein großes, schwarzweißgestreiftes, im Haarkleid auch grau, rauhes und borstiges Tier.

Ein Schreck durchfuhr meine Glieder, ein Dachs hatte sich im Eisen gefangen. Die Kette rappelte, polterte und wurde gezerrt. Mein Herz pochte wie wild, das Jagdfieber packte mich. Der Dachs rumorte, ja tobte an der Kette und wollte vom Eisen loskommen. Ich versuchte, in eine gute Schußposition zu kommen. Der Dachs aber zerrte herum, so daß es nicht so einfach war, auf seinen Kopf einen gezielten Schuß abzugeben. Der Lauf meiner KK-Büchse wackelte ziemlich stark. Endlich hatte ich Kimme, Korn und den Kopf im Visier. Ich drückte ab, der Schuß brach und ich sah auf dieser kurzen Entfernung, daß die Kugel kurz hinter dem linken Gehör traf. Der Dachs zeichnete schwer, todeskrank zuckte und wälzte er sich. Schnell lud ich nach und schoß nochmals auf den Kopf, dann war er verendet. Ich selbst zitterte an allen Gliedern wie beim Schüttelfrost, Schweißausbruch - mich hatte das Jagdfieber erstmals voll gepackt. Es dauerte eine geraume Zeit, bis ich mich beruhigte.

Dann versuchte ich, an der Kette den Dachs zu ziehen. Nur mit ganzer und letzter Kraft gelang es mir, ihn aus der schrägen Röhre hochzuziehen. Das Tellereisen zu öffnen, um den Vorderlauf herauszubekommen, schaffte ich einfach nicht. Ich war zu schwach und zu leicht, um die Feder herunterzudrücken. Mir blieb also nichts anderes übrig, als die Ankerkette vom Baum zu lösen und den Dachs mit dem kompletten Eisen nach Hause zu schleifen.
Es waren nur dreihundert Meter bis zur Försterei, aber für mich ein schier unendlich strapaziöser, äußerst beschwerlicher Weg. Zuerst bergab, ein kleiner Geländeeinschnitt zum Ursprungstal der Swine. Nun, das ging noch recht gut, aber dann hangaufwärts, fünf, höchstens zehn Schritte, Pause und Kräfte sammelnd, schwer atmend, ja keuchend schleifte ich "Meister Grimbart". Die Ruhepausen wurden immer länger je mehr meine Transportstrecke abnahm. Aber irgendwie schaffte ich meinen Dachs bis vor unsere Haustür. Meine Mutter war einfach sprachlos. Sie konnte es gar nicht fassen, daß ich den Dachs getötet und soweit geschleppt hatte. Ein Gewicht von insgesamt fast dreißig Pfund.

Am nächsten Tag kam mein Vater. Stolz berichtete ich und zeigte meine Strecke. Auch er staunte nicht schlecht und lobte mich als einen tüchtigen Jagdgehilfen.

Nachdem mein Vater den Dachs eingehend begutachtet hatte, meinte er, daß dieses Exemplar das richtige wäre, um Wilhelm eine entsprechende Mahlzeit zu bereiten. Sofort wurde die Schwarte abgeschärft, die Fettlagen abgelöst, um sie für Stiefelschmiere zu verwenden. Den Dachskern wässerte mein Vater erst zwei Tage in der schnellfließenden Swine.
Mit seiner Cousine Hedwig besprach er alle weiteren Einzelheiten. Das brauchbare Wildbret wurde herausgelöst, im Fleischwolf zermahlen und mit einem Zusatz von Rindfleisch ergänzt. Es gab Klopse, recht lecker gebraten und in einer großen Schüssel mittags auf den Tisch gestellt. Der Meister, Gesellen, der Lehrling, auch mein Vater erschienen rein "zufällig" und alle langten kräftig zu. Es schmeckte ihnen ausgezeichnet. Nachdem alle satt waren, sagte Frau Hedwig zu ihrem Mann: „Na Vater, wie haben dir die Klopse geschmeckt?" „Was fragst du, na gut!" Worauf sie sagte: „Na weißt du, was du wirklich gegessen hast? Adolf kann dir das bestätigen, es war vom Dachs."
Meister Wilhelm wurde bleich, würgte, mußte schleunigst den Tisch verlassen und sich draußen übergeben. Einige Zeit war Onkel Wilhelm auf seine Frau und meinen Vater böse, aber es renkte sich alles wieder ein.

Schützenfest

Gesellschaftlicher Höhepunkt in den meisten ostpreußischen Kleinstädten war das alljährliche Schützenfest. Für den Schießsport begeisterte Männer und Jugendliche gab es schon zu jeder Zeit.
In der Entwicklung der menschlichen Gesellschaft bedeutete die Handhabung von primitiven Werkzeugen und Geräten im Ursprung reinen Nahrungserwerb. Faustkeil, Keule, Speer und Lanze waren die ersten Waffen. Ihnen folgte Pfeil und Bogen, durch die das Wild mit erhöhter Wucht und zielsicherer über größere Entfernung erlegt wurde. Daß Pfeil und Bogen durchaus auch eine ernstzunehmende Fernwaffe darstellt, beweisen die Leistungen der heutigen Sportbogenschützen, beweist die Jagd bei den Naturvölkern.
Bis in unser Jahrhundert gibt es Schützenzünfte, die für sportliche Zwecke und zum Freizeitvergnügen ausschließlich die Armbrust benutzen. Mit der Erfindung des Pulvers und der Feuerwaffen ging die Entwicklung weiter. Es dauerte aber noch lange, bis aus dem Vorderlader, dem Luntenschloßgewehr, das Radschloßgewehr im 16. Jahrhundert entstand. Erst diese Waffe konnte vor allen Dingen im jagdlichen Bereich und in kriegerischen Auseinandersetzungen die Armbrust verdrängen.

Ständige Handhabung, Übungsschießen und der Vergleich mit anderen Schützen im Wettkampf gaben dem einzelnen Sicherheit und erhöhten die Treffgenauigkeit. Wettkämpfe und Turniere gab es schon in der Antike. Im Altertum, lange vor unserer Zeitrechnung und sogar bei den damaligen Olympischen Spielen, wurden im Speerwurf und im Bogenschießen entsprechende Wettkämpfe durchgeführt und die Sieger ermittelt. Seit den ersten Olympischen Spielen der Neuzeit, 1896 in Athen, steht Sportschießen stets auf dem olympischen Programm. Nach den siegreichen Feldzügen 1813/15, 1864, 1866 und 1870/71 ging eine patriotische Welle durch ganz Deutschland. Überall entstanden Kriegervereine, Schützengilden, Schützenbrüderschaften, Männergesangs- und Turnvereine. In diese Zeit fiel wohl auch die Bildung des Allenburger Schützenvereins.

In Ostpreußen ging die Gründung von Schützenbrüderschaften bis in die frühmittelalterliche Zeit zurück. Zur Ordenszeit, unter Förderung des Hochmeisters Winrich von Kniprode, entstanden in vielen ostpreußischen Städten die ersten Schützengilden. Die Königsberger Schützengilde, gegründet 1351, ist wohl die älteste unserer Heimat.

In einem Grenzland wie Ostpreußen war die Wehrbereitschaft der Männer von entscheidender Bedeutung. Das Schützengildewesen prägte und stärkte die wehrhafte Gesinnung, Mut und Opferbereitschaft und festigte die Kameradschaft. Zur Förderung dieser Tugenden, als Ansporn und Anreiz wurden alljährlich Schießveranstaltungen, Schützenfeste durchgeführt und der beste Schütze als Schützenkönig gekürt. Damit erhielt er gleichzeitig für ein Jahr besondere Vorrechte und Vergünstigungen. In feierlicher Form erfolgte die Proklamation des Schützenkönigs. Die Überreichung der silbernen Königskette, die sich in jedem Jahr um eine Plakette mit dem Namen seines Königsvorgängers erweiterte, war ein Ausdruck von Ehrerbietung. Das Zeremoniell schloß ein, je nach örtlich eingebürgerter Tradition, die Verkündigung des Ersten und Zweiten Ritters bzw. der Prinzen sowie des Jungschützenkönigs. Anschließend zog der neue Schützenkönig mit seinen Rittern hoch zu Roß, mit Ehrendamen, großem Gefolge und bei flotter Marschmusik durch den mit Birken-, Fichtengrün, Fahnen und Blumen geschmückten Ort. Der Umzug endete auf dem Festplatz, auf dem der Königsball den festlichen Höhepunkt darstellte. So ein Schützenfest dauerte mehrere Tage, war ein Volksfest für jung und alt und jeder Tag hatte einen Höhepunkt.

Großer Beliebtheit erfreute sich das Vogelschießen. Schon in der Ordenszeit stellte man Schießbäume auf, an deren Spitze sich ein großer hölzerner Vogel befand, der mit der Armbrust beschossen wurde. Für jedes abgeschossene Teil gab es kleine Preise. Auf Ehren-, Wild-, Ringscheiben, Blumen und vieles mehr schoß man mit allen Arten von Waffen und ermittelte die Sieger. Die Schützenfeste waren ein großes Volksfest im Kirchspiel mit viel Musik und Tanz. Auf dem Festplatz ging es zu wie auf einem Rummelplatz mit vielen Verkaufsständen, Karussells, Schaukeln, Schaubuden usw..

Der Allenburger Schützenverein, dessen Vorsitzender immer der jeweilige Bürgermeister war, hatte mit Bürgermeister Erwin Moeller von 1912 bis 1945 einen großzügigen Förderer seiner Tradition. Kurz vor dem Ersten Weltkrieg legte die Stadt Allenburg den Stadtpark neu an. Der Park lag etwas abseits an der Eiserwager Landstraße zu den Swinewiesen. In dieser Parkanlage stand ein großes Schützenhaus, holzverkleidet mit halbrundem gewölbtem Dach. Dort hatte man mehrere moderne Schießstände für Kleinkaliber und Gewehr gebaut. Seit 1912 fanden alle Schützen-, Sänger-, Sommer-, Schul- und Erntedankfeste auf dem Festplatz innerhalb des schönen Stadtparkes und im Schützenhaus statt.

Der Allenburger Schützenverein bewahrte sich seine eigene Tradition. Schmucke Schützenuniformen mit Hut und Feder, Vereinsfahne und geschlossenes, diszipliniertes Auftreten der Schützenkompanie unter Leitung des Schützenmajors, dem Klempnermeister Max Seidler, waren der Ausdruck des freien Bürgertums. Jeder ehrbare Bürger zählte sich gerne zu der jahrhundertealten verpflichtenden Schützentradition und seiner Gilde. Eine besondere Ehre und Anerkennung für die Allenburger Zunft war 1924 die Durchführung des Gauschützenfestes von Ostpreußen.

Abordnungen des Allenburger Schützenvereins nahmen auch regelmäßig an den Schützenfesten in den Nachbarorten teil sowie einige Male an dem alle drei Jahre stattfindenden "Deutschen Bundesschießen".

Mein Vater, als Förster und Jäger ein guter Schütze, nahm regelmäßig auch mit Erfolg an den Schützenfesten teil. Bei diesen Veranstaltungen blieb es nicht aus, daß er beim anschließenden gemütlichen Beisammensein auch fleißig bei dem Umtrunk mithielt, und das sah meine Mutter nicht sehr gern. Jedes Jahr versuchte sie ihn davon abzuhalten, aber mit wenig Erfolg.

Mit dem Tesching und Patronen, Kaliber .22 kurz, ließ mein Vater uns schon frühzeitig schießen. Das erste Mal mit sechs Jahren. An unserem Scheunentor brachten wir ein Blatt Papier an, dessen Mitte ein talergroßer Tintenpunkt das "Schwarze" darstellte. Aus etwa zehn Meter Entfernung schossen wir darauf. Nach mehrfachem Üben besserten sich die Schußergebnisse und fast jeder Schuß traf ins "Schwarze".

Mit diesen Vorkenntnissen durften mein jüngerer Bruder Fritz und ich 1934, ich war damals zehn Jahre alt, das erste Mal mit zum Schützenfest nach Allenburg. Vom Forsthaus Plauen nahmen wir den kürzesten Weg, Luftlinie knapp drei Kilometer. Mit unserem Boot setzten wir über die Swine und gingen durch die Wiesen direkt zum Schützenpark. Auf dem Festplatz herrschte ein reges Treiben. Viele Menschen saßen an den langen Tischen, aßen und tranken. Musik spielte und dazwischen hörte man ständig Schüsse unterschiedlicher Lautstärke herüberhallen, ein einmaliges aufregendes Erlebnis für mich. Sehr ungeduldig wartete ich auf meinen Start zum Wettbewerb der zehn- bis vierzehnjährigen im Luftgewehrschießen. Endlich war es soweit. Mein Vater gab noch einige Hinweise, denn mit einem Luftgewehr und bunten Federbolzen auf eine zwölfer Ringscheibe hatte ich noch nie geschossen. Es ging aber viel besser als ich dachte. Trotz Wettkampffieber und Herzklopfen schoß ich mit drei Schuß fünfunddreißig Ringe, das beste Ergebnis und mein erster Sieg. Stolz und glücklich fühlte ich mich und wurde überall von meinen Mitschülern, von Klassenlehrer Horlitz und sogar von Schuldirektor Hennig gelobt.

Mein Wunsch und Traum damals war, ein guter Schütze, Jäger und Forstmann zu werden. In den nächsten zwei Jahren konnte ich auf dem Allenburger Schützenfest meinen Erfolg wiederholen. 1936 zogen meine Eltern vom Forsthaus Plauen fort und seitdem war ich nicht mehr in Allenburg.

Mein damaliger erster Sieg im Schießen wurde zum Grundstein für mein weiteres Leben, in den Jahren von 1960 bis 1995 für viele nationale und internationale Erfolge im Sportschießen (Trap und laufende Scheibe), aber auch in jagdlichen Schießdisziplinen.

"Rums! - Da geht die Pfeife los ..."

Mein Vater war ein starker Raucher und das zum Leidwesen meiner Mutter. Da auf Dauer Zigarren oder Zigaretten zu teuer wurden, konnte man mit einer Pfeife seinen Gelüsten, seiner Nikotinsucht wesentlich billiger nachgehen. Tabakpfeifen gab es im Handel in allen Größen. Kurze mit kleinem Pfeifenkopf, Shagpfeifen für feingeschnittenen Pfeifentabak, halblange, lange und ganz lange, die man nur mit einem langen Fidibus anzünden konnte. Dazu Pfeifenköpfe unterschiedlicher Größe und Material, sogar aus Porzellan mit und ohne Deckel, verziert mit bunten Bildern. In einigen Pfeifen ging ein ganzes Päckchen Tabak hinein, sie qualmten lange wie ein Dauerbrandofen. Tabaksorten gab es viele. Der Krüllschnitt, grob geschnitten, in dem auch die Tabakstengel verarbeitet wurden, war der Billigste. Diesen kaufte sich mein Vater meistens im Krämerladen Naujocks in Dettmitten. Mit einem Päckchen die Woche kam er selten aus. Vor allem im Sommer bei der Betreuung seiner Bienen und dem Honigschleudern verbrauchte er mehr, denn der Rauch vertrieb stechwütige Bienen. Auch während der Jagd erwies es sich als vorteilhaft; man konnte sehen aus welcher Richtung der Wind wehte. Absolut windstille Tage gibt es selten. Oft merkt man nur einen leichten, kaum wahrzunehmenden Hauch. Schlimm aber ist es, wenn dieser krieselt, daß heißt, mal aus dieser, mal aus jener Richtung kommt. Ein rauchender Jäger kann sich schnell orientieren und das Wild bekommt dann keine Witterung von ihm.
Dieses sind Argumente, die Raucher zur Entlastung ihres gesundheitsschädigenden Verhaltens angeben.

Anfang der 30er Jahre gab es in unserer Familie ein bedeutendes Ereignis. Onkel Otto Karahl, der als Lehrer in Masuren arbeitete, hatte sich an einem großen Preisausschreiben beteiligt und gewann den 1. Preis. Alle Zeitungen Ostpreußens bildeten den glücklichen Gewinner neben seinem fabrikneuen Auto ab. Es war ein Coupé. Da dieser Sportwagen für seine vierköpfige Familie zu klein war, vertauschte er ihn gegen einen Opel P 4. Mit diesem Gefährt bereiste er in den nächsten Sommerferien unsere große Familie. Auf dieser Ostpreußenreise besuchte er die Försterei Groß Stamm, Bartenstein, Stallupönen, Försterei Pelohnen, Försterei Plauen, Königsberg und die Försterei Rehhof. Überall wo er einkehrte, herrschte Jubel, Trubel, Heiterkeit. Er war ein sehr geselliger Mann, spielte viele Instrumente, sang gut und laut und probierte gerne die verschiedenen prozenthaltigen Getränke. Den Bärenfang mochte er am liebsten.

Wenn Onkel Otto uns im Forsthaus Plauen aufsuchte, setzte er sich nach dem Begrüßungstrunk ans Klavier und ließ die Töne voll durch unsere Räume schallen. Mit erstaunlicher Perfektion beherrschte er dieses Instrument. In Masuren, in den abgelegenen Dörfern, hatte ein Lehrer viele Aufgaben. Als Kantor spielte er an Sonn- und Feiertagen die Orgel. Bei Familienfeiern aller Art hielt er die Festansprache und vertrat auch mal den Pastor. Jedenfalls beherrschte Onkel Otto vorzüglich dieses Metier.

Meine Mutter beteiligte sich ebenfalls an vielen Preisausschreiben und Rätselraten. Auch veröffentlichte sie kleine Geschichten, aber so ein Erfolg wie bei ihrem Schwager Otto stellte sich leider nicht ein. Daher versuchte sie ihr Glück bei der Klassenlotterie. Ein achtel Los sollte den großen Gewinn bringen. Aber nach jeder Gewinnauslosung herrschte nur Enttäuschung.

Bei halbwegs gutem Wetter und entsprechenden Wegeverhältnissen brachte gegen Mittag der Landbriefträger das "Wehlauer Tageblatt" und unsere Briefpost. Bei schlechtem Wetter ließ er alles in Dettmitten bei Wilhelm Rohloff. Auf dem Rückweg von der Schule nahmen mein Bruder oder ich die Post mit nach Hause. Mit dieser Regelung sparte der Briefträger an schlechten Tagen gut vier Kilometer Fußmarsch.

Alltags trug mein Vater meistens die dritte Garnitur seiner Forstuniform. Durch Auszeichnen, Holz numerieren, Jagd und sonstigen Tätigkeiten gezeichnet, sah man ihr die lange Tragezeit an. In der rechten Tasche befand sich ein Päckchen Tabak, in der linken Tasche Pfeife und Streichhölzer. Auch andere Dinge wie Bindfaden, Nägel, Krampen und mal eine Patrone, bewahrte er zeitweilig darin auf. Zur Bekämpfung von Krähen, Elstern, Eichelhähern, aber auch von Staren, hatte er immer griffbereit seinen Tesching und Patronen vom Kaliber .22 lfB stehen. So ergab es sich manchmal, daß Kleinkaliberpatronen in seine Rocktasche kamen.

Eines Tages brachte der Briefträger wieder die Zeitung und unsere Post. Bei der Briefpost befand sich die Gewinnliste der Klassenlotterie. Nach kurzem Austausch von Neuigkeiten und dem obligatorischen "Klaren" setzte unser Briefträger seinen Weg fort. Meine Eltern begannen nun eifrig in der Küche die Gewinnliste zu studieren. Bei dieser spannenden Angelegenheit stopfte sich Vater erstmal seine große halblange Pfeife und blies anschließend blaue Rauchwolken zur Decke. Schnell verglichen sie die Hauptgewinnummern mit ihrer Losnummer. Aber leider wieder nichts. Auch bei den kleineren Gewinnen stimmte die Losnummer nicht überein. Plötzlich ein fürchterlicher Knall.

Nach Wilhelm Busch aus Max und Moritz 4. Streich mit Lehrer Lämpel zitiert:
> Rums! - Da geht die Pfeife los
> mit Getöse, schrecklich groß
> Kaffeetopf und Wasserglas
> Tabakdose, Tintenfaß,
> Ofen, Tisch und Sorgensitz -
> alles fliegt im Pulverblitz.

Ein Aufschreien meiner Mutter, Funken, Asche, Rauch, Reste der geborstenen Pfeife flogen auf den Fußboden. Mein Vater hielt sich das linke Auge zu, stöhnte und fluch-

te fürchterlich. Fritz und ich schauten erschrocken und verstört auf die Szene. Was war geschehen? Mein Vater stopfte mit dem Krüllschnitt unbewußt eine Kleinkaliberpatrone in die Pfeife, die nach einiger Zeit explodierte. Sie zerriß den Pfeifenkopf und verursachte einige Schrammen und dunkle Punkte in Vaters Gesicht. Sein Schnurrbart und die Augenbrauen waren versengt. Glühende Tabakasche bekam das linke Auge ab, was ihm große Schmerzen bereitete.
Schnell erholte sich meine Mutter von dem Schreck. Notdürftig versorgte sie die Verletzungen. Eilig spannte sie unseren Schimmel vor den Kutschwagen und im scharfen Trab fuhren sie zum praktischen Arzt Dr. Stengel nach Allenburg. Glücklicherweise stellte sich die Augenverletzung als nicht so schwer heraus. Mit Augentropfen, Verband und einer Augenklappe überstand er bald diesen Unfall. Bart und Augenbrauen wuchsen bald wieder nach. Nur der Traum vom großen Gewinn hatte sich in Schall und Rauch aufgelöst.

Der Totenberg

Unter einem Berg stellt man sich im allgemeinen eine stattliche Erhebung vor, eine Gebirgslandschaft mit einzelnen emporragenden Höhen.
Der Berg, von dem ich berichten möchte, ist kaum zu bemerken. Nur Ortskundige und frühere Einwohner der Gemeinde Plauen, seinerzeit 398 Einwohner (1939), mit den Ortschaften Dettmitten, Groß und Klein Plauen wissen heute, daß es sich um ihren Friedhof handelt. Die Gemeinde Plauen gehörte zum Kirchspiel Allenburg.
An der Straße von Groß Plauen nach Potawern lag südlich, in gut einem Kilometer Entfernung, eine kleine, etwa zwei Hektar große, bewaldete Fläche. Die allgemeine Geländeerhebung in diesem Gebiet beträgt zwanzig Meter. Zu dem Wäldchen, dem "Totenberg", stieg das Gelände sanft auf 24 Meter über NN an. Auf diesem Sandhügel wuchsen neben Kiefern, Aspen, Birken, Eichen viel Strauchwerk und eine recht eigenartig verkrüppelte Lärche. Letztere stand und steht noch heute am Südrand des Totenberges direkt am Eingang des Plauer Friedhofes.
Seit altersher wurden auf diesem Hügel die Toten der näheren Umgebung beigesetzt. Aus vorgeschichtlicher Zeit, etwa eintausend Jahre vor Beginn unserer Zeitrechnung, als noch germanische Stämme und etwas später baltische Völker dieses Gebiet bewohnten, wurde Anfang des 20. Jahrhunderts (vor dem Ersten Weltkrieg) ein größeres Gräberfeld auf dem Totenberg entdeckt. Unter anderem fand man Nadeln, Arm- und Fingerringe aus Bronze, Lanzenspitzen aus Eisen, ein kurzes, breites Schwert sowie Urnen.

Anfang der 30er Jahre zählten zum Kirchspiel Allenburg 40 Orte mit rund 5.000 Seelen. Die beiden Pfarrer Adelsberger und Stern, die in zwei Pfarrhäusern gleich neben der Kirche wohnten, hatten in dieser großen Kirchgemeinde reichlich zu tun. Kaum, daß ein neuer Erdenbürger das Licht der Welt erblickte, stand die Taufe an. Ein paar Jahre später folgte der Konfirmandenunterricht mit anschließender Konfirmation. Wiederum einige Zeit später, wenn zwei Menschen sich lieben und schätzen gelernt hatten, wurde beim Pfarrer das Aufgebot bestellt und am Aushang der Kirche bekanntgegeben. Die Hochzeit selbst war ein festliches Ereignis für die betroffenen Familien, für den Ort und die nähere Umgebung. Verwandte, Freunde und Bekannte strömten zahlreich herbei.

Im allgemeinen dauerte in Ostpreußen so ein Fest mindestens drei volle Tage. Polterabend, Hochzeitstag und großes Abschiednehmen. Bei der silbernen, goldenen, diamantenen und wenn es hoch kam, der eisernen bzw. Gnadenhochzeit, gesellten sich zum ergrauten Hochzeitspaar, neben den vielen Gästen, die eigenen Kinder mit einer stattlichen Schar von Enkeln und Urenkeln. Jedes Familienfest feierten sie ausgiebig.

Auch beim Tod, "er ist nun mal unvermeidlich", sagten die Ostpreußen, sollte man würdevoll "das Fell versaufen". Sie hatten eben ein gutes Verhältnis zum Tod. Es war üblich, mit einem entsprechenden "Leichenschmaus" alle Trauergäste reichlich zu bewirten. Den Verstorbenen wollte man so in bleibender Erinnerung behalten. Bei fortgeschrittenem Leichenschmaus, wenn die Gemüter durch den hochprozentigen Schnaps schon stark angeheitert waren, ging es meistens recht lustig zu. Auf eine "fröhliche Leiche" legte man großen Wert.

Aus Masuren sind mir drei besondere Trauerfeiern bekannt. Im ersten Fall mußte die Trauergesellschaft, da der Verstorbene ein alter Förster in einer einsam liegenden Försterei war, in die Kirchengemeinde zum Friedhof ziehen. Vorneweg marschierte eine Blaskapelle. Hinter dem Gespann mit dem Sarg schritten der Pfarrer und die nächsten Angehörigen, dann folgten die zahlreichen Freunde, Bekannten und Forstkollegen aus der näheren Umgebung. Bis zum Friedhof führte ein etwa drei Kilometer langer, unbefestigter Landweg. Im Sommer, bei großer Hitze, war es nicht so angenehm, dort zu gehen. Eine Staubwolke hüllte die Letzten des Trauerzuges ein, und ihre schwarze Kleidung färbte sich allmählich grau. So zog die stattliche Menschenkolonne ins Dorf, als plötzlich ein heftiger Gewitterguß auf die Erde niederprasselte. Zum Glück befand man sich kurz vor der Gastwirtschaft. Schnell wurde der Leichenwagen in die Ausspannung gefahren, und alle Trauergäste drängelten sich in den Schankraum. Vom Fußmarsch, der Hitze und dem vielen Staub recht durstig, begann man gleich den "Flüssigkeitsverlust" auszugleichen. Man wollte ja nur so lange die Bestattung verschieben, bis der Schauer aufhörte. Eile war deshalb geboten. Die Gastwirtsfamilie konnte es kaum schaffen, die leeren Gläser immer wieder zu füllen. Laufend prostete man sich zu mit den Worten: „Es lebe seelig der alte Mählig." So hieß der verstorbene Förster. Als nach gut einer Stunde der Regen langsam aufhörte, war die Trauergesellschaft stark angeheitert, so daß der Pfarrer kurz entschlossen die Beerdigung auf den nächsten Tag verlegte. Er wollte eine würdevolle Beisetzung des Verstorbenen.

Bei der zweiten Begebenheit zweifelte ein junger Pfarrer, der gerade seine Tätigkeit in einem masurischen Pfarramt begonnen hatte, an der Gottgläubigkeit seiner Gemeinde. Mit den landesüblichen Gebräuchen noch nicht vertraut, wohnte er einem masurischen Totenfest bei. Nach der Andacht begann der Umtrunk mit immer lauter werdenden, fröhlichen Reden und Witzen. Nach einer Weile bahnte sich sogar ein Tänzchen an. Mühsam um christliche Geduld und Fassung ringend, sprach er: „Aber Leute, das geht doch nicht." „Aber ja doch, Herrchen, das geet", erklärte ihm ein lustiger Trauergast sehr sachverständig im ostpreußischen Dialekt und zeigte dabei auf den Sarg: „Den stellen wir hochkant, damit wir Platz zum Tanzen haben!"

Bei dem letzten mir bekannten "Vorkommnis" hatten die Anteilnehmenden in würdiger und feierlicher Form den

allzufrüh Verstorbenen in seine letzte Ruhestätte gebettet, um dann schnell zum Leichenschmaus zu eilen. Nach ergiebiger Mahlzeit begann der Alkohol in Strömen zu fließen. Es wurde immer lustiger. Tisch und Stühle rückte man zur Seite und eine Ziehharmonika spielte zum Tanz auf. Jung und alt drehten sich nach Melodien wie "Waldeslust, Waldeslust, oh wie einsam ..." flott im Kreis.
Mutig forderte ein Nachbar die junge, trauernde Witwe zum Tanz auf. „Aber nein, das geet doch nich." Worauf er erwiderte, „Lieschen, dein Seeliger im Himmel wird doch nuscht dagegen haben." „Na dann bitt'scheen, aber ganz langsamchen."

Mein Großvater, Zieglermeister Albert Mattke, starb einundsiebzigjährig und wurde am 27. April 1933 auf dem Plauer Friedhof, dem Totenberg, bestattet. Ich kann mich noch sehr gut an seine Beerdigung erinnern.
Es war ein sehr heißer Tag. Der Trauerzug ähnlich, wie schon vorher beschrieben, zog über den Landweg. Auch der anschließende Leichenschmaus war recht fröhlich. Es wurde reichlich aufgetischt. Einige hatten sich hierbei übernommen, ihre Mägen rebellierten, wie ich am späten Abend beobachten konnte. Mein Vater, als Ältester der hinterbliebenen Kinder (Frieda, Elma, Paul), führte bei der Totenfeier Regie.

Auf dem Totenberg ruhen noch weitere Vorfahren väterlicherseits. So meine Großmutter Helene, sie starb schon im April 1924. Urgroßvater Friedrich, der auch schon Zieglermeister in Klein Plauen war, verstarb 1901 und seine Ehefrau Wilhelmine folgte ihm zwei Jahre später. Noch weitere Verwandte wurden hier beerdigt, so noch ein Bruder meines Vaters, der schon als Kind starb. Insgesamt mußten acht Grabstellen betreut werden. Auch gedachte man immer der in Frankreich gefallenen Brüder Albert (1917) und Robert (1918), die zum Totensonntag ebenfalls ein Grabgesteck erhielten. Wenn man den Friedhofseingang neben dem Lärchenbaum betrat, so befanden sich unsere Familiengräber in der äußersten Reihe auf der linken Seite. Der Friedhof war nicht sehr groß. Soweit ich mich noch erinnern kann, hatten hier ihre Ruhestätte Angehörige der Familien Klinger, Krüger, Sommer, Sauer, Rohloff und der Vorgänger meines Vaters, Förtster Groneberg. Die noch lebenden ehemaligen Bewohner der Gemeinde Plauen können sicher noch weitere Angaben der dort begrabenen Angehörigen machen.

"Abschied" vom Forsthaus Plauen

Nach einigen Bewerbungen um eine neue Forstdienststelle klappte es endlich. Mein Vater wurde als zweiter Stadtförster von Wehlau eingestellt. Leitender Stadtrevierförster und zuständig für das Revier "Alter Wald" war Karl Henseleit mit Dienstsitz in der Försterei Pickertswalde. Die Stadt Wehlau hatte das westlich von Holländerei und Klein Nuhr gelegene Waldgebiet "Das grüne Husch" um Milchbude sowie das Vorwerk erworben und hieraus das Revier "Neuer Wald" gebildet. Milchbude sollte Försterei und Dienstsitz werden. Da aber die Landwirtschaft und das Gebäude noch bis 1939 verpachtet waren, mußten sich meine Eltern eine Übergangswohnung suchen. In Holländerei, bei dem Bauern Enskat, konnten wir eine Wohnung mieten. Als Umzugstermin war der 5. Oktober 1936 festgesetzt.

Das Problem für meine Eltern bestand darin, ihre Landwirtschaft aufzulösen. In Holländerei gab es keine Möglichkeit, Vieh zu halten, das konnten sie erst wieder in Milchbude. Vieles wurde daher verkauft und einiges bei Onkel Wilhelm in Dettmitten untergestellt.

Meine Mutter befand sich nach über zehnjähriger Unterbrechung nochmals in anderen Umständen. Der Familienzuwachs sollte sich Ende des Monats bzw. Anfang November einfinden. Die umfangreichen Vorbereitungen für den Umzug, das Packen hatten meiner Mutter viel Arbeit und Aufregung gebracht und plötzlich, als das erste Gespann mit Möbel und Gerätschaften beladen war, setzten die Wehen ein. Von Dettmitten aus transportierte Taxiunternehmer Max Schröder aus Allenburg sie schnell ins Krankenhaus nach Wehlau. Nur wenig später erblickte als Nachkömmling unserer Familie Bruder Herbert, als dritter Sohn unserer Eltern, das Licht der Welt. Zum Glück war Cousine Meta Deutschmann während dieser Zeit anwesend und half sehr umsichtig, den Umzug zu organisieren, alle

Probleme zu lösen und uns in der neuen Wohnung einzurichten. Nach etwa acht Tagen war meine Mutter mit unserem kleinen Bruder wieder da und konnte das Zepter übernehmen.

Am letzten Sonntag im Oktober fuhr ich in aller Frühe mit dem Fahrrad über Klein Nuhr, Koppershagen, Potawern nach Dettmitten. Nach dieser Radtour von gut 20 Kilometern kehrte ich bei Onkel Wilhelm und Tante Hedwig ein, um dort mein Fahrrad abzustellen und mit Cousin Horst zum Forsthaus Plauen zu gehen. Bei unserem Umzug hatten wir einige Kleinigkeiten vergessen, so z. B. das Außenthermometer, eine Sturmlaterne, auch hingen im Garten noch ein paar Winteräpfel an einem Baum. All das sollte ich holen.

Fröhlich und ausgelassen marschierten wir zu unserem ehemaligen Wohnsitz. Dort angekommen, fanden wir recht schnell die Dinge, die wir suchten und außerdem noch einen unserer Spaten. Zwischenzeitlich liefen wir nochmal den Hang zur Swine herunter. Zunächst sahen wir im Gemüsegarten nach, ob dort noch was Brauchbares vergessen wurde. Dann wanderten wir flußaufwärts am Steilufer entlang zu unserer Bootsanlegestelle und weiter zur großen Wiese. Zwischen dem Wald und der Wiese befand sich eine ziemlich verlandete, von Schilf umgebene, kleine Wasserfläche mit einem Verbindungsgraben zum Fluß. In diesem Gewässer gab es immer reichlich Fische. Auch das Aufstellen von Fischnetzen bzw. Reusen war in dem Graben meistens sehr erfolgreich, vor allem wenn nach Hochwasser und Überschwemmung der Wasserstand der Swine auf Normal zurückging.
Überraschend sah ich im Graben unsere Flügelreuse aufgestellt stehen, die wir bei dem Umzug in unserem Holzschuppen vergessen hatten. Ich erkannte sie sofort an den Reusenstangen. Irgend jemand aus der näheren Umgebung hatte die Fischreuse gefunden und aufgestellt. Gemeinsam zogen wir sie aus dem Graben und bekamen dabei nasse

Füße, aber es lohnte sich. In der Reuse zappelten etwa fünfundzwanzig gute halbpfündige Plötze und ein paar große Barsche. Durch diesen Zufall bekam ich unsere Reuse wieder und dazu noch mehrere Fischmahlzeiten. Guter Dinge marschierten wir mit unserer Beute nochmals zum Forsthaus, um einen abschließenden Rundgang durch alle Räume zu machen. Wir befanden uns im oberen Zimmer und ich weiß nicht mehr genau, wer von uns den Anfang machte. Plötzlich flog ein altes wertloses Buch, das auf dem Boden lag, durch die Fensterscheibe.
Splitternd, klirrend und scheppernd fielen die Glasscherben herunter. Zunächst erschrocken, dann wie ein Signal, ein Rausch, der uns überkam und wir zerschlugen im ganzen Haus viele Scheiben. Bei mir hatte sich noch eine Portion Haß gegen den in Konkurs gegangenen Gutsbesitzer angestaut, denn ich bekam ja mit, daß er Schuld an unserer ganzen Misere war.
Nachdem wir uns ausgetobt hatten, zogen wir schwer beladen nach Dettmitten. Tante Hedwig erwärmte uns noch schnell das Mittagessen, denn mittlerweile war es schon 15 Uhr. Die Fische teilten wir, die Reuse ließ ich bei Onkel Wilhelm, alles andere verstaute ich in Rucksack sowie Beutel und befestigte alles auf dem Gepäckträger. Als die Dämmerung begann, erreichte ich wieder mein neues Zuhause. Meine Eltern waren froh, daß ich heil und ohne Radpanne wieder zurückkam und alles erledigt hatte. Natürlich erwähnte ich mit keiner Silbe unsere Missetat, das Randalieren und mutwillige Zerschlagen der Fensterscheiben.

Langsam lebten wir uns in unserem neuen Heim ein. Der Alltag verlief mit einer gewissen Regelmäßigkeit. Morgens in der Frühe rüsteten mein Bruder und ich uns zur Schule. Mit dem Fahrrad fuhren wir zur Mittelschule nach Wehlau. Bis dahin waren es sieben Kilometer. Die Kinder von Lehrer Wolk, Hans, Waltraud und Elfriede, wohnten einen Kilometer und mein Freund Hans Zoellner mit seinem Bruder zwei Kilometer weiter. Holländerei war eben ein sehr langgestrecktes Dorf. Im Winter, wenn Schnee das Radfahren unmöglich machte, haben Zoellners uns mit Pferd und Schlitten zur Schule gefahren. Die Pferde blieben in einer Ausspannung und brachten uns nach Schulschluß wieder nach Hause.

Es war etwa vierzehn Tage nach meinem Ausflug zum Forsthaus Plauen, als ich guter Dinge mit meinen Mitschülern nach Hause radelte. Ich stellte mein Fahrrad in den Schuppen und ging ins Haus, als ein gewaltiges Donnerwetter auf mich niederprasselte. Vater griff zur kurzen Hundeleine, um mich entsprechend zu "behandeln". Meine Mutter konnte dieses gerade noch abwenden und somit Schlimmes verhüten. Dieses Strafgericht hatte ein Brief des Major v. Weiß aus Groß Plauen ausgelöst, in dem er mitteilte, daß Sohn Helmut mit seinem Cousin Horst am 25. Oktober im Forsthaus Plauen einunddreißig Fensterscheiben mutwillig zerschlagen habe. Er forderte die Eltern auf, innerhalb von vierzehn Tagen den Schaden zu beheben, andernfalls erfolge Anzeige. Da Onkel Wilhelm als Tischlermeister sowieso Glas und Fensterscheiben als erweiterte Dienstleistung bei seinen Kunden einsetzte, übernahm er es, den Schaden zu reparieren. Meine Eltern mußten sich entsprechend finanziell beteiligen.

Von den zweiundfünfzig im ganzen Haus vorhandenen Fensterscheiben wurden tatsächlich einunddreißig von uns kaputtgeschlagen. Dies war eine ganz schlimme Tat und ein weiterer Schatten, die zweite Untat, in meiner ansonsten so ungezwungenen fröhlichen Jugendzeit. Der Abschied vom Forsthaus Plauen hatte bei mir einen doppelt bitteren Nachgeschmack.

Onkel Willi

Eine Feststellung im voraus, Onkel Willi war ein Original. Es gibt wohl in jeder Familie jemanden, dem der Schalk im Nacken sitzt, der zum Scherzen jederzeit aufgelegt, der für Unterhaltung sorgt, die Geselligkeit liebt und ein Spaßmacher ist.
Nun, all dieses traf für meinen Onkel zu. Am 29. August 1889 wurde er als viertes Kind des Försters Friedrich Schmidt und seiner Ehefrau Lina geboren. Weitere drei Geschwister vervollständigten die Familie meiner Großeltern. Getauft wurde er zwar auf den Vornamen Wilhelm, aber dieses stand nur in den Papieren. In der Familie, in der Schule, beim Militär, im Beruf - überall wurde er nur kurz "Willi" genannt, manchmal auch der "lange Willi", weil er recht groß war, fast 1,90 Meter. Nach der Schulzeit begann seine Lehre als Gärtner auf dem Gut des Grafen v. Schlieben, Sanditten. Hier begann auch seine langjährige Freundschaft zu dem zwei Jahre jüngeren Grafensohn Georg Günther, genannt "Jochen". Diese beiden waren unzertrennlich und haben eine Reihe von Streichen, Schabernack und Unsinn ausgeführt. Oft betraf es die Gutsarbeiter, die jungen "Margelchens", den "kleenen Spekter", aber immer, wenn der Grafensohn mit von der Partie war, ging es glimpflich ab. Nur einmal gab es großen Ärger.

Zum vierzehnten Geburtstag bekam Georg Günther einen Tesching geschenkt mit dem väterlichen Hinweis, stets auf die Sicherheit zu achten und nur auf Scheiben, Krähen oder Spatzen zu schießen.
Die beiden jungen Burschen hielten sich auch eine zeitlang daran. Auf dem Gutshof, im Park, in der ganzen Umgebung von Sanditten waren keine Krähen, keine Spatzen mehr ihres Lebens sicher. Anfangs war die Jagdbeute noch beachtlich, aber allmählich nahm sie ab, bis man trotz eifrigen Suchens keinen Vogel mehr fand.

Auf dem Geflügelhof dagegen herrschte immer reges Treiben. Das "provozierende" Krähen, Gackern und Schnattern hörte man schon von weitem. Georg Günther nahm ein Hähnchen, welches die ersten Krähversuche unternahm, aufs Korn, nur so zum Spaß, um Zielübungen zu machen. Plötzlich meinte Willi: „Na, Jochen, du traust dich ja nicht." Ein Knall, der junge Hahn machte einen Satz, schlug mit den Flügeln und verendete auf dem Hühnerhof.

Im ersten Augenblick waren beide heftig erschrocken, schauten sich um, ob jemand etwas bemerkt hatte. Dann ergriffen sie schnell den Hahn, um erstmal im Park in Deckung zu gehen. Was aber nun? Nach einigem hin und her beschlossen sie, den Hahn auf einfache Art, wie sie meinten, nach Indianerart, zu braten und zu verzehren. Rupfen war zu umständlich. Also nahmen sie den Hahn nur aus und packten ihn samt Federn in feuchten Lehm. Danach entzündeten sie hinter dem Park, am Pregelufer, ein Lagerfeuer und legten die Lehmpackung in die Glut hinein. Spannend beobachteten die beiden Jungen den weiteren Werdegang. Zischend, qualmend, langsam Kruste bildend, mit einigen Rissen in der Lehmkugel, lag das Hähnchen im Lagerfeuer. Ungeduldig warteten sie auf das Garwerden. Inzwischen hatten sie sich auch ein paar Kartoffeln besorgt, die man ebenfalls in der Glut röstete. Endlich, so meinten sie, müßte alles gar und gut sein. Also schnell die Packung aus dem Feuer gerollt und geöffnet. Das ging ziemlich schlecht, denn viele Federn saßen noch fest am Hähnchen. Alles war sehr heiß und dampfte. Nur mit Mühe ließen sich die Keulen abtrennen und notdürftig säubern. Zum Essen waren sie zu roh. Also mußten sie noch über dem Feuer am Spieß gebraten werden. Nach vielen Umständlichkeiten konnte man nun endlich zulangen. Hähnchenkeulen und über dem Feuer geröstete Kartoffeln, ein Mahl für Indianer, Pfadfinder, Zigeuner oder übermütige junge Burschen. Richtig geschmeckt hatte es nicht, zu rauchig und fade, aber trotzdem ein tolles einmaliges Erlebnis.

Am nächsten Sonntag, als die Hühnermamsell das Geflügel gefüttert hatte und im Wirtschaftsgebäude verschwand, begannen die beiden ein großes Hühnerschießen. Abwechselnd schossen sie wie in einem Rausch, räumten Hähne, Hühner, sogar eine Pute weg, bis plötzlich wie aus dem Boden gestampft, der Oberinspektor hinter ihnen stand. Alles weitere nahm seinen unvermeidlichen Lauf, denn die Strecke von neun Stück Federvieh war kein dummer Jungenstreich mehr. Eine ernste Standpauke vom alten Grafen, vier Wochen Stubenarrest und der dreimonatige Einzug der Kleinkaliberwaffe waren die Strafen für seinen Sohn. Willi erhielt eine strenge Rüge und von seinem Vater ein gewaltiges Donnerwetter, einen Jagdhieb ins Genick und dazu noch ein halbes Jahr Jagdsperre. Letzteres erwies sich als das Schlimmste!

Kaum das diese Missetat überstanden und in Vergessenheit geriet, passierte bereits ein anderes Malheur. Georg Günther durfte seinen ersten Rehbock schießen. Hierzu sollte Förster Schmidt den jungen Grafen führen. Ein guter Abschußbock war schnell gefunden. Nur mit dem Abschuß klappte es nicht sogleich. Immer stand der Bock ungünstig, oft zu weit weg. Als er dann einmal einigermaßen günstig kam, schoß der junge Graf glatt vorbei. Nach diesem Mißerfolg versuchten es der junge Graf und Willi auf eigene Faust, ohne Wissen des Gutsförsters.

Auf einer der Waldwiesen ästen ein junger Bock und ein Schmalreh. Der Bock, nichts besonderes, konnte also geschossen werden. Das Anpirschen nahm einige Zeit in Anspruch. Die Sonne war untergegangen, die Abenddämmerung nahm schnell zu. Willi, mit dem Fernglas in der Hand, pirschte im Schatten des Waldrandes immer hinter dem Grafensohn. Als sie auf etwa siebzig Gänge herangewaren, kurze Orientierung mit dem Glas und Willi zeigte auf den rechts stehenden Bock. Georg Günther zielte, setzte ab. Das Jagdfieber hatte ihn erfaßt. Wieder zielte er, dann endlich der Schuß. Das Stück brach im Feuer zusammen.

„Hurra Jochen, 'Weidmanns Heil'", schnell eilten die beiden zum Anschuß. Mit sauberem Blattschuß lag es in der Wiese, aber was war denn das? Vor ihnen lag nicht der Bock, sondern das Schmalreh! Bestürzung, Entsetzen und Ratlosigkeit erfaßte die beiden. Sie konnten es nicht fassen, was da passiert war, in der Schonzeit ein weibliches Stück Rehwild zu erlegen. Nun war guter Rat teuer, eine Lösung mußte her. Da sie damit rechnen mußten, daß der Schuß gehört wurde, kam Willi auf den Gedanken, aus dem Schmalreh einen Bock zu machen.

Alles weitere ist schnell geschildert. Aufgebrochen, zum Gut geschafft, unbemerkt das Haupt abgesägt, davon die Decke abgeschärft, dann heimlich ein schwaches nicht aufgesetztes Gehörn aus der vorjährigen Trophäensammlung des alten Grafen herausgesucht, und die Verwandlung konnte beginnen. Dieses Gehörn wurde in einen Topf mit der abgeschärften Decke hineingelegt und in der Futterküche kurz aufgekocht, anschließend das Stück Rehdecke dem Schweinefutter beigemischt. Als letztes übergab man den "Bock" der Gutsköchin zur weiteren Verwertung.

Mit ziemlichem Herzklopfen machte "Jochen" am nächsten Morgen seinem Vater die Mitteilung über den erlegten Bock. Alles klappte, der Graf zeigte sich erfreut über den ersten Jagderfolg seines Sohnes.
Einige Tage später, als Förster Schmidt sich das Gehörn ansah, drehte und wendete er es mehrfach hin und her, schüttelte seinen Kopf und murmelte in seinen langen, weißen Bart: „Ist ja sonderbar, der kommt mir irgendwie bekannt vor", wobei er seinen Sohn und Graf Jochen eigenartig anschaute.

Nach der Gärtnerlehre durfte Onkel Willi noch eine Forstausbildung mitmachen, da er doch lieber Förster werden wollte. Von 1909 bis 1911 erfüllte er seine Militärdienstpflicht beim Jäger-Bataillon und war anschließend als Hilfsförster in einer Privatforstverwaltung tätig.

Der Erste Weltkrieg brachte für Ostpreußen und seine Bevölkerung viel Leid. Die russischen Armeen (1. Armee General Rennenkampf, 2. Armee General Samsonow) fielen in Ostpreußen ein, raubten, plünderten und brandschatzten, bis sie in der Schlacht von Tannenberg vernichtend geschlagen und vertrieben wurden. An diesem Sieg war auch das Jägerbataillon meines Onkels beteiligt. Mit dieser Einheit machte er den weiteren Feldzug mit. Nach einer Verwundung kam er Ende 1916 zur Kriegshundeschule Hubertville in Frankreich. Diese Hundeausbildungsschule leitete Leutnant Franz Mueller, der im Zivilberuf Forstmeister, ein großer Hundekenner, Züchter und Hundeführer war. Aus der gesamten deutschen Armee zog man damals geeignete Förster, Hundezuchtwarte, Veterinäre, also Männer mit "Hundeverstand", zusammen, um die Ausbildung von Meldehunden vorzunehmen. Das erwies sich als dringend notwendig, da die Verluste der Melder enorm hoch waren. Jeder Hund, in der Hauptsache waren es Deutsche Schäferhunde, bekam zwei "Führer", die sich ganz speziell mit ihm befaßten. Alle Kriegssituationen wurden geübt und dabei die Anhänglichkeit und Treue des

Hundes zu seinen Führern erworben. Mit solchen ausgebildeten Hunden wurden auch bei Trommelfeuer, wenn alle Telefonleitungen zerschossen waren, wichtige Meldungen übermittelt. Im Jahr 1917 interessierte sich sogar der Deutsche Kaiser für die Kriegshundeschule und inspizierte sie. Danach bekam Onkel Willi Urlaub und nahm seine beiden treuen Hunde mit Namen "Cognac" und "Mucki" nach Ostpreußen mit.

Ein weiteres Kriegserlebnis war, daß eines Tages ein Doppeldecker nicht weit von der Hundeschule landete, Onkels alter Jugendfreund Graf Jochen als Fliegerleutnant ausstieg und ihn besuchte. Die Freude des Wiedersehens war riesengroß. Anschließend mußte unser Willi einen Rundflug mitmachen. Mit Bangen und Herzklopfen war er in das Flugzeug gestiegen und heilfroh, als Jochen wieder sicher auf der Wiese landete.
Gleich nach Kriegsende wurde Onkel Willi durch Vermittlung des jungen Grafen Leibjäger bei der alten Gräfin Mirbach in Sorquitten, Kreis Sensburg. 1920 heiratete Willi seine Cousine Elise Frenkel, die man in der Familie nur "Lieschen" nannte.
Der alte Förster Krosta ging in den wohlverdienten Ruhestand, und Graf Mirbach stellte Onkel Willi als Revierförster in Groß Stamm ein. Zur damaligen Zeit waren in der großen Gräflichen Mirbachschen Forstverwaltung, die später in Besitz des Freiherrn v. Paleske überging, außerdem noch die Förster Bärwald, Karl und Wilhelm Krosta, Kurzbach, Pallach, Weit und Zach tätig.

Für Onkel Willi begann eine fünfundzwanzigjährige erfolgreiche forstliche Tätigkeit mit vielen Höhepunkten, auch in der Jagd und im Angeln. Durch die Vertreibung aus Ostpreußen 1945 wurde ein zum Wohle des Waldes begonnenes Lebenswerk eines engagierten Försters jäh zerstört. Masuren, die engere Heimat, bot Einsamkeit, Stille, unendliche Wälder mit sehr guten Kiefernbeständen, sanften Hügeln mit Wacholder, wir sagten "Kaddik" dazu, mit

Heidekraut, Blaubeeren und je nach Jahreszeit typischer Heideflora. Tausende von kristallklaren Seen (3.300), oft waldumschlungen in der Weite der wechselvollen masurischen Landschaft zu finden, haben die ländliche Besiedelung besonders beinflußt. Die Form der Streusiedlung erkannte man überall neben Straßen- und Haufendörfern.
Groß Stamm war ein typisches, kleines masurisches Dorf. Von der Bahnstation Sorquitten über Lasken, welches dicht am Gehland-See lag, führte der Sandweg, insgesamt etwa sechs Kilometer, direkt ins Dorf. Die Försterei, aus roten Klinkern gemauert, sauber verfugt, bot genügend Platz, auch für die vielen Gäste, die jeden Sommer liebevoll von Tante Lieschen betreut wurden.

Da das Ehepaar kinderlos blieb, wurde Groß Stamm der geeignete Anlaufpunkt der zahlreichen Nichten, Neffen, Geschwister, Verschwägerten, kurz gesagt unserer ganzen Familie.
Ein besonderer Anziehungspunkt stellte der sehr fischreiche Gehland-See dar. Dieser See, bei Sorquitten beginnend, etwa sechs Kilometer lang und einen Kilometer breit, hatte eine Tiefe von dreißig Metern. Im See befand sich eine kleine, bewaldete Insel, die "Kräheninsel". Das Gewässer war ein wahres Anglerparadies. Onkel Willi, ein passionierter Jäger und außerdem noch ein leidenschaftlicher Angler, fühlte sich sehr wohl in Groß Stamm. Vom Morgengrauen bis spät zum Abend konnte er von seinem Boot aus in der Hauptsache auf Barsche und Hechte angeln. Oft begleitete ihn sein Angelfreund Wilhelm Korpus. Sie angelten an den "Barschbergen", das sind nur etwa zwei bis drei Meter tiefe, mit Laichkraut, Hornkraut und Wasserpest bewachsene Stellen des Sees. Dort warf man vorsichtig den Anker aus, machte also das Boot fest. Mit der Senke wurden kleine Jungfische, "Mutschken" genannt, gefangen und dann als Anstecker verwandt. Die Hechtangel warf man mit entsprechendem Köder etwas weiter in den See. Pfeife oder auch mal eine Zigarre in Brand gesteckt und man war in seinem Element. Wenn der Barsch gut biß, konnte man gerade eine Handangel bedie-

Gehland-See und Umgebung

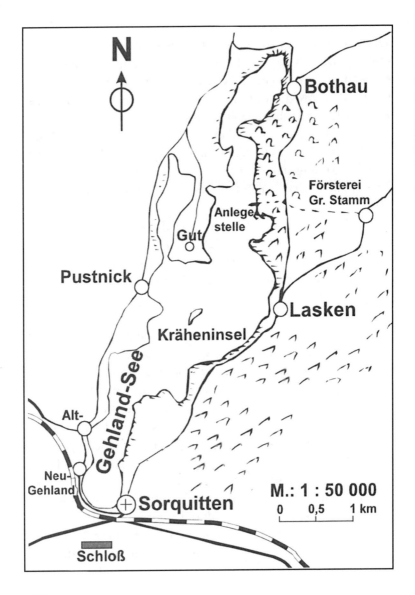

nen. Es gab Tage, an denen ein Angler etwa einhundert mittelgroße sowie einige bis zwei Pfund schwere Barsche fing. Als Krönung biß manchmal noch ein guter Hecht an. Den größten Hecht des Gehland-Sees angelte mein Onkel mit tatkräftiger Unterstützung seines Angelfreundes Gerhard Jakubzik Anfang der 30er Jahre. Es mußte wahrlich ein dramatisches, nervenaufreibendes Ereignis gewesen sein, der Fang dieses Urhechtes.
Als ich 1934 das erste Mal Onkel Willi vier Wochen lang in den Sommerferien besuchte, ich kann mich hieran noch gut erinnern, habe ich die Bilder und den Hechtkopf gesehen und die spannende Erzählung über den Fang des "Zwölfflaschenhechtes" gehört.

Es ereignete sich an einem schönen Sonntagmorgen im Monat Mai. Die beiden "Petrijünger", ausgerüstet mit ihren Angelutensilien, Proviant, genügend Tabakwaren, fuhren mit dem Auto wohlgelaunt zum Bootsliegeplatz, eine Wegstrecke von eineinhalb Kilometer. Onkel Willi immer in seiner jahrzehntealten Angelkleidung. Der ehemals grüne Lodenmantel nahm inzwischen schon eine mehr graue scheckige Farbe angenommen, sehr zerschlissen, oft geflickt und gestopft. Tante Lieschen weigerte sich kategorisch, dieses alte Kleidungsstück überhaupt nochmal in die Hand zu nehmen, da, wie sie meinte, sogar der Lumpensammler diesen "Lappen" nicht anfassen würde. So blieb meinem Onkel nichts anderes übrig, als den Mantel, wenn nötig, selbst zu flicken, was man auch recht deutlich erkennen konnte. Als Kopfbedeckung trug er an heißen Tagen einen grünen Strohhut, ansonsten einen alten, durchschwitzten Filzhut mit ehemals heller Hutkordel. Nur mit dieser Angelbekleidung, so behauptete unser Willi, hätte er beim Angeln Glück.

Am besagten Tage ruderten die beiden Petriejünger mit dem Boot leise zum Barschberg in die Nähe der Insel. Vorsichtig wurde der Anker ins Wasser gelassen, "Mutschken" mit der Senke gefangen und dann begann das Angeln. Die

Barsche zeigten recht guten Appetit. Einen mittelgroßen Barsch befestigte Onkel Willi an seiner Hechtangel und warf sie weit heraus zum tiefen Wasser hin. Inzwischen wurde es heller. Die Sonne stieg langsam empor und in den Buchten lösten sich die Nebelschwaden auf. Ein leichter milder Hauch wehte über den See. Auf der Insel und im Rohrdickicht ertönte der immer lauter werdende, vielstimmige Gesang der Vögel - ein herrlicher Maientag.
Die beiden Angler waren ganz in ihrem Element. Jeder hatte schon ein halbes Dutzend bratfähiger Barsche geangelt, da plötzlich ein wildes Tanzen der großen Hechtpose, dann schwupp und weg war sie. Knapp einen halben Meter unter Wasser zog sie langsam dahin und verharrte ein paar Meter weiter. Ein Hecht hatte auf den Köderfisch gebissen. Ruhig legte Onkel Willi seine Handangel zur Seite, stand auf, nahm die Hechtangel in die Hand, wartete routinemäßig einen Augenblick, dann setzte er den Anschlag. Aber was war das? Die Angel saß fest, als wäre sie an einem Unterwasserhindernis angehakt. Im nächsten Augenblick folgte ein schnelles, kraftvolles Anziehen, eine gewaltige Flucht zum tiefen Wasser hin. Die Angel wurde ihm fast aus der Hand gerissen. Nur mit Mühe konnte er genügend Schnur nachgeben. Große Aufregung im Kahn, Gerhard zog nun auch seine Angel ein, lichtete den Anker, nahm ein Ruder und ruderte vom Barschberg weg ins tiefe Wasser. Inzwischen hatte der Hecht fast die ganze Schnur von der Rolle gezogen. Der Kampf wurde immer hektischer. Mal lange, mal kurze Fluchten, mal tief, mal flach sauste der Hecht durch den See. Der Angelstock bog sich bis ins Wasser, die Schnur stramm bis kurz vorm zerreißen, so heftig zog der Hecht an der Angel. Willis Angelfreund konnte nur unterstützend das Boot lenken und mitdirigieren. Onkel Willi, schweißtriefend, hatte viel Mühe, die Angelschnur wieder einzurollen und bei Fluchten des Hechtes entsprechend nachzugeben. Es war ein dauerndes Hin und Her. Wie lange dieser Kampf wirklich gedauerte, vermochte nachher keiner zu sagen. Endlich wurden die Fluchten kürzer und schwächer.

Langsam drillte Willi den Fisch zum Kahn. Da bekamen sie den Riesenhecht erstmals zu Gesicht und waren vor Schreck fast gelähmt. Der Hecht unternahm noch eine verzweifelte Flucht, um unter das Boot zu kommen, aber glücklicherweise konnten sie das verhindern. Der Kescher erwies sich für diesen Hecht als viel zu klein. Endlich, beim dritten Versuch, schafften sie es mit Hilfe eines Gaffs (Fischhaken) und landeten ihn ins Boot. Dort sprang und schlug er wild umher, bis ihn Onkel Willi weidgerecht mit seinem Nicker abfing. Erschöpft, mit noch lange zitternden Knien, schauten die beiden Petriejünger auf dieses Urtier. Dann holten sie die kleine Brustflasche aus dem Rucksack, jeder nahm einen kräftigen Schluck, später eine Zigarre in Brand gesteckt und gleich kam ein erhabenes Gefühl, verbunden mit der nervlichen Entspannung, auf. Nach einer Pause und immer wieder ungläubigem Hinschauen sowie dem Leeren der Brustflasche, wurde der Heimweg angetreten.

Tante Lieschen staunte mächtig, als ihr Mann mit Unterstützung seines Angelfreundes den Hecht auf den Küchentisch legte, er paßte kaum darauf!
Nun sollte das Gewicht festgestellt werden. Da die Dezimalwaage nicht in Ordnung war, wurde die Küchenwaage, eine Tarierwaage, genommen. Auf die Seite packte man Eisengewichte, bis die andere Seite mit der Nase in gleicher Höhe pendelte. Ein einfaches Prinzip, nur in diesem Falle reichten die vorhandenen Gewichte nicht aus. 10,350 Kilogramm legten sie schon auf die Waage, aber der Hecht war schwerer. Was nun? Willi sah eine Bierflasche und kam auf den Gedanken, diese als Zusatzgewicht zu verwenden. Also alles runter von der Küchenwaage und zuerst das Gewicht der Bierflasche festgestellt. Sie wog rund dreihundert Gramm. Mit einer Schnur wurden immer zwei Bierflaschen zusammengebunden und an die Tafelwaage gehängt. Eine sehr aufwendige und komplizierte Wiegemethode. Nachdem zwölf Bierflaschen angehängt waren, kam die Waage ins Gleichgewicht.

Der Hecht wog rund 28 Pfund (13,950 kg)! In Anglerkreisen sprach man später mit gewisser Ehrfurcht und Hochachtung vom "Zwölfflaschenhecht".

Natürlich sprach sich dieser sagenhafte Fang im Dorf schnell herum und viele kamen, um sich den "Kapitalen" anzusehen. Bald waren Bier und Schnaps leergetrunken und es mußte Nachschub geholt werden. Haumeister Bogunski holte schnell einige Flaschen vom Ausschank Heinrich, genannt Kaffee "Rosa", weil seine Frau Rosa, wohlbeleibt, den Ausschank erledigte. Es wurde noch ein feuchtfröhlicher Tag mit anschließendem Dauerskat. Onkel Willi spielte leidenschaftlich Skat, und wenn mal der dritte Mann fehlte, dann wurde der Haumeister, mit dem vereinbarten Stichwort "Beim Förster kalbt die Kuh", gerufen. Da dieses öfter vorkam, fragte einmal Frau Bogunski mißtrauisch: „Wieviel Kühe hat denn unser Förster?"

Die Försterei Groß Stamm hatte immer eine offene gastliche Tür. Neben der zahlreichen Förstergilde aus der Umgebung kamen häufig Mühlenbesitzer Kurz aus Sensburg, der Administrator Hesselbarth, Gottlieb Jakubzig, der öfter seinen Sohn Ulrich mitbrachte, um nur einige zu nennen.

In den Jahren 1934 bis 1936 verbrachte ich jeweils meine Sommerferien in Groß Stamm. Die erste Ferienreise hatte ich dorthin alleine unternommen und zwar in zwei Etappen. Erste Strecke: Allenburg bis Bartenstein, in Allenburg nahm mich Onkel Fritz, von Beruf Lokomotivführer, der die Strecke Bartenstein - Wehlau täglich fuhr, in Empfang und brachte mich nach Bartenstein. Dort übernachtete ich und am nächsten Tag vertraute Onkel Fritz mich seinen Reichsbahnkollegen an, die mich bis Sorquitten weiterleiteten. Zu später Stunde nahm mich mein Onkel in Empfang und mit dem Einspänner trabte "Liesel" den Sandweg nach Groß Stamm.

Die Ferien habe ich als eine sehr schöne Zeit in Erinnerung. Fast täglich ruderten wir auf dem Gehland-See, angelten und badeten. Meinen ersten Hecht, etwa drei Pfund schwer, angelte ich alleine. Ich war sehr stolz darüber. Tante Lieschen hatte immer viel Arbeit mit den Fischmahlzeiten und es gab sehr oft Fisch. In guter Erinnerung sind mir noch die vielen Walderdbeeren und Pfifferlinge. Körbeweise sammelte man sie und bereicherte den Speiseplan.

An einem Sonntagmorgen trafen sich einige Jagdfreunde an der Försterei zum Auftakt der Entenjagd. Ich durfte mit. Einige Wasserlöcher und Teiche umstellten sie vorsichtig und dann begannen die Hunde im Schilf zu stöbern. Etwa zwanzig Enten erlegten die Weidmänner. Zufrieden marschierten sie ins Kaffee "Rosa". Bier und Schnaps gab es reichlich, auch ich bekam eine Flasche Dunkelbier, nippelte noch ein paar Mal an Onkels Schnapsglas und war das zweite Mal in meinem Leben betrunken.
Beim ersten Mal war Onkel Willi auch nicht ganz schuldlos. Dieses geschah im Oktober 1931 anläßlich der Goldenen Hochzeit meiner Großeltern. Ein Ballon mit Johannisbeerwein stand oben in der Kammer. Mit einem Schlauch wurde der Wein von Onkel Willi angesogen und in die Gefäße gefüllt. Neugierig sah ich zu und durfte es dann auch ausprobieren. Heimlich sog ich nochmals an dem Schlauch und war anschließend, zum Entsetzen meiner Mutter, betrunken.
Diesmal machte Tante Lieschen ihrem Mann ebenfalls Vorhaltungen, die aber mein Onkel mit den Worten „Besoffensein vergeht, Dummheit aber bleibt" abtat.

Ein weiteres Erlebnis ereignete sich während der Getreideernte. Mit dem Leiterwagen fuhren wir zum Roggenschlag. Onkel Willi hatte seine Schonzeitbüchse mit, plötzlich stand ein langgesuchter, alter, knuffiger Bock um die Mittagszeit am Waldrand und äugte vertraut auf das etwa vierzig Schritte von ihm vorbeifahrende Pferdefuhrwerk. Onkel Willi griff schnell zur Büchse und visierte den Bock an. Im Knall brach dieser zusammen. Die Kugel saß genau auf dem Träger.

Nicht weit, in Onkels Revier, befand sich ein kleines aus Mauerziegeln gebautes "Jagdschlößchen". Zur Eingangstür mußte man durch die überdachte Veranda. Zwei Räume, Schlaf- und Aufenthaltsraum, mit Feuerstelle - alles rustikal eingerichtet, waren vorhanden. Hier hielten sich oft Jagdgäste auf, aber auch Onkel Willi ließ dort manchen erfolgreichen Jagdtag im Kreise seiner Jagdkollegen fröhlich ausklingen. Einmal war mein Onkel mit seinem Haumeister noch gegen Abend in der Nähe des "Jagdschlößchens" unterwegs, als unverhofft der langgesuchte Keiler, ein sagenhafter "Urian", auf etwa dreißig Schritte über die Schneise wechselte. Blitzschnell angebackt und die Kugel 9,3 x 72 R ließ den Keiler im Feuer zusammenbrechen. Hocherfreut eilten beide zu dem Hauptschwein. So ein Weidmannsheil war einmalig!

Haumeister Bogunski trabte sogleich zur Försterei, um das Gespann und kräftige Männer zu holen, denn die Nacht brach an. Onkel Willi steckte sich gerade eine Zigarre an, wollte die "Totenwacht" halten und anschließend aufbrechen, als sich der Keiler plötzlich regte, auf die Läufe kam und in der Dickung auf Nimmerwiedersehen verschwand. Überrascht, vom Schreck regungslos und zu weiterer Reaktion unfähig, starrte mein Onkel hinterher. Der Keiler war nur gekrellt und deshalb eine Weile bewegungslos. Im "Jagdschlößchen" wurde das einmalige Pech vergessen gemacht ...

In den Anfangsjahren hatte Förster Willi sein Revier zu Fuß, mit dem Fahrrad oder mit dem Einspänner kontrolliert und verwaltet. Später schaffte er sich ein kleines "Sachs-Motorrad" an und war somit schneller und beweglicher. Mit wehendem Lodenmantel, grünem Jagdhut und Gewehr über dem Rücken, so kannte man ihn in Sorquitten und Umgebung.

Ich glaube, es war 1936. In jenem Jahr besuchte ich mit Bruder Fritz in den Sommerferien meinen Onkel. Wie üblich wurde viel geangelt. Ich durfte schon selbständig mit meinem Bruder auf den See, da wir beide schwimmen konnten und ich sogar schon Fahrtenschwimmer war. An einem Tag, wir waren ein Stück hinter der Halbinsel, kam plötzlich ein Gewittersturm auf. Schnelle, kurze Wellen mit Schaumköpfen schlugen an den Angelkahn. Spritzer durchnäßten uns bald. Ich hatte große Mühe das Boot zu rudern. Bei der Wende an der Halbinsel wäre es beinahe passiert. Mit viel Glück konnten wir das Boot vor dem Kentern bewahren. Danach ging es mit Wind und Wellen recht zügig zu unserer Angelegestelle. Wir waren froh, wieder festen Boden unter den Füßen zu haben.
Am letzten Ferientag fuhren wir nochmals zur "Birke" hinaus. Ein großer Birkenstamm mit seiner Krone lag gleich hinter dem Rohrgürtel im See. Hier gab es immer große Barsche, aber auch oft Hechte. An jenem Tag angel-

ten wir drei Hechte so zwischen drei und fünf Pfund. Beim letzten Fisch passierte uns ein Mißgeschick. Der Kescher löste sich von der Stange und versank in den Fluten. Diesen Verlust verschwiegen wir unserem Onkel.

Januar 1945, die Flucht vor dem übermächtigen, grausam vorrückenden Feind begann. Über Rösel, wo Pferde und Wagen zurückbleiben mußten, dann zu Fuß oder mit Militärfahrzeugen nach Braunsberg. Anfang Februar trafen sie in der Försterei Rossen ein. Auf der ganzen Flucht bis später wieder nach Deutschland begleitete sie ihre treue Terrierhündin "Hexe". Gemeinsam mit dem Gespann meiner Eltern flüchteten sie über Alt-Passarge, dem Eis des "Frischen Haffes", die Nehrung entlang bis nach Danzig. Dort trennten sich ihre Wege. Not, Elend, Strapazen, endlich ein rettendes Schiff, das Onkel und Tante nach Dänemark brachte. Bis 1947 waren sie dort interniert. Cousine Meta Deutschmann holte sie später nach Eppenhain in den Taunus. Hier habe ich beide im Herbst 1948 aufgesucht. Da Onkel Willi noch keiner beruflichen Tätigkeit nachging, versuchte er sich überall nützlich zu machen. In dem Jahr gab es eine Buchenvollmast. Die Bucheckern wurden gesammelt und man konnte Speiseöl dafür eintauschen. In der damaligen Zeit etwas ganz besonderes.
Zusammen mit einem Schlosser hatte sich Onkel Willi eine Armbrust gebaut. Diese konnte man nur mit Hilfe eines Schraubstockes spannen. Mit Stahlbolzen schoß man auf fünfzig Meter sehr genau und erzielte dabei noch eine große Durchschlagskraft. Nur mußte man treffen, da die Bolzen knapp waren. Ich habe über diese Waffe gestaunt und durfte auch einen Schuß abgeben. Der Bolzen war kaum aus einem Pfahl herauszubekommen. Einiges Niederwild wurde auf diese Weise nach Jagdart unserer Vorfahren erlegt. Dies geschah aber heimlich.

Nach einiger Reviervertretungen, so wie im Forstrevier Schwallschied, Untertaunus, übernahm er von 1960 an die Verwaltung eines Privatwaldrevieres. Sie wohnten dann in

Walferode, Kreis Marburg. Hier ereignete sich eine kleine Geschichte, die den Schalck von Onkel Willi noch im Alter deutlich machte.

Hinter dem Ortsausgang besaßen die Nachbarn einen Obstgarten. Eines Tages sollte Onkel Willi für den Nachbarn und seine Frau Pflaumen zum Kuchenbacken holen. Nachdem er reichlich gepflückt hatte und sich auf dem Heimweg befand, hielt ein weißer VW-Käfer neben ihm. Eine Frau mittleren Alters stieg aus und fragte, ob sie etwa 3 Pfund von den schönen Pflaumen haben könnte. Natürlich könne sie, meinte der Onkel, nur eine Tüte müßte sie haben. Die elegante Dame holte aus dem Auto ein Einkaufsnetz und mit den herrlichen blauen Früchten gefüllt, reichte Onkel Willi es zurück. Als die Frau nun fragte, was sie zu zahlen hätte, antwortete er, daß das auf keinen Fall ginge, es würde sich nur strafverschärfend für ihn auswirken, denn er habe die Pflaumen ja geklaut! Erschreckt flüchtete die Dame ins Auto und hinterließ nur noch eine Staubwolke auf der ungeteerten Straße. Onkel Willi fügte dieser Geschichte noch eine Bemerkung an: „Die haute so schnell mit den Pflaumen ab, als wären sie ihr schon vor dem Essen auf den Magen geschlagen!"

Nach Ausscheiden aus Altersgründen lebte er mit seiner Frau in Wolferode bis er im Januar 1967 starb. Seine Jagdfreunde bliesen ihm das letzte "Jagd vorbei" und "Halali". Tante Lieschen lebte noch bis 1983. Beide ruhen jetzt weit von ihrer Heimat entfernt auf dem Friedhof in Wolferode.

Fuchsjagd

Meinen Vater in den Wald und auf die Jagd begleiten zu dürfen, war für mich immer ein Erlebnis. Alles andere erschien unwichtig, einfach Nebensache. So lernte ich von frühester Jugend an viele Tätigkeiten, wie Wildfütterung, Fallen stellen und kontrollieren, Fuchsdrücken, Mithelfen bei der Hundeabrichtung, Fährten und Spuren lesen, Schießen auf Scheibe mit dem Tesching und vieles mehr. Als ich mit siebzehn Jahren meinen ersten Jugendjagdschein bekam, konnte ich meinen Jagdeifer kaum bremsen. Jede sich bietende jagdliche Möglichkeit wurde wahrgenommen. Im Winterhalbjahr war die Jagd auf den Fuchs eine interessante, aber auch ökonomische Sache, denn der Fuchsbalg stand hoch im Kurs. Nach den ersten Frösten, in Ostpreußen oft schon im Oktober, wurde die Jagdsaison auf den Fuchs eröffnet. Zuerst fanden kleine Drückjagden statt. Vater stellte mich und sich selbst an einem Fuchspaß bzw. Wechsel ab und ließ von ein bis zwei Treibern mit unserem Kurzhaarteckel die Brücher, Schilfpartien und Dickungen, wo sich meistens Füchse aufhielten, langsam und relativ leise durchdrücken. Bei der ersten Jagd dieser Art in der Jagdsaison hatten wir immer Erfolg und schossen ein, zwei manchmal sogar drei Füchse. Auf diese Weise habe ich auch meinen ersten Fuchs erlegt. Aus einem Erlenbruch heraus hatte ich ihn schon rechtzeitig bemerkt. Er hielt seinen Paß durch Gras und Schilf und schnürte auf etwa zwanzig Schritt an mir vorbei. Die ganze Zeit hielt ich mein Gewehr im Anschlag und zielend richtete ich das Korn immer auf den Fuchs. Das Jagdfieber machte sich bei mir recht stark bemerkbar. Ich bekam Herzklopfen, ich spürte die Halsschlagader sehr deutlich, Schweiß stand auf der Stirn, die Hände wurden feucht, meine Arme immer schwerer. Durch eine grasfreie Stelle sah ich den Fuchs in ganzer Breite - der richtige Augenblick, ein Druck des rechten Zeigefingers, der Schrotschuß brach, mein Fuchs sackte wie vom Blitz getroffen auf der Stelle zusammen, wobei die Lunte noch einmal zuckte. Er hatte den Knall nicht mehr wahrgenommen. Nach dem Treiben präsentierte ich Vater sehr stolz meinen ersten erlegten Fuchs.

Im Revier meines Vaters gab es mehrere Fuchsbaue. Ein Hauptbau befand sich in der Nähe der Eisenbahnstrecke Braunsberg - Heiligenbeil beim Vorwerk Helenenhof. Er hatte acht bis neun Röhren, die einige armstarke, schlanke, weiße Birken umstanden. Dieser Fuchsbau war Ziel unserer nächsten Jagd.

Am geplanten Sonntagmorgen zogen mein Vater und ich mit unserer Kurzhaarteckelhündin "Tula" in Richtung des großen Mutterbaus. Das Wetter bot schon einige Tage anhaltenden Frost, -5 bis -10° C, aber wenig Schnee, nur zwei bis drei Zentimeter, zum Abspüren leider etwas wenig. Nach vorsichtigem Überprüfen der Röhren war Vater der Meinung, daß ein Fuchs im Bau wäre. Er wies mich ein und stellte mich so ab, daß ich drei Röhren gut überblicken konnte. Etwa dreißig Schritte mir gegenüber nahm er seinen Stand ein und ließ Tula in den Bau. Zielstrebig schliefte sie ein. Wie aus der Ferne hörte ich sie Laut geben. Es mochten etwa zwei bis drei Minuten vergangen sein, als ich plötzlich ein Poltern genau in der Röhre, etwa zehn Schritte vor mir hörte und schon sprang der Fuchs. Ich sah das rote Tier, backte hastig die Flinte an und drückte zweimal schnell ab. Der Fuchs zeichnete sehr deutlich und rutschte schwerkrank wieder zurück in die Röhre. Ich war wie erstarrt. Dann hörte ich Vater rufen: „Hast du den Fuchs?" „Nein", antwortete ich, „er ist krank in die Röhre zurück". „Verflixter Bengel", brüllte jetzt mein Vater, „du bist ja richtig dämlich, und außerdem hast du mich noch angeschossen! Hast du denn keine Augen im Kopf?" Jetzt erst wurde mir bewußt, daß Vater genau in der Schußrichtung stand. Erschrocken, betroffen und hilflos stand ich da.

Einige Schrote waren von dem hart gefrorenen Boden abgeprallt und trafen meinen Vater. Er hatte einen Gehpelz an und trug lange Lederstiefel, dazwischen, also im Knie-

bereich, steckten drei Schrote unter der Haut. Schimpfend und sein Knie reibend kam Vater zu der Röhre und besah sich den Anschuß.
Tula hörten wir etwa vier bis fünf Meter tief in der Röhre den verendeten Fuchs würgen und schütteln. Alles Rufen und Locken nutzte nichts, sie apportierte den Fuchs nicht. Im Gegenteil, es hatte den Anschein, als wenn der Teckel den Fuchs noch weiter in den Bau zerrte. Nach einer Weile kam der Hund aus dem Bau und wurde festgemacht.
Jetzt gab es nur noch eine Lösung, es mußte gegraben werden. Vater ließ mich zum Vorwerk Helenenhof eilen, um Pikhacke, Spaten und Schaufel zu holen. Schweißtriefend schleppte ich die Grabegeräte heran.
Inzwischen hatte mein Vater einen etwa fünf Meter langen Weidenstock abgeschnitten. Mit Hilfe dieses Stockes konnte man den Verlauf der Röhre und die Einschlagstelle besser bestimmen.
Ich durfte dann den Einschlag durchführen. Der Boden, etwa zwanzig Zentimeter hart gefroren und ziemlich fester Lehm, war schwer zu graben. Nur mühsam mit der Pikhacke, Schlag auf Schlag, quälte ich mich durch den Frostboden. Endlich konnte ich mit dem Spaten weiterarbeiten. Ein etwa ein Meter tiefes und zwei Meter breites Loch mußte ich graben, bis ich auf die Röhre traf. Den Fuchs konnte ich aber noch nicht erreichen. Mit der Weidenrute spürte man ihn. Aber es fehlte noch ein Meter. Also mußte ich den Einschlag erweitern. Das war ein hartes Stück Arbeit. Vater half nicht. Ich mußte alles alleine machen. Endlich konnte ich den Fuchs fassen und herausziehen. Ich war sehr froh darüber.
Vater wünschte mir kein "Weidmanns Heil", nur recht grimmig sagte er, daß ich den Einschlag wieder zumachen, die Geräte wegbringen und mit dem Fuchs nach Hause kommen solle. Er ging dann mit dem Teckel in Richtung unseres Dorfes Rossen.
Mit letzter Kraft schaufelte ich das große Loch wieder zu, brachte die Geräte weg, steckte den Fuchs in den Rucksack und ging langsam, müde, kaputt, mit Blasen an den

Händen und sehr hungrig nach Hause. Es wurde schon dunkel, als ich daheim ankam. Meine Mutter hatte inzwischen Vater "operiert" und mit Hilfe von Nadel und Pinzette die Schrote herausgepuhlt.

Mein leichtfertiges und übereiltes Schießen ist mir in meinem weiteren Jägerleben immer gegenwärtig geblieben.

Oberförster i. R. Höppe

Anfang Dezember 1941 wurde durch das zuständige Forstamt Preußisch Eylau eine Treibjagd im Revier Rossen bei Braunsberg festgelegt. Mein Vater als zuständiger Förster sollte die Jagd vorbereiten und durchführen. Fünfzehn Jäger, Forstkollegen und Weidmänner aus der näheren Umgebung waren eingeladen und ich durfte siebzehnjährig meine erste Hasenjagd als Jäger mitmachen.
In meiner bisherigen Jagdpraxis hatte ich schon einige Hasen, Enten, Füchse und auch Rehwild erlegt, aber an einer Gesellschaftsjagd bisher nur als Treiber teilgenommen. Deshalb war meine freudige Erregung und Spannung auf diesen Tag verständlich. Meine Hahndoppelflinte Kal. 12, ein Erbstück von meinem Großvater, brachte ich vorher auf Hochglanz, wobei Ballistol gute Dienste leistete.

Am besagten Tag stand ich schon in aller Frühe auf, um mich jagdfertig zu machen. Das Wetter einfach ideal, ein paar Zentimeter Schnee und leichter Frost. Meine Eltern und ich saßen noch beim Frühstück, denn bis zum Jagdbeginn blieb noch gut eine Stunde Zeit, da klopfte es und der erste Jäger erschien. Es war Oberförster Höppe. Dieser rüstige, vitale, zähe, von Statur etwas kleine, untersetzte Herr, 90 Jahre alt, hatte mit seinem Fahrrad die etwa fünf Kilometer von Braunsberg nach Rossen schon zurückgelegt.

Oberförster Höppe, seit über 20 Jahren im Ruhestand, bewohnte in Braunsberg eine kleine Wohnung. Nach dem Tod seiner Frau, führte eine Haushälterin, etwa Mitte dreißig, seine Wirtschaft. Etwa zehn Jahre zuvor, Herr Höppe bereits damals achzigjährig, bekam seine Haushälterin ein Kind. Beim Jugendamt zweifelten die zuständigen Beamten an der Vaterschaft des alten Oberförsters, worauf er mit den Worten: „Meine Herren, trauen Sie mir das nicht zu?" seine Anerkennung erwirkte.

Oberförster Höppe wurde in Vaters Arbeitszimmer plaziert, erhielt eine Tasse heißen Kaffee und zum Aufwärmen noch einen Doppelten vom "Zielwasser". Nach und nach trafen die weiteren Jagdgäste ein. Die Treiber versammelten sich vor der Försterei, dem vormaligen Gutshaus des Baron v. Brandt. Als der Hasenwagen, gestellt von unserem Nachbarn Bauer Schulz, erschien, war alles vollzählig und die Jagd konnte beginnen.
Es ertönte das Jagdsignal "Begrüßung", dann eine kurze Ansprache durch den Leiter des Forstamtes, Oberförster Wohlfromm, der die weitere Durchführung der Jagd meinem Vater übergab.

In Richtung Haffwiesen und Büsterwalde wurde der erste Kessel ausgelaufen. In gleichmäßigen Abständen setzten sich von der Ablaufstelle immer ein Treiber, ein zweiter Treiber, dann ein Jäger in Bewegung. Die Führer des linken und rechten Flügels waren an Hand einer Ablaufskizze und an markanten Punkten im Gelände eingewiesen, so daß es bei der gleichmäßigen Kesselbildung keine Schwierigkeiten gab. Durch Auslosung wurde ich der rechten Gruppe zugeteilt. Meinem Vordermann lief ich am halben Hang hinterher. Der linke Flügel ging durch die Haffwiesen. In den Wiesen lagen etliche Hasen: Schüsse fielen, die ersten Hasen roulierten und wurden von den Treibern mitgenommen.
Der Kessel hatte sich inzwischen geschlossen. Die Bläser übermittelten und dirigierten mit den Signalen: "Das Ganze", dann "Langsam Treiben" die Beteiligten. Nun gingen die Treiber mit lautem: "Has hopp", "Has hopp" und Klappern voran, auch die Jäger näherten sich langsam dem Mittelpunkt des Kessels. Ich sah, daß viele Hasen hangaufwärts in meine Richtung flüchteten, um hier die Treiber- und Schützenwehr zu durchbrechen. Mein rechter Nachbarjäger stellte seinen ersten Hasen auf den Kopf. Bei mir kam ein weiterer Hase hochflüchtig spitz von vorn. Ich schoß ein-, zweimal, aber jedesmal überschoß ich den Hasen. Auf etwa zehn Meter flitzte er an mir vorbei aus

dem Kessel. Ihm folgte der zweite breit auf etwa dreißig Schritt, wieder riß ich Funken, zu kurz, gut einen Meter hinter dem Hasen sah man die Schrotgarbe im Schnee aufstauben. Mein linker Nachbar ließ ihn vorschriftsmäßig "Radschlagen".
Inzwischen verringerten sich die Abstände zwischen Treibern und Jägern weiter. Die Bläser bliesen "Treiber rein". Darauf gingen die Treiber langsam weiter zur Mitte, wir Jäger blieben stehen und schossen jetzt nur nach außen. Hier und da versuchte ein Hase, der Haken um Haken schlug, die johlende und Knüppel schwingende Treiberschar zu durchbrechen, um dann durch die Schützenkette zu gelangen. So ein gehetzter Hase erschien bei mir auf gute Schußentfernung. Mit dem zweiten Schuß traf ich ihn leider nur hinten, ein Lauf schlenkerte. Der Nachbarschütze brachte ihn mit voller Schrotgarbe zur Strecke, Pech gehabt, der tödliche Schuß zählte.
"Hahn in Ruh", das Treiben war beendet. Dreizehn Hasen erlegte man im ersten Kessel und schrieb sie den Erlegern gut. Ich war deprimiert über meine Schußleistung, mein Selbstbewußtsein litt natürlich etwas, sechs Schuß und kein Hase.

Das zweite Treiben wurde in Richtung Alt Passarge ausgelaufen, zum Kessel gehörte ein großer Teil der Haffwiesen mit einigen Gräben und Zäunen. Das Eis auf den Wasserflächen hielt, so daß es keine Schwierigkeiten für Treiber und Jäger gab. Mein Flügel lief diesmal links den Kessel aus. Wieder hatte ich die günstigste Seite - leichter Hang zum Wald hin. Die Hasen lagen bei diesem Wetter locker und waren schon zeitig auf den Läufen. Wieder kam mir ein Hase spitz von vorn entgegen und ein paar Meter dahinter gleich der nächste. Ich schoß auf den ersten zweimal, der daraufhin richtig schnell und klein wurde, aber gesund aus dem Kessel entkam, gefolgt vom unbeschossenen zweiten. Vor Aufregung bekam ich meine Waffe nicht schnell genug geladen, inzwischen nährte sich schon der nächste Hase und passierte den Kessel ungeschoren. Es war zum Verzweifeln.

Ein weiterer Hase versuchte auszubrechen, wurde vom Nachbarschützen krankgeschossen und wollte bei mir durch. Mein zweiter Schuß traf schließlich. Ein erster Teilerfolg. Das Treiben war zu Ende - auf der Strecke lagen diesmal zehn Hasen und ein Fuchs. Ich konnte meinen ersten Hasen in die Abschußliste eintragen lassen. Nun ja, aller Anfang ist schwer.

Oberförster Höppe hatte schon zwei Hasen zur Strecke gebracht. Er brauchte mit den Flügeln nicht mitlaufen, blieb in der Nähe des Ablaufpunktes, so daß er nur kurze Strecken gehen mußte. Als mein Vater ihm anbot, bis zum nächsten Ablaufpunkt mit dem Hasenwagen zu fahren, war er darüber sogar entrüstet und sagte: „Erst wenn ich hundert Jahre alt bin, nehme ich das an!"

Im dritten Kesseltreiben in Richtung Braunsberg erschienen bei mir zwei Hasen, aber immer etwas weit entfernt, ich versuchte zu treffen, aber ohne Erfolg. Meine Nachbarjäger dagegen erlegten diese "Langlöffel". Plötzlich, ganz dicht vor mir ein Hase, der aus seiner Sasse herausrutschte, ich hastig angebackt - zweimal den Abzug der

Flinte betätigt - wieder vorbei, es war wie verhext. Das Signal "Treiber rein" ertönte, der weitere Ablauf glich dem im ersten Treiben. Dann wurde Strecke gelegt - man zählte elf Hasen.

In Gruppen standen Jäger und Treiber, schauten dem Verladen des Wildes zu, diskutierten, einige griffen in die Jagdtasche und holten ihr zweites Frühstück hervor, andere wiederum erwärmten sich am heißen Tee mit viel Rum. Langsam setzte sich die ganze Jagdgesellschaft zum nächsten Treiben in Bewegung. Es wurde das Gebiet in Richtung Vorwerk Helenenhof bis zur Bahnstrecke Braunsberg - Heiligenbeil bejagd. Hier passierte mir ein böses Mißgeschick.

Kurz vor dem Signal "Treiber rein" hoppelte auf gute Schußentfernung ein Hase, den ich krank schoß und den mein rechter Nachbar dann roulieren ließ. Beim schnellen Nachladen sah ich links von mir einen "Mümmelmann" flüchtig ankommen. Vor lauter Eifer überhörte ich das Signal "Treiber rein", schoß den Hasen kurz vor der Treiberwehr. Er schlug "Rad" und verendete fast vor den Füßen von Oberförster Wohlfromm. Im selben Augenblick hörte ich meinen Vater brüllen. Jetzt erst merkte ich, was ich angerichtet hatte und wie leichtsinnig ich war.

Als Strafe mußte ich im nächsten Treiben - einem Vorstehtreiben - beginnend hinter der Bahnstrecke in Richtung Radau - mit den Treibern mitlaufen und durfte nur nach hinten schießen. Auf dem leichten Boden um Rossen herum wurden jährlich einige Hektar mit Kiefern aufgeforstet. In den ein-, zwei- und dreijährigen Kiefernkulturen hielten sich immer viele Hasen auf. Ich hatte guten Anlauf, mehrere Hasen brachen nach hinten aus. Hätte ich damals besser geschossen, wäre meine Strecke gewiß größer gewesen. Auch stand mein Munitionsverbrauch in keinem Verhältnis zum Ergebnis. So tröstete ich mich damit, daß ja einige Hasen überleben mußten, um den Bestand zu sichern. Immerhin brachte das Vorstehtreiben eine Strecke von zwölf Hasen und einen Fuchs.

Im siebenten und letzten Treiben, bei Gerlachsdorf, gab es nochmals reichlich Hasen. Ich hatte Anlauf, löste mich, aber wieder ohne Erfolg.
Schließlich ging es zurück nach Rossen. Vor der Försterei legte und verblies man die Strecke - siebenundsechzig Hasen und zwei Füchse, eine gute Jagd. Jagdkönig mit acht Hasen und einem Fuchs wurde Oberförster Wohlfromm. Oberförster Höppe erlegte vier Hasen, auch meine vier Hasen notierte man in der Abschußliste. Anschließend fand das "Schüsseltreiben" und gemütliche Beisammensein in unserer großen Diele, in der Tische, Stühle und Bänke aufgestellt waren, statt. Die Jagd wertete man in bewährter Weise auf feuchtfröhliche Art aus. Zu später Stunde rüstete man zum allgemeinen Aufbruch. Oberförster Höppe fuhr im Auto mit, sein Fahrrad brachte am nächsten Tag der Milchwagen nach Braunsberg.

Trotz einiger Widerlichkeiten muß ich sagen, daß meine erste Hasentreibjagd ein großes, lehrreiches Erlebnis für mich war. Bewundert und bestaunt wurde von allen Jagdteilnehmern der alte und noch erfolgreiche Oberförster Höppe. Dieser betagte Herr erlegte noch jährlich seinen Bock und auch weibliches Rehwild im Revier meines Vaters. Wahrlich eine große Ausnahme und Einmaligkeit unter den ostpreußischen Weidmännern.
Ich glaube, daß es nur selten auf einer Gesellschaftsjagd einen so großen Altersunterschied zwischen dem ältesten Jäger mit neunzig Jahren (geb. 22. Januar 1851) und dem jüngsten von siebzehn Jahren gegeben hat. Leider weiß ich nicht, wie es Oberförster Höppe weiter ergangen ist, da ich 1942 Soldat geworden bin und nach 1945 keine Verbindung zur Heimat und den Schicksalsgefährten mehr hatte.

31. Überreste der Försterei Plauen, 1994

32. Ehemaliges Gutshaus des Majors v. Weiß in Groß Plauen, 1994

33. Revierförsterei Wildhügel, Forstamt Pfeil, 1994

34. Stallgebäude des Forstamtes Pfeil, 1994

35. Revierförsterei Grabenwald, Forstamt Pfeil, 1994

36. Ehemalige Gaststätte "Tollkühn" im Waldwinkel, Kreis Labiau, 1994

37. Die Swine, Nebenfluß der Alle bei der ehemaligen Försterei Plauen

38. Verfasser im gut 70jährigen Winterlindenbestand des Plauer Waldes, 1994

39. Königsberger Dom, 1995

40. Vor der Försterei Regitten Bei Braunsberg
v. r.: Oberförster Andrzy Karlowitcz, Frau Zemto (Schwiegermutter), Ilse Mattke, Dania Karlowitcz, Autor

41. Im Arbeitszimmer von Forstdirektor Anatoli, Groß Baum (Krs. Labiau)

42. Ruine des Forstamtes Nassawen, ehemaliger Dienstsitz des Ofm. Walter Frevert

43. Ehemaliges Forstamt Warnen, Rominter Heide

44. Eingangstor von Trakehnen, 1996

45. Im Jagdzimmer bei Oberförster Ludwig Sliwka
v. l.: Ilse Mattke, Ludwig Sliwka, Manfred Breda, Waltraud Ukat

46. Ehemalige Mittelschule Heiligenbeil, 1996

47. Rominter Heide, Herbst 1996

"Der Oberkopf"

Der Winter 1940/41 begann mit leichtem Frost und etwas Schnee. Täglich mußte ich mit dem Fahrrad von Rossen über Grunau nach Heiligenbeil zur Schule fahren, gut zwölf Kilometer hin und auch wieder zurück; im Sommerhalbjahr kein Problem. Manchmal begleitete ich auf dem Heimweg meine Schulfreundin nach Waltersdorf und machte einen Umweg von etwa sieben Kilometern. Im Winter aber, bei Schnee, Eis, Kälte und eisigem Wind, war das Radfahren schon recht strapaziös. Wenn viel Schnee lag und das Fahrradfahren unmöglich wurde, lief ich mit Skiern über Gerlachsdorf parallel der Eisenbahnstrecke nach Heiligenbeil. Diese Tour war etwas kürzer, nur neun Kilometer - hin und zurück 18 Kilometer.
Mit sechzehn Jahren fühlt man sich schon erwachsen und da ich für mein Alter groß, kräftig, sportlich trainiert und sehr leistungsfähig war, auch gesundheitlich keine Probleme hatte, machten mir diese Strapazen nichts aus.

Anfang Dezember, nachts hatte es geschneit, nicht viel, aber gut zum Abspüren. An jenem Tag vergingen mir die Unterrichtsstunden viel zu langsam. Ob Konrektor Link, die Lehrer Timm, Hardt oder die Lehrerinnen Lojewski, Ruhnau oder Kapinski Unterricht erteilten, weiß ich heute nicht mehr so genau, aber ich weiß, daß ich mich unaufmerksam und unkonzentriert verhielt. Ich dachte nur an die gute Jagdmöglichkeit. Endlich ging die letzte Stunde zu Ende. Im Sturmschritt rannte ich aus der Klasse, die Treppe hinunter, sprang aufs Fahrrad und raste mit Tempo nach Hause.
Ich nahm von Grunau aus den Weg Richtung Gerlachsdorf durch den Rossener Wald, um gleich abzuspüren, da ich wußte, daß mein Vater am Vormittag im Büsterwalder Revierteil zu tun hatte. Der Rossener Wald war also nicht abgespürt. Gleich hinter der Bahnstrecke begann ich aufmerksam die Fährten und Spuren zu betrachten.

So ein Neuschnee ist für den Jäger vergleichsweise wie ein Buch. Im Schnee steht untrüglich geschrieben, wie sich das Lebewesen in Wald, Feld und Flur verhält. Es ist zu ersehen, ob ein Hase vertraut ruhig daherhoppelte, an welcher Stelle "Meister Lampe" Männchen machte, an Weichhölzern nagte oder unter dem Schnee nach Nahrung suchte. Wenn plötzlich weite Fluchten und Haken im Schnee erkennbar sind, ist oft Gefahr in Anzug. Meist findet man eine verfolgende Spur, die den Grund für die Flucht darstellt. Fuchs, Marder, wildernde Hunde und Katzen, Greifvögel - sind gefährliche Feinde. An jeder Fährte kann man den Werdegang der Dinge ablesen.
Durch eine "Neue" erhielten der Förster, der Jagdpächter, der Jäger einen guten und relativ genauen Überblick über den gesamten Wildbestand, über Zahl und Stärke der Wildarten sowie deren Einstand in seinem Jagdgebiet.

Das Rossener Forst- und Jagdrevier war ein ausgesprochenes Niederwildrevier. Hauptwildarten waren das Rehwild, einen guten Hasenbesatz gab es ebenfalls, außerdem Rebhühner und Enten. An Raubwild kam der Fuchs häufig vor, aber auch der Baummarder. Schwarzwild wechselte nur sehr selten, ebenso Elchwild, obgleich im Kreis Heiligenbeil etwa fünfzehn Stück Elchwild vorhanden waren. Sie standen bzw. wechselten vom Födersdorfer Forst mehr zum Kreis Preußisch Eylau hin, wo 1939 über 120 Elche als Standwild registriert wurden.

Ich schob mein Fahrrad den Waldweg entlang und bemerkte die Spuren von einigen Hasen, auch zwei Fuchsspuren - eine starke und eine schwächere, letztere also von einem Jungfuchs. Meine Augen wanderten hin und her, suchten den verschneiten Waldweg ab. An einer Kiefernkultur war ein Sprung Rehe gezogen, Kitze, Schmalrehe und ältere Stücke; zu erkennen an den unterschiedlich großen Fährten. Die jungen Kieferntriebe hatte man geteert, so daß sie vom Rehwild nicht verbissen wurden. Trotzdem fand sich auf der Kulturfläche genug Äsung. Einige Hasenspuren, die winzigen Spuren von Mäusen, auch die eines Eichhörnchens konnte ich feststellen. Etwas weiter war wieder "Meister Reineke" entlanggeschnürt, hatte mit einem Sprung eine Maus erbeutet, deutlich erkennbar und als letzter Beweis leuchtete ein rotes Tröpfen im weißen Schnee.

Auf halber Strecke, viele Wildfährten und Spuren hatte ich schon geprüft, kreuzte plötzlich eine frische Spur meinen Weg. Was konnte denn dieses sein? Von der rechten Kieferndickung schräge über den Waldweg sah ich Paartritte, jedes Trittsiegel sehr groß und die Trittpaare standen jeweils gut einen halben Meter auseinander. Schnell stellte ich das Fahrrad am Dickungsrand ab und verfolgte die über den Weg verlaufende Spur. Jetzt wurde es mir klar. Dort wechselte ein sehr starker Baummarder über den Weg. Sofort regte sich mein Jagdinstinkt, und ich begann sofort mit dem "Ausneuen". Zuerst führte die Spur durch ein Kiefernstangenholz, plötzlich konnte ich keinen Abdruck mehr im Schnee finden. Der Marder hatte "geholzt".

Ich schlug einen kleinen Bogen um das Ende der Spur, nichts zu sehen. Nun erweiterte ich den Kreis, versuchte, den Marder zu entdecken und schaute hierbei aufmerksam in die Kronen der Kiefern. Endlich hatte ich die Spur wieder. Sie führte über eine Schneise in einen älteren Kiefernbestand mit vereinzelten kleinen Fichtenhorsten. Nach einigen Metern endete die Spur erneut. Zweimal durchschritt ich das Baumholz, umschlug es schließlich und zog mehrere Kreise. Der Marder war offensichtlich weiter geholzt. Mechanisch wanderten meine Augen auf und ab. Sie begannen zu tränen, ich sah nur weißen Schnee, rotbraune Stämme, dunkelgrüne Kronen und den durchschimmernden blauen Himmel. Die Nachmittagssonne ließ den weißen Schnee flimmern, die Bäume warfen dunkle Schatten darauf.

Immer noch keine Marderspur, eine böse Suche begann. Ein alter Krähenhorst wurde mehrfach gründlich umschlagen und betrachtet. Ast für Ast suchte ich ab, nichts, wieder nichts, die Spur ließ sich nicht finden. Es war zum Verzweifeln, also zog ich noch weitere Kreise. Da endlich tauchte eine Spur auf, die vom Marder stammen mußte, er hatte wieder abgeholzt. Ohne Zweifel, immer noch dasselbe Tier. Die Paartritte wechselten kurz zum Dreitritt über, dann führten sie aus dem Altholz heraus. Am Bestandesrand standen ein paar vereinzelte Ebereschen, dort hatte der Marder ebenfalls nach Nahrung gesucht. Dann führte seine Spur mit einigen großen Sprüngen von fast zwei Metern auf einen Kahlschlag, wo mein Vater schon im zeitigen Herbst die Kiefern hatte fällen und dann das Stamm- und Schichtholz von der Fläche rücken lassen. Nur ein langer Kiefernreisighaufen, etwa zwanzig Raummeter, lag mitten auf der Fläche. Die Flucht führte direkt dorthin. Vorsichtig, im weiten Bogen, umging ich den Reisighaufen. Kaum zu glauben, der Marder mußte noch im Reisig stecken. Etwa dreißig bis vierzig Meter im Umkreis stand kein Baum, kein Strauch. Ohne Zweifel, der Marder saß fest.

Ich rannte schnell zum Fahrrad und fuhr in Windeseile nach Hause. Ganz außer Atem stürzte ich in Vaters Arbeitszimmer und berichtete das Erlebte. Inzwischen war es später Nachmittag und deshalb Eile geboten. Mein Vater, Bruder Fritz, unsere Teckelhündin "Tula" und ich marschierten schnellen Schrittes zum Kahlschlag. Dort angekommen, umging mein Vater vorsichtig den Reisighaufen. Ja, es stimmte, der Marder war noch darin. Vater stellte mich etwa zehn Schritte entfernt an und diagonal gegenüber an der anderen Seite des Reisighaufens nahm er Position ein. Bruder Fritz sollte das Reisig systematisch mit dem Teckel von einem zum anderen Ende durchstochern. Aufgeregt und vom Jagdfieber gepackt, stand ich mit meiner Hahndoppelflinte und wartete gespannt auf den Marder.

Mein Bruder begann auf den Reisighaufen zu stampfen, zu klopfen und Schritt für Schritt weiterzudrücken. "Tula" hatte sofort Witterung, bellte und versuchte, an den Marder heranzukommen, aber der konnte geschickt zwischen Ästen, Knüppeln und Strauchwerk durchkriechen. Wütend, ja richtig giftig, versuchte unsere Teckelhündin mal von der einen, mal von der anderen Seite und mal von oben, das Raubtier zu fassen. Angefeuert durch meinen Bruder biß und zerrte sie an hinderlichen Ästen. Aber sie schaffte es nicht, kam im Reisig aufgrund ihrer Größe nur schwerlich voran. Mittlerweile hatten sie den Marder bis fast ans Ende des Reisighaufens getrieben. Da versuchte das Tier den Ausbruch, schlüpfte flink aus dem Reisig hervor, erkannte den Jäger in Schußposition (meinen Vater) und verschwand blitzschnell wieder im Reisig. Nun ging das "Spiel" wieder von vorne los. Hund und Treiber taten ihr Bestes, aber beim zweiten Durchkämmen kam der Marder nicht zum Vorschein. Inzwischen begann die Dämmerung. Durch den Schnee war noch recht gutes Büchsenlicht. Vater gab das Zeichen zum dritten und letzten Versuch. Ich stand reglos, frierend, mit erhöhtem Pulsschlag unter großer nervlicher Anspannung, "dem Jagdfieber",

nun schon fast zwei Stunden auf ein und derselben Stelle. Dann plötzlich huschte etwa zehn Schritte von mir entfernt ein langer, dunkler Körper in Richtung Kieferndickung, der Marder. Eine Schrecksekunde durchfuhr mich, Flinte schnell angebackt, mitgeschwungen und abgedrückt. Deutlich sah ich wie kurz hinter dem Marder der Schnee aufstob. Ich riß die Waffe schnell weiter nach vorne und drückte nochmals ab. Im Knall roulierte der Marder wie ein Hase. Meine 3,5 mm Schrote hatten ihn voll ins Leben getroffen. Schnell lief ich hin, noch zuckend lag er im Schnee, das gelbe Kehlchen leuchtete und die Rute wandt sich zum letzten Mal, ein Zittern ging durch den Körper, dann stürmte "Tula" heran. Ein Sprung, ein Würgegriff und kräftiges Schütteln, in Sekundenschnelle machte sie sich über ihren Widersacher her. Nur mit Mühe konnte ich den Hund vom Marder trennen. Es war wirklich ein Prachtexemplar, etwa 1,20 Meter lang, mit einem prächtigen Balg und langem kaffeebraunen Grannenhaar. Stolz hielt ich ihn an den Hinterläufen hoch. Mein Vater staunte über den besonders starken Rüden und wünschte mir "Weidmanns Heil". Dann gings heimwärts. Inzwischen begann es dunkel zu werden. Bis nach Hause trug ich glücklich meinen ersten geschossenen Marder. Auch meine Mutter staunte nicht schlecht über meinen Jagderfolg.
Nach dem Essen, für mich Mittag und Abendbrot zugleich, begab ich mich in die Waschküche und streifte unter Anleitung meines Vaters den Marder. Den Balg zog ich fachgerecht auf ein Spannbrett.

Mein Vater hatte mir, nachdem ich einen Jugendjagdschein im April bekam, zugesichert, daß ich den Erlös des von mir gefangenen und geschossenen Raubwildes und Raubzeuges behalten durfte. Dieses spornte meine Jagdaktivitäten noch besonders an. In meinem Streckenbuch standen von Oktober schon drei Füchse, ein Iltis, fünf Katzen und nun kam der Marder hinzu. Wegen der guten Qualität und Einmaligkeit zahlte der Rauchwarenhändler für den Balg sogar 110,00 RM, das waren 10,00 RM über dem Höchstpreis. Ganz besonders großes und starkes Raubwild wurde als "Oberkopf" bezeichnet.

Ich hatte großes Weidmannsheil, konnte einen Marder "ausneuen" und erlegen. In meinem über fünfzigjährigen Jägerleben habe ich zwar einige Marder mit Marderschlagbaum und Knüppelfalle gefangen, aber nie wieder einen geschossen.

Lehrrevierförster Erich Ringhardt

Bevor man seine Schulzeit beendet, stellt sich für jeden jungen Menschen die Frage: Welchen Beruf ergreife ich? Wie sind die Chancen?
Da ich in einer Försterfamilie aufwuchs, gab es für mich nur ein Ziel, ebenfalls Förster zu werden, als Alternative noch Offizier. Meine Mutter dagegen sah bei meinen teilweise schwachen schulischen Leistungen auf der Mittelschule in Wehlau sorgenvoll in die Zukunft. Dieses änderte sich aber schlagartig, als mein Vater im Forstamt Preußisch Eylau eine Anstellung bekam. Wir zogen in die Försterei Rossen, Kreis Heiligenbeil, und ich erreichte die Mittlere Reife in Heiligenbeil mit einem recht guten Ergebnis.

Meine Bewerbung mit Lebenslauf, ärztlichem Attest, arischer Abstammung, polizeilichem Führungs- und Schulzeugnis reichte ich rechtzeitig an das Regierungsforstamt Königsberg ein. Ungeduldig wartete ich auf Antwort. Endlich traf sie ein. Ich wurde zur Aufnahmeprüfung eingeladen. Mit gemischten Gefühlen reiste ich zum Regierungsforstamt nach Königsberg. Im Vorraum versammelten sich noch weitere Aspiranten. Ich glaube, es waren etwa 40. Wie man hörte, hatten sich aus ganz Ostpreußen weit über 100 junge Männer für den Forstberuf beworben, aber nur insgesamt 20 (zehn Zivil- und zehn Militäranwärter) für den gehobenen Forstdienst konnten angenommen werden. Am Vormittag fand die schriftliche Prüfung statt. Die Aufsicht führten die Oberforstmeister Zühlke und Ring. Ich fand die in Mathematik, Deutsch und Geschichte gestellten Aufgaben recht schwierig. Am Nachmittag fand das Prüfungsgespräch statt. Ich kam zu Landforstmeister Dombois. Er führte mit mir eine zwanglose Unterhaltung; erkundigte sich nach meinem Vater, den er kannte und entließ mich mit der Bemerkung, daß ich eine schriftliche

Nachricht erhalte. Mit einiger Ungewißheit reiste ich nach Hause, denn ich war mir nicht sicher, wie meine schriftliche Prüfung ausfiel. Voller Spannung wartete ich auf die Nachricht. Es vergingen etwa drei Wochen, bis das langersehnte Schreiben vom Regierungsforstamt eintraf. Kurz und bündig wurde mir mitgeteilt, daß ich als Militäranwärter für den gehobenen Forstdienst angenommen worden sei. Ferner, daß ich mich am 1. April 1942 im Forstamt Pfeil, Revierförsterei Grabenwald, Kreis Labiau, bei Revierförster Ringhardt zum Dienstantritt melden möchte. Ein Merkblatt enthielt weitere Einzelheiten, z. B. über Uniformbestellung, was mitzubringen war, wie Fahrrad, Fernglas, Forstliteratur usw..

Über meine Einstellung als Militäranwärter war ich natürlich nicht erfreut. Da man jung und außerdem die Dauer des Krieges ungewiß war, kam ich relativ schnell über diese Enttäuschung hinweg, zumal ich sonst sowieso Offizier werden wollte.
Wegen der Unterbringung erkundigte ich mich und bekam die Auskunft, daß in Haffwerder bei Frau Mai Quartier vorhanden sei. Einen großen Koffer, den Rucksack voll gepackt, so daß ich mit dem Fahrrad kaum fahren konnte, ging es am 1. April in aller Frühe zum Bahnhof nach Braunsberg. Der erste Zug brachte mich nach Königsberg. Vom Hauptbahnhof aus mußte ich durch die ganze Stadt zum Nordbahnhof, um dann mit dem Zug nach Labiau weiterreisen zu können. In Labiau angekommen, fuhr ich dann mit dem Fahrrad den Großen Friedrichsgraben entlang bis nach Haffwerder. Nach etwa sechzehn Kilometern fand ich endlich im Abbau Haffwerder, Richtung Waldwinkel die Büdnerei von Frau Mai.

Gertrud Mai, eine kleine Person um die 40 Jahre alt, durch die schwere Arbeit auf ihrem kleinen Hof gezeichnet, insbesondere erkennbar an den verarbeiteten Händen, war freundlich, hilfsbereit, von Natur aus etwas neugierig und erzählte gern viel. Sie zeigte mir das Quartier und erklärte dabei, daß Herr Stetzuhn von den vorherigen Forstlehrlingen noch da wäre. Dessen Kollege Klaus Dentler, Lehrersohn, der die Liebe zum Forstberuf bei seinem Onkel, Revierförster Walter Dentler, in Grenzlau bei Zoppot/Danzig entdeckt hatte, wurde inzwischen schon Soldat. Ich konnte somit sein ehemaliges Bett übernehmen. Ein weiteres Bett hatte sie aufgestellt, weil noch ein Forstanwärter erwartet wurde. Somit waren bei ihr drei junge Herren in Kost und Logis. Wir hatten ein gemeinsames Schlafzimmer und ein gemeinsames Wohnzimmer mit Ausgang zur Veranda. Nach einiger Zeit erschien in forstlicher Dienstkleidung und Ausrüstung Siegfried Stetzuhn. Er stellte seine Waffe in den Gewehrständer und wir machten uns bekannt. Wenig später traf Herbert Unruh als der zweite "Neue" ein. Schnell informierte uns Siegfried Stetzuhn über das Notwendigste. Danach fuhren wir mit unseren Rädern zur etwa einen Kilometer entfernten Revierförsterei Grabenwald (Juwendt), um uns beim Lehrrevierförster zum Dienstantritt zu melden.

Die Försterei lag im Wald an der linken Seite der Schotterstraße Richtung Waldwinkel. Nebst den Gebäuden gehörten zu ihr Hof, Garten und Dienstland, hauptsächlich Koppeln und Wiesen. Das Dienstgebäude war, wie vielfach in Preußen üblich, aus roten Ziegelsteinen gemauert und sauber verfugt. Wenn man den Flur betrat, befand sich linker Hand das Dienstzimmer. Eine verglaste Tür trennte das Büro vom Wohnzimmer.

Revierförster Erich Ringhardt, relativ klein, schlank, drahtig, wuchs im Kreis Pillkallen (Schloßberg) auf. Er hatte den Forstberuf erlernt und schon vor dem Ersten Weltkrieg aktiv gedient, den Krieg von 1914 bis 1918 tapfer mitgemacht und es bis zum etatsmäßigen Feldwebel gebracht. Preußischer Militärdienst, auf allen Ebenen gründliche Forstausbildung, er arbeitete mehrere Jahre als Forstsekretär (Büroleiter), machten ihn zu einem pflichtbewußten, korrekten, fachlich hervorragenden, überaus pünktlichen Beamten. Aufgrund seiner Fähigkeiten wurde er Lehrrevierförster im Forstamt Pfeil.

Nachdem wir uns bei ihm gemeldet hatten, ließ er uns ins Dienstzimmer eintreten, erkundigte sich nach einigen allgemeinen Dingen, obwohl unsere persönlichen Daten ihm sicherlich aus den Personalunterlagen bekannt waren. Nach kurzer Einweisung und einigen Verhaltensmaßregeln entließ er uns mit dem Hinweis, am nächsten Morgen pünktlich um 7 Uhr in Arbeitskleidung zu erscheinen. In der Zwischenzeit sollten wir unsere Quartiere einrichten. Frau Ringhardt lernten wir auch noch kennen. Sie war etwas größer und jünger als ihr Mann, relativ kräftig und gut aussehend, eine aus Masuren stammende typische Ostpreußin. Das Ehepaar hatte keine Kinder.

Am nächsten Morgen radelten wir zwei "Neuen", durch gutes Frühstück gestärkt, zur Försterei. Pünktlich meldeten wir uns bei unserem Lehrherrn. Nach einigen Erläuterungen und Hinweisen übergab er uns in die Obhut von Haumeister Neumann. Dieser Mann, nach unserer Meinung schon sehr alt, ließ uns erst den Hundezwinger reinigen und dann im Geräteschuppen Forstwerkzeuge instandsetzen. Wir mußten Äxte und Sägen schärfen, Hacken, Harken, Sensen und vieles mehr überprüfen, wo nötig, auch unter seiner Anleitung einen neuen Stiel aufsetzen. Mit dieser Tätigkeit und vielen Erklärungen von Haumeister Neumann ging unser erster Arbeitstag zu Ende.

Den zweiten Arbeitstag werde ich wohl nie vergessen. Er brachte für uns eine besonders schwere körperliche Anstrengung, man könnte sagen, es war eine Kraftprobe, ein Härtetest. Gleich gegenüber der Försterei befand sich der Schießstand. Hier wuchs eine alte gewaltige Hainbuche. Dieser Baum, weit über fünfundzwanzig Meter hoch, einen Mittendurchmesser von rund fünfzig Zentimetern, mit einem spannrückigen, verdrehten Stamm, einer riesigen, weitverzweigten Krone, sollte von uns Forstlehrlingen gefällt und aufgearbeitet werden. Unter der Assistenz unseres Haumeisters wurde die Fallrichtung festgelegt, und wir begannen mit dem Fallkerbhauen. Im Gegensatz zu Her-

bert Unruh hatte ich im Revier meines Vaters schon sehr oft den Waldarbeitern beim Fällen der Bäume zugeschaut. Theoretisch kannte ich die Holzaufbereitung, aber nun in der Praxis sah alles ganz anders aus. Das schwere, harte Holz war schwach elastisch, zäh und schwer spaltbar. Span für Span pikten wir mühsam mit unseren Äxten aus dem Fallkerb. Unsere Axthiebe brachten nicht die erforderliche Wirkung. Neumann zeigte mit ein paar Schlägen, wie es richtig gemacht wird. Dann schufteten wir weiter. Der Schweiß rann aus allen Poren. Die ersten Druckstellen verspürten wir an unseren Händen. Zum Zweitfrühstück war endlich der Fallkerb fertig, nachdem der Haumeister noch entsprechend nachgebessert hatte. Dann begann der Fällschnitt mit einer langen dreiecksbezahnten Schrotsäge. Zug für Zug begannen wir im gleichbleibenden Rhythmus unsere Fällarbeit. Nach einiger Zeit begann uns das Kreuz zu schmerzen, die Hände bekamen die ersten Blasen und verkrampften. Nur millimetertief fraßen sich die Zähne unserer Säge ins Holz hinein. Unsere Verschnaufpausen wurden immer öfter und länger, obleich wir uns keine Blöße geben wollten und uns sehr anstrengten, einen guten Eindruck zu machen. Nachdem wir den Baum gut zur Hälfte durchgesägt hatten, fing die Säge an zu klemmen. Es mußten Keile angesetzt werden. Unser Haumeister machte es uns vor. Dann ging es weiter. Zug um Zug, und ab und zu schlugen wir die Keile nach.
Endlich war es soweit. Die Sägefuge vergrößerte sich, der Baum geriet in Bewegung. Knistern, knacken im Holz, noch schnell ein paar mal die Säge hin- und hergezogen, dann aus dem Schnitt heraus und ein paar Schritte zurück, den Blick dabei immer nach oben auf den fallenden Baum gerichtet. Die gewaltige Krone begann immer schneller zu fallen, einige schwache Bäumchen im Unterstand splitternd und krachend mitnehmend, sauste die Hainbuche mit dumpfem Schlag hernieder. Man verspürte ein deutliches Zittern des Bodens.

Wir atmeten erleichtert auf. Nur die vorgesehene Fallrichtung war nicht erreicht, die Abweichung betrug etwa zehn Meter. Revierförster Ringhardt kritisierte uns, da der gefällte Baum Unterholz zerschlagen hatte.
Endlich um 12 Uhr begann unsere verdiente Mittagspause. Unsere mitgebrachten Stullen und der am kleinen, schnell in Brand gesetzten Feuer gewärmte Malzkaffee schmeckten uns nach solch schweren Arbeit besonders gut.

Inzwischen kamen noch die in der Nähe arbeitenden Waldarbeiter und auch einige Kulturfrauen, natürlich alle sehr neugierig, um die neuen Forstlehrlinge kennenzulernen, aber auch um unser erstes "Werk" zu begutachten. Die Waldarbeiter Baltrusch, Bendig und Petrus gaben uns einige Ratschläge und sprachen uns Mut zu. Von den Kulturfrauen waren, soweit ich mich erinnern kann, Anneliese Broscheit, Lüdia Spitzkowski und Maria Woldeit die ersten, die uns kritisch musterten. In guter Erinnerung sind mir noch Hildegard Bendig und Ursula Neubauer aus Ludendorff, die wir etwas später kennenlernten.

Am Nachmittag ging es mit dem Aufarbeiten der Hainbuche weiter. Sie sollte zerschnitten, als ein Meter langes Schichtholz in Nutzscheite gespalten und aufgesetzt werden. Diese Tätigkeit verlangte uns alles ab. Die Hände waren mittlerweile wund, unsere Kräfte ließen nach und unsere Arbeit kam nicht voran. Beim Spalten schlug ich mit dem Spalthammer über den Spaltkeil und dabei zersplitterte der Stiel. Vorwurfsvoll bemerkte Neumann: „Nun ja, dann werden Sie einen neuen Stiel machen müssen!"
Es war zum Verzweifeln, endlich der langersehnte Feierabend. Müde, kaputt und hungrig gelangten wir zu unserem Quartier.

Siegfried Stetzuhn empfing uns mit tröstenden Worten und empfahl "Ballistol" für unsere wunden Hände. Dieses als Waffenöl altbewährte Mittel brannte zwar mächtig, aber es half.

Am nächsten Morgen bei der Arbeitseinteilung vor der Försterei sagte unser Revierförster lächelnd: „Na, Petrus, wie wird das Wetter?" Alle Anwesenden schmunzelten, denn diese Frage war Waldarbeiter Petrus wohl schon öfter gestellt worden.

Herbert Unruh und ich durften an unserem "Werk" weiterarbeiten; querschneiden, spalten und in Raummeter ordnungsgemäß aufsetzen. Es war für uns recht qualvoll, ganze drei Tage brauchten wir, um den Baum und das Unterholz forstgerecht aufzuarbeiten. Vierzehn Raummeter standen dann sauber ausgerichtet in einer Reihe.

Die nächste forstliche Arbeit bestand im Pflanzen. Mit den Kulturfrauen, unter Aufsicht von Haumeister Neumann, mußten wir Fichten pflanzen. Die Fläche war nicht sehr groß, etwa 0,5 Hektar. Mit dem Spaten wurde die Grasnarbe bzw. der Rohhumus etwas entfernt, dann das Pflanzloch gegraben und eine Kulturfrau pflanzte sorgsam die junge Fichte. Um Abstand und Richtung einzuhalten, arbeiteten wir mit einer Pflanzleine.

Eines Tages, wir besaßen schon unsere schmucke Forstuniform, fuhren wir mit unserem Revierförster zum Forstamt Pfeil und zum Oberforstamt Elchwald. Hier mußten wir uns bei Oberforstmeister Kramer vorstellen, der Leiter des Oberforstamtes und gleichzeitig Leiter des Forstamtes Pfeil war. Wir lernten die dort tätigen Beamten und Büroangestellten kennen sowie die Organisationsform.

Zum Oberforstamt Elchwald, mit rund 74.000 Hektar Waldfläche, gehörten noch über 25.000 Hektar angepachtete Jagdflächen, so daß rund 100.000 Hektar jagdlich als Staatsjagdgebiet bewirtschaftet wurden. Der Laubholzanteil betrug 57 Prozent, davon Erle 20 Prozent, Birke 15 Prozent, Eiche 8 Prozent, Esche 6 Prozent, Aspe 5 Prozent und Hainbuche 3 Prozent. Der Nadelholzanteil betrug 43 Prozent, davon nahmen die Fichte 37 Prozent und die Kiefer 6 Prozent ein.

Folgende Forstämter gehörten zum Oberforstamt Elchwald:

1.	Forstamt	Pfeil	Gesamtgröße	6.600 ha
2.	"	Erlenwald	"	4.850 ha
3.	"	Tawellenbruch	"	11.500 ha
4.	"	Ibenhorst	"	6.500 ha
5.	"	Rossitten	"	10.200 ha
6.	"	Gertlauken	"	4.600 ha
7.	"	Alt Sternberg	"	7.100 ha
8.	"	Neu-Sternberg	"	5.500 ha
9.	"	Drusken	"	5.000 ha
10.	"	Leipen	"	4.800 ha
11.	"	Grauden	"	7.300 ha

Die Gliederung des Forstamtes Pfeil:

Revierförsterei	Grabenwald	Leiter	Rfö.	Ringhardt
"	Neuenrode	"	"	Spie
"	Mauern	"	"	Beyer
"	Wildhügel	"	"	Sandmann
"	Waldwinkel	"	"	Premper
"	Franzrode	"	Ofö.	Jacob
Unterförsterstelle	Ludendorff	"	Forstaufseher	Petersdorff.

Der damalige Büroleiter war Revierförster i. G. Siegfried Binder. Er wurde unterstützt von den Büroangestellten Conrad Schulz, Willi Juske und Fräulein Inge Krause. Einige der jüngeren Beamten, wie z. B. Revierförster Sandmann, waren Soldat. Die Reviere verwalteten die Nachbarn mit.

Oberforstmeister Hans Kramer, damals Mitte 40, recht groß und schlank, trug wie viele Männer einen Schnurrbart. Er erkundigte sich in ruhiger, väterlicher Art nach unserem Befinden, dem Quartier und wie uns die jetzige Tätigkeit gefällt. Man konnte sofort Vertrauen zu ihm gewinnen.

Auf dem Rückweg kehrten wir in die Gastwirtschaft "Tollkühn" in Waldwinkel ein. Da an diesem Tage so ein typisches Aprilwetter herrschte, war Grog das richtige Getränk. Durch den Gastwirt wurden wir freudig begrüßt. Unser Chef bestellte gleich drei Grog und nach "drei mal drei" ging es auf den Heimweg. Für uns Anfänger erwies es sich schon als recht schwierig, mit unseren Fahrrädern klarzukommen.

Die Gastwirtschaft in Waldwinkel war für alle Beschäftigten des Forstamtes ein zentraler Punkt. Mindestens einmal im Monat, wenn die Abrechnungen zum Forstamt gebracht werden mußten, trafen sich nach Erledigung der dienstlichen Angelegenheiten die Forstbeamten bei "Tollkühn". Im Jagdzimmer ging es dann immer hoch her. Das Motto lautete: "Dienst ist Dienst und Schnaps ist Schnaps". Alles, je nach Geschmack, wurde geboten. Grog, auch ostpreußisch Maitrank genannt, Bärenfang, Insterburger Reiterschnaps und als Ersatz für das Abendessen oft ein "Pillkaller". Das ist ein Klarer mit einer dicken Scheibe Leberwurst darüber und einem Klecks Senf darauf.
Unser Lehrchef mochte diese geselligen Stunden sehr und konnte, wie man landläufig zu sagen pflegte, auch einen "Stiefel" vertragen. Finanzielle Probleme kannte er nicht. Als Revierförster verdiente er für damalige Verhältnisse sehr gut. Er hatte keine Kinder und sein Dienstland, etwa zwölf Hektar, war als Umtriebsweide eingerichtet. Er nahm Färsen und Kühe auf Weide. Dieses brachte ohne viel Arbeit jährlich auch gutes Geld. Außerdem gewann er 20.000 RM bei der Lotterie. Davon kaufte er sich einen PKW der Marke Opel, einen guten Drilling mit Zielfernrohr und machte mit seiner Frau eine Auslandsreise. In den Gaststätten der Umgebung war er immer ein sehr gern gesehener Gast.

In den ersten drei Monaten unserer Lehre wurden wir mit allen forstlichen Arbeiten vertraut gemacht. Wir mußten täglich genauso lange mitarbeiten wie die Waldarbeiter. Hinzu kam oft, daß der Lehrrevierförster uns zur Morgen- und Abendpirsch mitnahm. Während dieser Reviergänge erklärte er uns forstliche und jagdliche Begriffe. Für mich war so ein Reviergang manchmal etwas unangenehm, denn

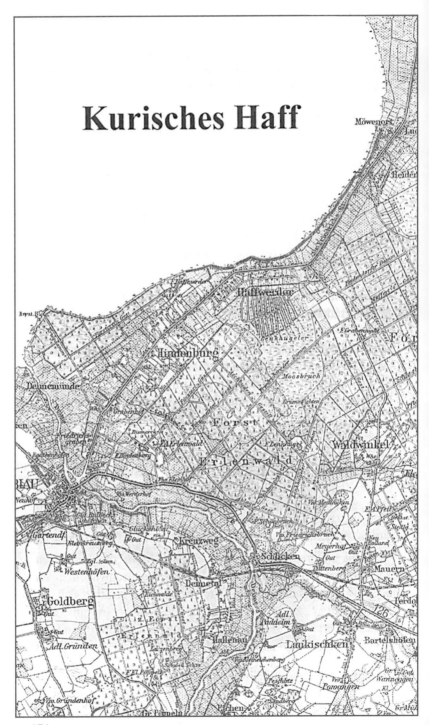

wenn irgendwo ein Vogel oder sonstiges Tier einen Laut von sich gab, wurden wir sofort gefragt: „Was ist das?" Wußten wir es nicht, dann sagte unser Lehrchef: „Aber Mattke, als Sohn eines Försters müßten Sie das doch wissen!" Manchmal stellte ich mich taub und tat so, als hätte ich nichts gehört, aber es nutzte nichts, der Vogel piepste bald unüberhörbar wieder.

Anfang Mai fuhren wir eines Morgens in aller Frühe mit unseren Fahrrädern den Sussemilker Damm, der direkt von unserer Försterei Grabenwald in nördlicher Richtung zu den Transvaalwiesen am Großen Moosbruch führte, entlang. Nach etwa fünf Kilometern wurden die Räder abgestellt und die letzte Strecke zu Fuß zurückgelegt, im Gänsemarsch, unser Revierförster voran, wir hinterher, auf einem Pirschsteig entlang. Da es immer noch sehr dunkel war, nur ab und zu konnte man gegen den Himmel die Silhouette eines Baumes oder Strauches ausmachen, liefen wir mehr nach Gefühl. Heidekraut, Sumpfporst, feucht vom Tau, streifte unsere Stiefel. Über einen breiten, tiefen Moorgraben führte ein Steg. Nachdem wir ihn überqueren, erreichten wir endlich das Ziel. Neben einer breit ausladenden Kiefer befand sich gut getarnt ein Schirm. Darin hatten wir recht bequem Platz. Das Licht hatte inzwischen so weit zugenommen, daß man über dem Moor die kuschigen Kiefern und Birken wahrnehmen konnte. Nebelschwaden zogen über die Moorlandschaft. Im Osten hellte und verfärbte sich der Himmel und zeigte das Nahen des Morgens an. Das Vogelkonzert des Frühlings wurde zunehmend vielstimmiger. Rotkehlchen, Sing- und Misteldrossel, Kiebitze, auch Finken waren zu hören. Bekassinen meckerten und Enten flogen schnatternd vorüber. Über das Moor tönte der laute Fanfarenruf der Kraniche und das rhythmische tiefe Kullern einiger Birkhähne, unterbrochen vom Pfeifen, etwas harten Zischen und Blasen. Es mögen etwa sechs bis sieben Birkhähne gewesen sein, die in ihren weit voneinanderliegenden Balzgebieten das Morgenkonzert vervollständigten.

Mit verhaltener Stimme erläuterte Lehrrevierförster Ringhardt die Birkhahnbalz und die Jagd auf diese Wildart. Einen Hahn zu schießen, hatte er nicht vor. Plötzlich rauschte es über uns und mit dumpfem Flügelschlag fiel in unserer Nähe, schon einigermaßen sichtbar, ein metallisch schwarzglänzender Hahn mit weißem Unterstoß ein. Er sicherte sogleich mit langem Hals, dann ertönte ein Zischen. Es folgten mit Unterbrechungen Kullerstrophen, bis das volle Balzkonzert, ergänzt mit Hin- und Herflattern und Hochsprüngen, einsetzte. Der Ruf wurde sofort von den Nachbarn beantwortet. Die Balz war in vollem Gange. Ohne sichtbaren Grund strich der Hahn ab und fiel mit lautem Geprassel in den Wipfel seines Balzbaumes ein, um den Balzgesang fortzusetzen.

Mit Sonnenaufgang verstummten plötzlich alle Hähne, als ob sie ein kurzes "Morgengebet" halten wollten, um dann etwas später mit einer heftigeren Sonnenbalz fortzufahren. Mit unseren Ferngläsern konnten wir alles sehr deutlich beobachten. Ein herrliches Bild - ein einmaliges Erlebnis.

Vom Spätherbst 1941 bis Anfang 1942 trafen mit der Bahn insgesamt neun Wisente (zwei männliche und sieben weibliche) aus dem Saupark Springe und aus Pleß ein. Mit dieser zusammengestellten Herde sollte im Forstamt Pfeil ein Wiedereinbürgerungsversuch durchgeführt werden. Das Eingewöhnungsgatter von rund 20 Hektar Größe mit Fütterung war im Jagen 62 gebaut worden. Zu diesem Wisentgatter radelte eines Tages unser Lehrchef mit uns. Wir hatten Glück und konnten aus nächster Nähe die Herde sehen. Welch ein Bild: Diese urwüchsigen, dunkelbraunen, zottigen Wildrinder waren im Gegensatz zu den Elchen, die ich schon häufiger gesehen hatte, ganz anders geartet. Massig, ja klobig erscheinend, mit starker Widerristerhöhung, wirkten die Wisente wie Tiere aus vergangenen Zeiten. Welch ein Eindruck! Wir zählten acht Wisente in der Herde. Unser Lehrchef meinte, daß sich eine beschlagene Schmalkuh von der Herde abgesetzt hätte, um zu setzen, was sich später auch bestätigte.

Im Juni 1942 öffnete man das Gatter und entließ die Herde in die freie Wildbahn. Bis zum Frühjahr 1944 wurden noch vier Kälber gesetzt, so daß die Herde auf vierzehn Wisente anwuchs. Im großen Waldgebiet wechselte die Herde zwischen den Forstämtern Neu Sternberg, Alt Sternberg und Pfeil. Im Winter jedoch befand sich der Einstand im Forstamt Pfeil, am Eingewöhnungsgatter. Sie gediehen prachtvoll und der Versuch, den Wisent in Ostpreußen in der freien Wildbahn wieder einzubürgern, konnte als gelungen angesehen werden. Mit der Besetzung dieses Gebietes sind die Wisente vermutlich ausgerottet worden.

Vor Aufgang der Bockjagd fand in jedem Jahr im Forstamt eine Trophäen- und Abwurfstangenschau statt, von uns als "Stangenparade" bezeichnet. Dazu legte man alle im vergangenen Jagdjahr erbeuteten Trophäen und gefundenen Abwurfstangen aus. Von einigen Hirschen, ob Rot- oder Elchwild, gab es ganze Entwicklungsreihen von Abwürfen. Über sechs und mehr Jahre konnte die Geweihent-

wicklung mancher Hirsche verfolgt werden. Für gefundene Abwurfstangen zahlte das Forstamt Prämien. Bei "Passern", das heißt, wenn man in einer Entwicklungsreihe eines Hirsches die fehlende Stange fand, gab es mehr Finderlohn. Mit großem Aufwand bereitete man die Schau vor. Wir drei Forstanwärter hatten damit genügend Arbeit. Neben den Forstbeamten aus unserem, nahmen auch viele Förster aus den anderen Forstämtern teil sowie Jagdgäste, die im abgelaufenen Jagdjahr einen Hirsch erlegten. An prominenten Gästen bzw. aus dienstlichem Anlaß, waren Oberstjägermeister Scherping und Oberlandforstmeister Nüßlein zugegen. Oberforstmeister Kramer, gleichzeitig Elchjägermeister, brachte die Veranstaltung gut über die Bühne, wie man landläufig zu sagen pflegte.
Lehrrevierförster Ringhardt war mit unserem Einsatz auch recht zufrieden, bis auf mein Jagdhornblasen. Damit hatte ich echte Probleme; im Gegensatz zu Siegfried Stetzuhn und Herbert Unruh. Nach zwei bis drei Signalen schwollen immer meine Lippen an. Ich hatte keinen richtigen Ansatz mehr und bekam die Luft nicht entsprechend in das Mundstück des "Fürst Pleßschen Jagdhorns", so daß dann Mißtöne entstanden. Auch ständiges Üben half bei mir nichts.

Jeden Sonntagvormittag hielt unser Lehrchef mit uns Appell ab. Er prüfte dabei alles, was für unsere weitere Forstausbildung wichtig war. Auch mußten wir unsere Berichte und Meldungen abgeben. Jeden ersten Sonntag im Monat war unsere Streckenmeldung mit Schußzeichen abzuliefern. Für erlegtes Raubwild und Raubzeug gab es Schußgeld. Keine Katze, Krähe, Elster oder anderes Wild, das Schußzeit hatte und wir erlegen durften, war vor uns sicher. Im Monat konnten wir zehn RM und manchmal sogar mehr dazuverdienen. Seinerzeit sehr viel Geld! Natürlich mußten wir die Munition bezahlen. Die Schußzeichen, die Fänge, Ständer, Ruten oder Lunten der erlegten Tiere, mußten als Nachweise vorgelegt werden. Unser Lehrchef prüfte sie genau und steckte sie danach in den Ofen bzw. in den Küchenherd zum Verbrennen. Im Sommer hatten wir ein paarmal Glück, weil kein Feuer brannte, und als die "Luft rein war", konnten wir die Schußzeichen retten, um sie dann nochmals abzuliefern.

Als nächstes überprüfte er unsere Waffen und dabei bekamen wir schon einen kleinen Vorgeschmack auf die spätere Soldatenzeit. Anschließend erfolgte das Jagdhornblasen. Wir übten über dreißig Jagdsignale, von "Begrüßung", "Aufbruch zur Jagd", "Schüsseltreiben", über die Totsignale der einzelnen Wildarten bis "Jagd vorbei" und "Halali". Lehrrevierförster Ringhardt blies oder pfiff sie uns vor und wir mußten so lange üben, bis wir sie fehlerfrei konnten. Für einige Signale hatte er einen Merktext, z. B. für "Hase tot": "Der Has ist tot, der Has ist tot, er hat den ganzen Balg voll Schrot, der Has ist tot". Für das Signal "Sau tot" begann sein Text mit: "Gestern abend schoß ich auf ein grobes Schwein ...". Für "Reh tot": "Wunderbar, wunderbar, ist die Dose ohne Haar ...". Bei diesem Text grinste er uns an und wir wurden verlegen. Den Abschluß bildete immer das Schießen. Wir übten auf stehenden Bock, laufenden Hasen und Keiler.

Himmelfahrt war der 14. Mai. An diesem Tag trafen sich die Forstbediensteten unseres Forstamtes und noch weitere Jäger aus der Umgebung auf dem Schießstand vor unserer Försterei. Vor Aufgang der Bockjagd sollte das alljährliche Pflichtschießen im Hegering absolviert werden.
Unser Gastwirt bot eine reichliche Auswahl von Getränken an und auch für das leibliche Wohl war entsprechend vorgesorgt. Wir Forstlehrlinge hatten den Schießstand und die Umgebung in einen appellfähigen Zustand versetzt. Unsere Aufgabe bestand im Bedienen der Anlage und in der Trefferermittlung. Zum Schluß mußten auch wir unser Pflichtschießen absolvieren. Ich konnte über mein Schießergebnis recht zufrieden sein, denn ich reihte mich in die Spitzengruppe ein.
Inzwischen trafen die Försterfrauen mit ihren Kindern ein, darunter auch einige Mädchen unseres Alters, wie z. B. Gisela Scheffler. Einige kamen mit Pferd und Wagen, an-

dere mit dem Fahrrad. Die Fahrzeuge waren mit frischem Birkengrün geschmückt und mit reichlich Proviant versehen. Viele Sorten selbstgebackenen Kuchen, Stullen, sogar Gullasch wurde auf die Tische gestellt und angeboten. Wir jungen Männer hatten immer einen guten Appetit und nun die Gelegenheit, uns mal so richtig sattzuessen. Bei allen Försterfrauen mußten wir das Mitgebrachte kosten und fleißig zulangen. Die Stimmung wurde immer lustiger, ein richtiges fröhliches Jägerfest fand im grünenden Wald, bei frühlingshaftem Wetter statt. Unser Chef, als "Hausherr" und, wenn man so will, auch als Gastgeber, hatte alles gut unter Kontrolle, außerdem standen wir ihm als willige Helfer zur Seite. Als die Dämmerung anbrach, wurde sogar noch von einigen Jägern bei Fackelschein ein Wettschießen auf den Rehbock durchgeführt, nur die Trefferquote ließ zu wünschen übrig. Zu viele "Fahrkarten". Bis tief in die Nacht hinein dauerte der etwas ungewöhnliche "Herrentag".

Eines Morgens beim Dienstantritt sagte Revierförster Ringhardt zu mir: „Mattke, Sie müssen zur Nachsuche mitkommen. Ich habe gestern abend einen zwei- bis dreijährigen Keiler krankgeschossen." Da sich der Anschuß in der Nähe der Försterei befand, marschierten wir mit dem Hannoveraner Schweißhund dorthin. Am Anschuß nahm der Schweißhund die Wundfährte gleich auf, grünlich-dunkelroter Schweiß, vermischt mit Gescheideinhalt, ein typischer Weidwundschuß. Die Fluchtfährte führte in einen Erlenbruch mit fast mannshohem Schilf, Nesseln und sonstigen Krautpflanzen. Den gut arbeitenden Hund an der Suchenleine führend, folgte mein Lehrchef mit schußbereitem Drilling. Etwa zehn Meter dahinter, nach allen Seiten sichernd, folgte ich vorsichtig, meinen Drilling, ebenfalls sofort einsatzbereit, in der Hand haltend. Nach etwa vierhundert Metern ein kurzes Klagen des Hundes, ein Schuß. Der weidwunde Keiler hatte uns angenommen, den Hund kurz geschlagen, zum Glück nicht schlimm, und wurde auf etwa drei Meter durch die Kugel

des schnell und sicher schießenden Erich Ringhardts gestreckt. In dem hohen Kraut hatte ich von dem ganzen Vorgang mehr gehört als gesehen. Da standen wir nun freudig erregt und vom Jagdfieber gepackt vor dem etwa dreijährigen, wehrhaften Keiler. Wenn mein Lehrchef ihn nicht reaktionsschnell ins Haupt getroffen hätte, wäre es für uns wohl schlimm geworden.
Nach dem "Weidmanns Heil" durfte ich den Keiler unter Anleitung fachgerecht aufbrechen und versorgen. Nach kurzer Totenwacht zogen wir den Schwarzkittel bis zur nächsten Schneise. Ich mußte dann zur Försterei eilen, um "Moritz", den braunen Wallach von Ringhardt, anzuspannen. Der Keiler wurde zur Wildkammer auf unseren Forsthof transportiert.

Eines Sonntags zur Zeit der Milchreife des Hafers, sollte ich Herbert Unruh zur Morgenpirsch begleiten. Da ich sehr spät ins Bett gekommen war, hatte ich hierzu keine Meinung, drehte mich auf die andere Seite und schlief weiter. Knapp zwei Stunden später, es mag so gegen 6 Uhr gewesen sein, wurde ich von Herbert aufgeregt geweckt. Die Nachricht, daß er am Haferschlag an dem Lenkhügeler Moosbruch eine Sau geschossen hatte, begeisterte mich. Schnell lief ich mit ihm, und da lag tatsächlich ein starker Überläufer.
In meinem bisherigen Jägerleben hatte ich schon mehrere Böcke, weibliches Rehwild, Hasen, Enten, Füchse und weiteres Raubwild bzw. Raubzeug erlegt, aber noch kein Stück Schwarzwild. Ich war auf den Jagderfolg meines Freundes Herbert irgendwie neidisch. Natürlich ließ ich mir das nicht anmerken.

Die Entenjagd ging am 16. Juli auf. Es war ein paar Tage später, als unser Revierförster mit Herbert Unruh und mir zur Fähranlegestelle in Haffwerder radelte. Dort ließen wir unsere Fahrräder stehen, setzten mit der Fähre über den Großen Friedrichsgraben und marschierten zum Kurischen Haff. Ein etwa 50 bis 100 Meter breiter Rohrgürtel

umgab die Uferseite. In diesem Schilf lagen viele Enten. Unser Lehrchef hatte von den Waldarbeitern etwa alle 150 Meter eine vier bis fünf Meter breite Schneise bis ans offene Wasser mähen lassen. Dort angekommen, stellte sich unser Revierförster mit seinem Hund an die Schneise und ließ uns abschnittweise das Rohr durchdrücken. Wir gingen etwa 20 Meter voneinander entfernt auf gleicher Höhe durch den Schilfgürtel. Da ich etwas größer als Herbert war, mußte ich zur offenen, etwas tieferen, Wasserfläche hingehen. Das Wasser reichte mir bis über die Knie, manchmal bis zum Bauch. Natürlich durften wir auch Enten schießen, nur die Chancen waren mehr als schlecht. Unsere Patronen befanden sich in den Brusttaschen, damit sie nicht naß wurden. Ein paarmal haben wir auf abstreichende Erpel geschossen, aber durch das hohe Schilf gedeckt und behindert, hatten wir keinen Erfolg. Unser Lehrchef dagegen hatte in knapp zwei Stunden siebzehn Enten erlegt. Wahrlich eine gute Strecke.
Im Anschluß marschierten wir zur Fähre, ließen uns zurückholen und blieben gleich in der Fährgaststätte. Mit "Grog" und "Pillkaller" wurden wir versorgt, bis unsere Kleider, Socken und Stiefel einigermaßen trocken waren und wir uns in einem "Zustand mittelschwerer Vernebelung" befanden. Bis zu unserem Quartier war es nur gut ein Kilometer, aber die Strecke kostete uns einige Mühe.

In der Gemeinde Ludendorff wurde Wildschaden gemeldet. Unser Chef hatte uns schon einige Male zur Wildschadensfeststellung mitgenommen. Diesmal fuhr er aber allein, um einige Kartoffel- und Getreideflächen abzuschätzen. Am nächsten Morgen rief er mich in sein Wohnzimmer und sagte: „Mattke, mir ist gestern abend auf dem Heimweg von Ludendorff ein Malheur passiert. In der Dunkelheit bin ich vom Deich abgekommen und in den Friedrichgraben gefahren. Dabei ist mir mein Drilling abhandengekommen. Wir müssen ihn suchen." Über die Vertrauensposition, die ich bei unserem Lehrchef einnahm, war ich recht stolz. Meine Vermutung, daß unser Vorgesetzter nach der Wildschadenschätzung ein paar Ponarther Biere und Schnäpse zuviel getrunken hatte, bestätigten später einige Ludendorffer Kleinbauern. Demnach kam er wohl vom "rechten Weg" ab!

Wir fuhren zur Unglücksstelle, um die Waffe zu suchen. Die Stelle fanden wir bald, da sie klugerweise vom Verunglückten mit Steinen und einem Ast gekennzeichnet war. Ich zog mich splitternackt aus und stürzte mich schnell in das relativ kalte Wasser.
Der Große Friedrichsgraben ist eine künstliche Wasserstraße und stellt die Verbindung zwischen Labiau und Elchwerder her. Der Kanal ist von Schleppern und Lastkähnen befahrbar. Die Wassertiefe beginnt am Ufer mit etwa einem Meter, ein paar Schritte weiter sind es bereits eineinhalb Meter, dann zwei Meter, in der Mitte ist es noch tiefer und dort verläuft auch die Fahrrinne. Tauchend suchte ich im angegebenen Umkreis den Grund ab. Nach einigen erfolglosen Tauchversuchen, Erich Ringhardt wurde schon langsam ungeduldig, hatte ich endlich Glück und fand die Waffe. Stolz tauchte ich auf und rief: „Herr Revierförster, ich hab den Drilling." „Sehr gut, Mattke, kommen Sie schnell heraus." Wie ich gerade aus dem Wasser steigen wollte, sah ich auf dem Deich zwei junge Mädchen etwa meines Alters aus Richtung Haffwerder angeradelt kommen. Freundlich grüßend und neugierig zu mir herüberschauend passierten sie unseren "Tatort". Schamhaft blieb ich solange im Wasser stehen, bis sie vorbei waren. Erst dann konnte ich die gute Waffe meinem Chef überreichen und mich schnell ankleiden. In der Fährgaststätte Baltrusch durfte ich mich nach diesem "Bad" mit einigen "scharfen Sachen" langsam aufwärmen.

Eines Tages überraschte mich mein Lehrchef mit der Mitteilung, daß ich am folgenden Sonntag zum Mittagessen beim Oberforstmeister Kramer eingeladen sei. Der Sonntag kann nicht der zweite Sonntag im Monat gewesen sein, denn jenen Tag bezeichnete man in Deutschland als

"Eintopfsonntag": Der dabei eingesparte Geldbetrag war zu spenden. Herbert Unruh sollte den Sonntag darauf zum Essen erscheinen. Unser Revierförster gab uns noch die notwendigen Verhaltensregeln mit auf den Weg. Den ganzen "Knigge" in Kürze zu beherrschen, bereitete Schwierigkeiten, also galt es, dort in sauberer Uniform und pünktlich zu erscheinen.

Mit Herzklopfen und gemischten Gefühlen läutete ich. Das Hausmädchen öffnete und geleitete mich in die Diele, wo Oberforstmeister Kramer und seine Frau mich begrüßten. Ich dankte für die Einladung und überreichte Frau Kramer ein paar Blumen. Diese stammten aus dem Garten meiner Quartierswirtin. Die Familie Kramer nahm am runden Eßtisch Platz. Der älteste Sohn Horst fehlte, da er sich ebenfalls in der Forstausbildung befand. Ich saß neben der Hausfrau. Das mit Blumendekor versehene Tafelgeschirr, das Silberbesteck, alles festlich hergerichtet, machte einen großen Eindruck auf mich. Vorsuppe, Hauptgericht, Nachspeise, sogar ein Glas Wein wurden serviert. Ich war sehr verunsichert und bemüht, ja keinen Fehler zu machen. Bescheiden dankte ich, wenn Speisen nachgereicht wurden und achtete auf das Eßverhalten von Herrn und Frau Kramer. Alles schmeckte vorzüglich, und ich hätte mich gerne richtig sattgegessen, aber die Angst etwas falsch zu machen und unangenehm aufzufallen, ließ mich kaum einen Bissen herunterkriegen. Bei der Unterhaltung, und mein Oberforstmeister wollte vieles über mich, meine Familie und die Ausbildung wissen, war ich recht schüchtern und befangen. Als die Tafel aufgehoben wurde und ich mich verabschieden konnte, fühlte ich mich erlöst. In meinem Quartier, bei Frau Mai, stärkte ich mich dann nochmals ungezwungen!

Eines Tages erhielt ich vom Forstamt einen besonderen Auftrag. Ich sollte zur Revierförsterei Wildhügel fahren und mich dort für einige Zeit einquartieren. Der Revierförster Sandmann diente als Soldat und seine junge, schöne Frau mit ihren kleinen Kindern fürchtete sich in der mitten im Walde liegenden, sehr einsamen Försterei. Die Zeiten waren unruhig. Partisanen, aber auch geflüchtete Kriegsgefangene, hielten sich schon in einigen großen Waldungen Ostpreußens, wie z. B. in der Johannisburger Heide, auf. Auch in unserer Region gab es Anzeichen dafür. Aus diesem Grunde wurde ich "Leibwächter" bei Frau Sandmann und ihrer Familie. Am Tage mußte ich im Revier Wildhügel die Reviervertretung, natürlich unter Leitung von meinem Lehrrevierförster, durchführen. Ich hatte die im Revier arbeitenden Männer und Frauen anzuleiten und die Abrechnungen vorzunehmen. Täglich mußte ich telefonisch Bericht erstatten. Nachts schlief ich im Wohnzimmer auf der Couch, neben mir stand geladen und griffbereit mein Drilling. Nach einiger Zeit hatte Frau Sandmann die Belange zur Weiterführung ihrer Landwirtschaft auf den Dienstländereien der Försterei geregelt und zog zu ihren Verwandten. Dort richtete sie ihren zweiten Wohnsitz ein.

Im Monat August begann für alle Männer der grünen Farbe eine sehr anstrengende Zeit, eine Zeit mit viel Strapazen, wenig Schlaf und rastlosem Einsatz. Sie dauerte bis Ende der Hirschbrunft im Oktober.
Die Brunft des Elchwildes begann in der Regel am 1. September. Der Höhepunkt so um den 10. September und die Nachbrunft zog sich bis Anfang Oktober hin. Beim Rotwild erlebten wir die Brunft etwas später, sie begann um den 10. September und zog sich ebenfalls bis in den Oktober hinein. Während der Brunft nahmen die Hirsche wenig Nahrung auf und verloren etwa 40 bis 60 Kilogramm ihres Gewichtes, wir Jäger während dieses anstrengenden Jagdeinsatzes trotz reichlicher Verpflegung etwa fünf bis zehn Kilogramm.
Vier Wochen vor der Brunft begann im ganzen Oberforstamt, das gleichzeitig Staatsjagdgebiet war, die Hirschbeobachtungszeit. Während dieser Zeit herrschte in der Nähe der Wildeinstände absolute Ruhe. Holzsammler, Beeren-

und Pilzesucher durften den Wald nicht betreten, und die Waldarbeiter setzte man an Stellen ein, wo sie das Wild nicht beunruhigen konnten. Alle Forstbediensteten, vom Forstschutzgehilfen, Forstanwärter, Forstaufseher, Revierförster bis zum Forstmeister sowie einige jagderfahrene Haumeister und Wildfütterer wurden an den wichtigsten Stellen zur Beobachtung eingesetzt. Die Beobachtungszeit begann morgens etwa zweieinhalb Stunden vor Sonnenaufgang, im August also von 4.30 Uhr bis 7.00 Uhr und abends zwei Stunden vor Sonnenuntergang bis zur völligen Dunkelheit, 18.30 Uhr bis 22.30 Uhr (Sommerzeit).

An den Brunftplätzen, wichtigen Wechseln, Wildwiesen, z. B. an den Transvaalwiesen am Rande des Moosbruchs, standen massive Kanzeln. Diese mußten regelmäßig morgens und abends besetzt werden. Unsere wichtigste Ausrüstung waren Fernglas, Uhr, Notizblock und Bleistift. Jeder Hirsch, ob Elch-, Rot- oder Damhirsch, war genau anzusprechen (Alter, Geweihform, Enden usw.). Die Uhrzeit und Entfernung von der Kanzel wurde notiert und die Wechselrichtung, d. h. von welchem Jagen das Wild überwechselt (z. B. von Jagen 92 zu Jagen 93). Alle Angaben mußten noch am Morgen zwischen 7.30 Uhr und 8.00 Uhr dem Forstamt Pfeil (Fernsprecher Laukischken 88) gemeldet werden.

Die stabsmäßige, mit preußischer Gründlichkeit geführte Auswertung ergab schon nach einiger Zeit einen genauen Überblick über den Bestand und den Einstand der jagdbaren Hirsche in unserem Staatsjagdgebiet. Auch konnte man feststellen, zu welchen Zeiten die Hirsche zogen und wie beständig sie waren. Zur Unterscheidung bekamen die kapitalen Hirsche einen Namen. In der Rominter Heide z. B. hatte man einen Rothirsch "Assessor", einen anderen "Marschall" getauft. Bei uns im Elchwald führte ein Rothirsch den Namen "Schwarzbruchhirsch" und ein weiterer "Kronleuchter".

Sehr kapitale Elchhirsche nannte man den "Prächtigen" oder den "Engen". Unser Lehrchef versuchte zuvor an Hand von Bildtafeln, aber auch auf gemeinsamen Pirsch-

gängen, uns das sichere Ansprechen und die Unterscheidung der Hirsche in die Klassen I a, I b, II a und II b beizubringen. Man konnte sehr viel von ihm lernen, da unser Lehrchef als erfahrenster und erfolgreicher Jäger im Forstamt galt. Schon als junger Forstbeamter durfte er Kaiser Wilhelm II. zur Jagd führen und hatte als Anerkennung eine goldene Taschenuhr erhalten. Er erlegte damals auch den schwersten Elch mit fünfhundertsechzig Kilogramm Gewicht, einen ungeraden Sechser. In den Hegeabschüssen war er stets vorbildlich, er kannte eben seinen Wildbestand.

Wenn hohe Jagdgäste aus Berlin oder dem Ausland kamen und ganz besonders, wenn Reichsjägermeister Hermann Göring angemeldet war, herrschte eine gewisse Nervosität unter den Forstbeamten. So auch im August 1942, als bekannt wurde, daß Anfang September der Reichsjägermeister auf kapitale Elchhirsche jagen werde. Oberforstmeister Kramer, auch in seiner Eigenschaft als Elchjägermeister, entschied im Einvernehmen mit Oberstjägermeister Scherping, daß Göring auf einen hochkapitalen Elch im Forstamt Tawellenbruch und auf einen weiteren im Forstamt Ibenhorst jagen sollte.
Pünktlich traf auf dem seinerzeit extra angelegten Abstellgleis in Alt Sternberg der Sonderzug mit Salon- und Extrawagen ein. Der hohe Gast und seine Begleitung wurde von unserem Oberforstmeister und weiteren Beamten zunftgemäß mit dem Signal "Begrüßung" empfangen und dann zum Jagdhaus Pait weitergeleitet.

Dieses Jagdhaus, als Gästehaus entsprechend eingerichtet, beherbergte schon viele hohe Jagdgäste. Dort hatte sich schon Kaiser Wilhelm II. aufgehalten, so wie später noch viele ausländische Würdenträger.
Ein zweites Quartier für eingeladene Jagdgäste gab es im Oberforstamt bei Hans Kramer. Göring hielt sich im allgemeinen nur wenige Tage im Sonderzug auf. Er war oft unterwegs.

Zwei Tage nach dem Eintreffen des Reichsjägermeisters suchte mich zu sehr später Stunde mein Lehrchef auf. Ich lag schon im Bett. Er beauftragte mich, am Morgen gegen 8.00 Uhr im Forstamt Tawellenbruch bei Forstamtmann Weber zu sein. Von dort sollte ich Haupt mit Träger eines von Göring geschossenen Elchhirsches zum Präparator nach Königsberg begleiten. Bis zum Forstamt Tawellenbruch waren es knapp dreißig Kilometer mit dem Fahrrad, unser damals wichtigstes Verkehrsmittel, in eineinhalb Stunden gut zu schaffen.

Zeitig radelte ich dorthin und meldete mich auf dem Forstamt. Dann mußte ich unter Anleitung von Forstamtmann Weber mit einem Forstwart das Haupt des Elchs mit Träger abtrennen. Die Massigkeit des erlegten Elchhirsches von gut fünfhundert Kilogramm, der kurze gedrungene Hals, die lederartige Decke mit den groben, harten Grannenhaaren und dem feinen Unterhaar, bereiteten uns große Schwierigkeiten beim Durchschärfen. Die Decke mußte bis tief über der Brust und über den Widerrist abgeschärft werden, erst dann konnten wir den Träger mit Haupt vom Rumpf trennen.
Als wir die Arbeit beendeten, fuhren mehrere Autos, in denen Göring und seine Begleitung saßen, darunter auch unser Oberforstmeister Kramer, vor. Sie kehrten aus Ibenhorst von der Morgenpirsch zurück. Der Reichsjägermeister erlegte dort einen weiteren kapitalen Elchhirsch.
Göring unterhielt sich mit Forstamtsleiter Weber, ich glaube auch mit dem zweiten "Elchvater", Revierförster Quednau. Diese beiden Jäger hatten das Elchwild in über vierzig Jahren im Stammrevier Tawellenbruch gehegt und die Entwicklung positiv beeinflußt.

Der Reichsjägermeister, nach diesen Jagderfolgen in guter Stimmung, betrachtete nochmal das Geweih seines kapitalen Elchs und wollte sich vergewissern, welcher nun der stärkere war. Einhellig meinte man, daß es der erste Elch sei. Ich hatte so die Gelegenheit, Hermann Göring aus

nächster Nähe zu erleben. Nach diesem kurzen Zwischenaufenthalt fuhr er weiter nach Alt Sternberg zur Rothirschbrunft. Dort erlegte er den hochkapitalen "Kronleuchter", einen Tag später im Forstamt Neu Sternberg noch einen sehr guten Achtzehnender. Von dort wiederum reiste er mit seinem Sonderzug nach Rominten.
Im Forstamt Wehrkirchen schoß er am 22. September 1942 den in Ostpreußen bis dahin stärksten Hirsch, einen Zweiundzwanzigender mit über 228 Nadlerpunkten, den sogenannten "Matador".

Das starke Elchgeweih mit Träger wurde in einem Lieferwagen zum Forstamt Pfeil gebracht. Am nächsten Morgen begleitete ich die Trophäe, die in den Gepäckwagen des Personenzuges verladen wurde, der über Labiau nach Königsberg fuhr. Vom Nordbahnhof transportierte ein Spediteur das schwere Geweih zum Präparator. Gegen Empfangsquittung lieferte ich die wertvolle Trophäe ab. Damit war meine Mission beendet.

Das Forstwirtschaftsjahr ging vom 1. Oktober bis 30. September jeden Jahres. Innerhalb einer Woche mußten dem Forstamt dann die Monatsabrechnung September und die Jahreszusammenstellung gleichzeitig, d. h. zwölf Arbeitshefte, fehlerfrei nach den einzelnen Kapiteln geordnet, mit dem Verbrauch der genehmigten Mittel und der erbrachten Leistungen, übergeben werden. Revierförster Ringhardt, zuständig für sein eigenes Revier, betreute außerdem die Revierförsterei Wildhügel und zeichnete auch verantwortlich für die Unterförsterstelle Ludendorff. Den alten Forstaufseher Petersdorff, der die Unterförsterstelle verwaltete, konnte man mehr für Forst- und Jagdschutz gebrauchen als für Büroarbeiten. Die Abrechnung der drei Betriebseinheiten mußte fertig werden, und wir hatten dieses zu erledigen. Für uns eine schwierige Aufgabe, da der Jagdbetrieb trotzdem weiterging. Jeden Morgen ab 5 Uhr saßen wir auf der angewiesenen Kanzel, dann von 8 bis 16 Uhr im Bürodienst tätig und abends von 17 Uhr bis es stockdunkel wurde, im Jagdeinsatz.

An diesen Tagen nickten wir manchmal vor Müdigkeit während der Büroarbeiten ein. Auch war unsere Fehlerquote verhältnismäßig hoch. Einen Achtstundentag bzw. geregelte Arbeitszeit für zukünftige Forstbeamte kannte man nicht. Auch am Sonntag setzte man uns dienstlich ein. Wenn nichts besonderes vorlag, übten wir Forst- und Jagdschutz, jeder in einem Revierteil, aus. Damit waren wir zeitlich und örtlich gebunden. Unser Lehrchef kontrollierte des öfteren seine Anweisungen auf Einhaltung. Wenn Schüsse in unserem oder Nachbarrevier fielen, mußten wir Zeitpunkt und Ort genau registrieren. Ich glaube, machmal schoß Erich Ringhardt absichtlich, um unsere Aufmerksamkeit zu prüfen. Von der deutschen Jugend verlangte man zu damaliger Zeit, daß sie "hart wie Kruppstahl, zäh wie Leder und schnell wie die Windhunde" sein mußte.

Mit den ersten Frosttagen im Oktober begann die verstärkte Jagd auf den Fuchs. Unter den längeren Grannen wächst dem Fuchs eine dichte Unterwolle. Der Winterbalg ist daher besonders dicht und wertvoll. Für den Winterbalg der Ostpreußenfüchse zahlten die Rauchwarenhändler bis zu 40 RM. Für die Forstbeamten und Jäger war das ein guter Nebenverdienst. In einer Jagdsaison konnte man durch Erlegen und Fang von Raubwild (Fuchs, Marder, Iltis, und Wiesel) 1.000 RM und mehr verdienen.
Mein Lehrchef schickte mich zu Oberforstmeister Kramer, einen Fuchs zu streifen. Diese Arbeit hatte ich des öfteren schon zu Hause durchgeführt und einige Fertigkeiten erlangt. Ich fuhr also selbstbewußt zum Oberforstamt. Erstaunt sah ich mir den mit einer Kugel erlegten Fuchs an. Das Geschoß hatte eine Rippe erwischt und dadurch die andere Seite des Fuchses restlos aufgerissen. Der Ausschuß wirkte riesengroß und es hingen eigentlich nur Fetzen auf der Seite. Meine Frage an den Oberforstmeister: „Wie soll ich das denn machen?" wurde beantwortet mit: „Streifen Sie ihn und ziehen Sie den Balg auf das Spannblatt - dann lassen Sie sich von meiner Frau Nadel und Faden geben und nähen den zerschossenen Balg zusammen.

Erst dann festspannen und mit Nägeln am Brett befestigen." Es dauerte lange bis ich endlich damit fertig war. Anschließend bat mich Frau Kramer zum Mittagessen. Damit hatte ich nicht gerechnet. Wieder bekam ich nur schwer einen Bissen hinunter und verließ noch hungrig den runden Eßtisch, obwohl es gut und reichlich zu essen gab.

Einmal ergab es sich, daß man mich als Kurier mit wichtigen Unterlagen zum Regierungsforstamt nach Königsberg schickte. Schnell erledigte ich diese Angelegenheit, so daß mir der ganze Nachmittag zur Verfügung stand. Ich besuchte meinen Onkel Otto, der Konrektor an einer Schule war und in der Wartenburgstraße wohnte. Außerdem wollte ich noch bei meiner Schulfreundin Dorothea Huck vorbeischauen, die in Königsberg Kindergärtnerin lernte. Wir hatten uns schon über ein halbes Jahr nicht mehr gesehen. Es klappte, meine Schulfreundin bekam den Nachmittag frei. Wir gingen zu unserem gemeinsamen Schulkameraden Horst Wermke, der im Gaststätten- und Hotelgewerbe eine Lehre begonnen hatte und im "Berliner Hof" arbeitete. Er freute sich über unseren Besuch und bewirtete uns köstlich. Nach einem Kinobesuch im "Alhambra" folgte ein Stadtbummel. Der Nachmittag und Abend verging viel zu schnell. Ich begleitete Dorothea zum Internat und fuhr dann mit der Straßenbahn zum Nordbahnhof, um den letzten Zug nach Labiau zu nehmen. Aber welcher Schreck, der Zug verkehrte am Sonnabend nicht. Ich hatte das im Fahrplan übersehen. Der nächste Zug fuhr erst am Sonntag früh gegen 6.00 Uhr und erreichte erst nach 8.00 Uhr Labiau. Revierförster Ringhardt hatte mich für Sonntag, wie üblich, zu 9.00 Uhr bestellt, so daß für die etwa sechzehn Kilometer bis Haffwerder wenig Zeit verblieb. Bis zur Abfahrt des Zuges saß ich nun auf dem Bahnhof. Als der Zug bereitgestellt wurde, nahm ich schon Platz. Das Abteil war kalt, und draußen begann es zu schneien. Die Wartezeit erschien mir endlos, bis endlich der Zug anruckte. Langsam ratterte er davon. An acht Bahnstationen, auf der etwa

fünfzig Kilometer langen Strecke, hielt er an. Es war ein Bummelzug, der für die Strecke etwa zwei Stunden Fahrzeit benötigte.
Mich plagte die große Sorge, daß ich zu spät komme, denn Unpünktlichkeit konnte mein Lehrchef überhaupt nicht leiden. Natürlich hatte der Zug etwas Verspätung. Es wurde ein Wettlauf gegen die Zeit. Mit höchster Geschwindigkeit radelte ich durch Labiau, am Großen Friedrichsgraben entlang, Richtung Haffwerder. Der zehn Zentimeter hohe Neuschnee erschwerte mir das Radfahren. Zu allem Übel sprang noch mehrmals die Fahradkette herunter. Es war zum Verzweifeln, völlig außer Atem und schweißgebadet erreichte ich mein Quartier, wechselte schnell den A-Rock gegen die Waldbluse, schnappte meinen Drilling und fuhr zur Försterei. Dort angekommen, drückte ich hastig auf die Klingel und warf dabei einen Blick zur Armbanduhr, Gott sei Dank, eine Minute vor 9.00 Uhr. Mein Revierförster sah mich kritisch an und sagte: „Sie sind ja ganz außer Puste, fahren Sie nicht immer auf die letzte Minute los?"

Einige Tage später erhielt ich meinen Einberufungsbefehl zum Infantrie-Regiment 1 nach Königsberg. Ich melde mich beim Forstamt Pfeil ab, verabschiedete mich von Herrn und Frau Ringhardt und von Herbert Unruh. Siegfried Stetzuhn war schon etwas früher einberufen worden. Dann packte ich meine Sachen und fuhr zu meinen Eltern nach Rossen. Am Einberufungstag meldete ich mich pünktlich in der Kaserne des IR 1 am Kanonenweg in Königsberg.

Der Krieg, an allen Fronten, ganz besonders im Osten, nahm an Härte und Grausamkeit zu. Millionen von Menschen mußten sinnlos sterben. Nach den Anfangserfolgen der Deutschen Wehrmacht kamen die Rückschläge. Mit Stalingrad begann die Wende des Krieges. Unaufhaltsam rückte die Rote Armee vor, Millionen von Soldaten opfernd, erreichte sie im Herbst 1944 erstmals deutschen Boden. Die ostpreußische Bevölkerung bangte und hatte große Angst. Was sollte werden? Gauleiter Koch und die NS-Führung versuchten mit Kampfparolen und Propaganda der Bevölkerung weiszumachen, daß der Russe zurückgeschlagen werde und der Endsieg nahe sei. Einen Räumungsbefehl der bedrohten Gebiete gaben sie nicht.

Am 13. Januar 1945 startete die russische Großoffensive auf Ostpreußen. An mehreren Stellen wurde nach erbitternden Kämpfen die Verteidigungslinie durchbrochen.
Der Rückzug und die Flucht der Bevölkerung begann. Alle Männer vom 16. bis 60. Lebensjahr wurden für den Volkssturm mobilisiert und schlecht bewaffnet in den Verteidigungskampf geworfen. Viele alte Förster, darunter auch Erich Ringhardt, mußten ihre Familien allein lassen, um mit dem Volkssturm gegen die Russen zu kämpfen. In diesem Kampf ging es nur noch darum, den Verwundeten und Flüchtlingen das Leben zu retten, sie vor der Unmenschlichkeit des Krieges zu schützen, um Zeit zu gewinnen, damit auch auf dem Seeweg Hunderttausende in Sicherheit gebracht werden konnten.

Mit viel Glück hatte Erich Ringhard die letzte Phase des Krieges überlebt. Seiner Frau gelang die strapazenreiche Flucht mit Pferd und Wagen, immer kurz vor den russischen Panzern fahrend, bis in die Lüneburger Heide. Der treue "Moritz" zog wochenlang den Einspänner. In Amelinghausen war Endstation. Nach einiger Zeit fand sich das Ehepaar Ringhardt wieder. Der schreckliche Krieg war zu Ende. Ein schwieriger Neuaufbau begann.
Mit vierundfünfzig Jahren bekam Erich Ringhardt die Revierförsterei Schulenburg, im Forstamt Schulenburg, im Oberharz. Bis zu seiner Pensionierung verwaltete er diese Stelle. Die Försterei lag im Ort Festenburg. Erich Ringhardt tat gewissenhaft seinen Dienst, hatte noch viele jagdliche Erfolge, nur die Harzhirsche waren geringer und Elchwild fehlte gänzlich. Anläßlich seines sechzigsten Geburtstages wurde er zum Oberförster befördert. Ins Gast-

haus "Grüne Tanne" kehrte er gerne ein und ließ sich vom Wirt Rudolf Tolle manchmal auch einen "Pillkaller" reichen.

Die ehemaligen Forstanwärter Herbert Unruh und Siegfried Stetzuhn überlebten den Krieg, haben im westlichen Teil Deutschlands ihre Ausbildung beendet und waren im Forstberuf weiter tätig. Einige Male suchten sie ihren alten Lehrchef Ringhardt auf, nur ich konnte nicht dabei sein, denn eine Grenze teilte Deutschland!

Nachdem Oberförster Ringhardt in den Ruhestand versetzt worden war, zog das Ehepaar nach Hildesheim. Im Jahre 1975 verlegten sie ihren Wohnsitz nach Mölln. In den letzten Lebensjahren wurde die Sehkraft Ringhardts immer schlechter, bis er fast erblindete. Anfang März 1981 starb mit neunundachzig Jahren ein äußerst verdienstvoller und pflichtbewußter Forstfachmann, der bis 1945 in Ostpreußen sein Wissen und Können dem Aufbau und Erhalt des Waldes widmete. Mit Hilfe von Kulturfrauen und Waldarbeitern ließ er Forstkulturen begründen, die vielleicht in einhundert Jahren in unserer Heimat Ostpreußen noch ihre Äste im Winde bewegen. Auch von den letzten elf Jahren seines Forstdienstes im Oberharz sind Spuren seiner guten fachlichen Tätigkeit zu finden und werden dem Nutzen und Wohle der Nachwelt dienen.
Seine Frau starb im November 1985. Beide haben auf dem Friedhof von Mölln, fern ihrer geliebten Heimat, ihre letzte Ruhestätte gefunden.

Die Hahndoppelflinte

Von meinem Großvater erbte ich seine gute, vielbewährte Hahndoppelflinte, Kaliber 12. So eine Suhler Jagdwaffe ist unverwüstlich, sie überlebt Jägergenerationen. Ausgestattet mit recht langen Läufen, etwa 76 Zentimeter, und einer guten Schußleistung, verhalf sie Großvater zu vielen Jagderfolgen. Voraussetzung für gute Strecken ist immer der richtige "Steuermann". Jedenfalls hatte ich viel geübt und nach und nach klappte es immer besser, was auch Munitionsverbrauch und Strecke bewiesen.

Zu Großvaters "Erbstück" schenkte mir Onkel Willi, der Revierförster im Privatwald des Freiherrn v. Paleske/Sorquitten war, einen Selbstspannerdrilling, Kaliber 16/70; 9,3 x 72 R. Diese Waffe, nicht mehr neu, aber sehr gut erhalten und ohne Zielfernrohr, war für junge, angehende Forstbeamte erwünscht. Sie sollten das Zielen über Kimme und Korn sowie das ziemlich genaue Entfernungsschätzen erlernen. Der Kugellauf des Drillings hatte bis auf einhundert Meter Entfernung eine sehr gute Trefferquote, was ich im Revier meines Vaters mehrfach ausprobiert hatte.

Ausgerüstet mit großem Jagdrucksack, Fernglas, Weidmesser, zwei Jagdwaffen und weiteren Forst- und Jagdutensilien sowie den besten Wünschen meiner Eltern und meines Lieblingsonkels Willi begann ich meine Forstausbildung. Nach kurzer Ausbildungszeit durften mein Kollege Herbert Unruh und ich uns schon jagdlich betätigen. Wir bekamen die Erlaubnis, unsere Jagdwaffen zu führen, durften Forst- und Jagdschutz ausüben und nach Maßgabe unseres Lehrrevierförsters Ringhardt Wild erlegen.
In unserem Wohnzimmer stand an der Wand ein Gewehrständer. Darin stellte jeder von uns seine Jagdgewehre ab. Wenn wir zum Dienst gingen, wurde aus dem Ständer eine

Waffe genommen, aus dem Schuppen das Fahrrad geholt und ab ging es. Wir hatten uns angewöhnt, auf der Landstraße unsere Waffe zu laden. Mit Lauf nach vorne wurde sie über die linke Schulter gehängt und mit dem Arm vor dem Abgleiten gesichert. Dann ergriff man den Lenker, stieg auf und schon konnte die Fahrt beginnen. Da wir uns praktisch vom Quartier, der drittletzten Büdnerei, bis zur Försterei immer im Wald und Staatsjagdgebiet bewegten, hatte unsere Methode Vorteile. Man war immer schnell schußbereit, mußte nur entsichern bzw. die Hähne spannen. Auf diese Weise versuchten wir, unser Taschengeld durch mehr Abschüsse von Raubzeug und Raubwild etwas aufzubessern.

Wir erhielten für:		
	Rabenvögel	0,50 RM
	wildernde Katzen	1,00 RM
	wildernde Hunde	3,00 RM
	Fuchs	5,00 RM
	Schalenwild	0,80 RM.

Da die Patronen 11 bzw. 12 Pfennige kosteten, waren bei guter Schußleistung ein paar Mark zu verdienen.

Eines Tages mußte ich Revierförster Ringhardt begleiten. Wir fuhren mit unseren Fahrrädern durchs Revier. Dabei wurden einige dienstliche Obliegenheiten erledigt. Der Weg ging über Heidendorf, auf dem Deich des Großen Friedrichgrabens entlang zur Fähranlegestelle Haffwerder und wieder zurück zur Försterei. Als wir an unserem Quartier vorbeifuhren, sagte mein Vorgesetzter, ich möchte die Nummernbuchkladde holen und zur Försterei nachkommen. Eilig und übereifrig hastete ich ins Haus, stellte schnell die Waffe in den Gewehrständer, vergaß aber, sie zu entladen, schnappte mir das Nummernbuch und fuhr mit dem Fahrrad hinterher.
Büroarbeit war bei uns nicht sehr beliebt. Ich mußte Holz kubizieren, entsprechend der Stärkegruppe eintragen und immer Seite für Seite jeweils dreißig Zahlen addieren, zur

Kontrolle die Quersumme ermitteln, und oft stimmte das Ergebnis nicht. Also mußte alles nochmal von vorne überprüft werden. Fehlersuche, eine langwierige aber notwendige Arbeit, vor fünfzig Jahren waren Taschenrechner noch unbekannt! Am nächsten Tag nahm ich zum Dienst meinen Drilling mit. Die Flinte blieb also im Ständer stehen und da ich keinen Schuß abgegeben hatte, brauchte ich sie nicht reinigen. So vergingen ein paar Tage bis zum nächsten Sonntagvormittag, unserem Appelltag.

Diesen Tag mochten wir überhaupt nicht. Unser Lehrchef als ehemaliger Soldat war mit den alten preußischen und soldatischen Tugenden, wie Ordnung, Disziplin, Gehorsam, Pünktlichkeit, vertraut und durch seine Forstbeamtenlaufbahn noch besonders verknüpft und geprägt.
Morgens, wenn wir zur bestellten Zeit bei ihm klingelten und er die Haustür öffnete, galt sein erster Blick der Armbanduhr. Wehe, wenn wir uns eine Minute nach der angegebenen Zeit meldeten. An diesem Tag hatten wir nichts zu lachen! Nach dem Waffenappell wurde eine halbe Stunde Jagdhornblasen geübt. Als letztes ging es oft auf den Schießstand. Ein Übungsschießen auf stehenden Bock, Fuchs oder laufenden Hasen bzw. Überläufer folgte. In diesen Disziplinen stellte ich mein Können richtig unter Beweis. Ich empfand es als ausgleichende Gerechtigkeit zu meinem schlechten Jagdhornblasen! Nach diesem Zeremoniell war Mittag. Unser weiterer Dienst am Sonntagnachmittag und -abend bestand meistens aus Forst- und Jagdschutz.

Am besagten Sonntagfrüh wollte ich noch schnell meine Waffen durchsehen und reinigen, also appellfähig machen. Ich nahm zuerst meine Hahndoppelflinte aus dem Waffenständer, hielt sie schräg nach oben, spannte den rechten Hahn und wollte den Abzug prüfen. Ein ohrenbetäubender Knall ertönte. Mein Freund und Kollege Herbert stand etwa einen Meter von mir entfernt und war ebenfalls mit seiner Waffe beschäftigt. Er erschrak fürchterlich, Putz fiel

von der Decke, Staub wirbelte auf. Wie ein Schock traf es mich - ich war fast gelähmt. Herbert stand ebenfalls bleich wie Kalk an der Wand. Der Schrotschuß ging nur knapp an seinem Kopf vorbei!
Frau Mai stürzte, die Hände über den Kopf zusammenschlagend, ins Zimmer, sah die Bescherung, jammerte wegen des Schadens und war vollkommen fassungslos. Ein großes, längliches Loch klaffte in der Decke. Abprallende Schrote hatten die Fittiche des in der Zimmerecke hängenden präparierten Sperbers arg in Mitleidenschaft gezogen. Eine böse Bescherung! Nicht umsonst sagt man: "Ist die Kugel erst aus dem Lauf, hält sie kein Teufel mehr auf". Herbert konnte tagelang schlecht hören. Diesen "Jagdunfall" haben wir unserem Lehrrevierförster verschwiegen. Meine Leichtsinnigkeit kam mir teuer, erwies sich aber lehrreich für mein späteres Leben!

Siegfried Stetzuhn hatte mit seiner Waffe auch ein Malheur. In unserem Schlafzimmer probierte er gequollene Schrotpatronen aus, ob sie noch in die Flinte paßten. Plötzlich löste sich ein Schuß und traf seinen guten Uniformrock, der auf seinem Bett lag. Die Schrotgarbe hinterließ ein faustgroßes Loch auch im Federbett.

Der Uralkauz

Die Vogelwarte Rossitten, 1901 von Professor Thienemann gegründet und wissenschaftlich geleitet, weitergeführt von Professor Doktor Ernst Schüz, benötigte für die umfangreichen Forschungen und Vogelberingungen u. a. auch junge Uralkauze. Eine recht selten vorkommende Eulenart.

Im Frühjahr 1942 erging vom Regierungsforstamt Königsberg an das Forstamt Pfeil der Auftrag, fast flügge gewordene Uralkauze an die Vogelwarte Rossitten zu liefern. Oberforstmeister Kramer, Leiter des Forstamtes Pfeil, übertrug diese Aufgabe dem Lehrrevierförster Ringhardt, da sich in seinem Revier Grabenwald zwei Horste des Uralkauzes befanden.

Siegfried Stetzuhn, Herbert Unruh und ich befanden uns damals in der Forstausbildung. Als zukünftige Forstbeamte mußten wir alles von der Pike auf lernen, was mit Forst und Jagd zu tun hatte. In diesem speziellen Fall beobachteten Herbert Unruh und ich die Horste regelmäßig aus sicherer Entfernung, um die Entwicklung der Nestlinge festzustellen. In jedem Horst schlüpfte nur ein Junges. Endlich war es soweit, daß die Nestlinge groß genug waren, um sie aus dem Horst zu holen. Durch verspätete Lieferung der Zapfenpflückerausrüstung verschob sich unsere Aktion um ein paar Tage. Als wir alles beisammen hatten, zog unser Revierförster mit uns, ausgerüstet mit Steigeisen und Sicherheitsgurt, zu den Horsten der Uralkauze.

Der erste Horst befand sich in der Krone einer hohen Esche. Vorher hatten Herbert und ich geknobelt, wer welchen Horstbaum besteigen sollte. Mein Freund Herbert hatte es leichter und mußte als erster auf die Esche klettern. Aber dennoch erwies es sich als ein schwieriges Unterfangen, ohne vorheriges Training, ohne genaue Kenntnis und Handhabung der Kletterausrüstung einen glatten, rund 20 Meter hohen Baum zu besteigen. Herbert, kräftig, etwas klein und untersetzt, meisterte nach anfänglichen Problemen die Aufgabe. Als er schweißtriefend den Nestling aus dem Horst nehmen wollte, war die Enttäuschung groß. Das Junge, bereits flügge, hatte den Horst schon verlassen, also ergebnislos runter von der Esche und zum nächsten Horst.

Dieser lag in einem hohen, aus Kernwüchsen begründeten Erlenbestand. In Ostpreußen gab es gut gewachsene, gradschäftige Erlen, die 30 Meter und höher wurden. Jedenfalls dieser Bestand hatte gut diese Höhe. Der Horstbaum bildete in etwa 20 Metern Höhe einen Zwiesel und in dieser Gabel, etwa drei Meter darüber, befand sich der Horst. Mit gemischten Gefühlen und leichtem Druck in der Magengegend legte ich die Steigeisen an, schnallte den Gurt um, legte die Sicherheitsleine um den Stamm und hakte sie in den Gurt ein. Dann befestigte ich einen Bindfaden am Gürtel, an dessen langem Ende ein Korb hing.

So begann der Aufstieg. Da der Stamm ziemlich stark, die Borke grob und rissig war, dauerte es eine Weile, bis ich mit den Steigeisen und der ganzen Klettertechnik zurechtkam. Manchmal hatten die Dornen der Steigeisen keinen Halt, die Borke bröckelte und ich rutschte ab, dann hielt mich nur noch der Sicherheitsgurt. Der Schweiß rann, ich spürte, wie mir die Knie weich wurden, aber ich durfte nicht aufgeben, ich mußte meine Angst, die Schwäche und das Schwindelgefühl überwinden. Nach etwa zehn Metern war die Borke nicht mehr so grob, auch der Stammdurchmesser nahm ab, so daß das Hochsteigen einfacher wurde. Kurz bevor ich die Astgabelung unterhalb des Horstes erreichte, hörte ich plötzlich meinen Lehrchef laut rufen: „Achtung Mattke, festhalten!" Im selben Augenblick erhielt ich einen heftigen Schlag auf den Hinterkopf. Nur mit Mühe konnte ich den Schreck überwinden und das Gleichgewicht halten. Dann sah ich, wie der Altvogel zum zweiten Mal angriff. Mit meiner linken Hand klammerte ich mich krampfhaft am Sicherheitsgurt fest und versuchte, mit der rechten den Uralkauz abzuwehren, damit er mich nicht im Gesicht verletzen konnte. Der Uralkauz, eine verhältnismäßig große Eulenart, schlug mit seinen scharfen Fängen nach mir. Meine rechte Hand und der Arm bluteten. Mein grünes Hemd, zwar nicht das Beste, ging in Fetzen. Die Angriffe von der rechten Seite konnte ich recht gut abwehren, nur von links und hinten hatte ich einige Schwierigkeiten. Nach etwa fünf bis sechs Angriffen hörte der Kauz auf. Mit zitternden Knien kletterte ich weiter. Am Zwiesel und dem relativ großen Horst gab es Probleme, so daß ich mit Risiko die Sicherheitsleine lösen und neu befestigen mußte. Endlich hatte ich es geschafft. Im Horst saß ein fast flügger Jungvogel. Ich zog an der Schnur den Korb hoch und wollte den Kautz greifen und hineinlegen. Angstlaute von sich gebend, eine Abwehrstellung einnehmend und sich mit seinen Fängen verteidigend, wehrte er sich vor dem Aushorsten. Plötzlich griff der Altvogel noch einmal an. Diesen Angriff konnte ich mit einem Zweig aus dem Horst gut abwehren. Nach dieser Attacke ließ der Kauz von mir ab. Vorsichtig ergriff ich den Jungvogel, der sich noch festkrallte und schlecht in den Korb setzen ließ, aber es half ihm nichts. An der Schnur ließ ich den Korb mit der wertvollen "Beute" wohlbehalten herunter. Mein Abstieg verlief wesentlich leichter. Mit weichen Knien, schweißgebadet und völlig erschöpft, bekam ich wieder festen Boden unter den Füßen. Über die Erfüllung dieser schwierigen Aufgabe war ich recht stolz und glücklich.

Revierförster Ringhardt besah sich meine Verletzungen. Die blutende Kopfwunde wurde notdürftig verbunden und dann mußte ich schnell zum Arzt. Um meine Kopfverletzung herum rasierte er die Haare ab und behandelte die Wunde. Anschließend wurde auch mein lädierter Arm verarztet. Bis meine Haare nachwuchsen, lief ich mit einer "Tonsur" wie ein katholischer Geistlicher umher.

Ein Sonderkurier brachte den jungen Uralkauz zur Vogelwarte Rossitten auf die Kurische Nehrung. Nach entsprechender Untersuchung und Behandlung wurde er später beringt und als kräftiger Jungvogel in die Freiheit entlassen.

"Krajebieter"

Jemand, der nicht aus Ostpreußen stammt und das Gebiet um das Kurische Haff, die Elchniederung, das Große Moosbruch, die Umgebung von Labiau, die Kurische Nehrung, Rossitten und Nidden bis hinauf nach Memel nicht kennt, kann sich unter dem Wort "Krajebieter" nichts vorstellen. Diejenigen aber, die die ostpreußische Mundart verstehen, übersetzen es wörtlich in "Krähenbeißer" und das ist auch im wahrsten Sinne des Wortes so.
Als Junge hörte ich gelegentlich von den Krajebietern, die im Herbst zur Vogelzugzeit auf der Kurischen Nehrung jede Menge Krähen fingen, um sie als "Tauben" oder "Rebhühner" zu verkaufen.

Während meiner Forstausbildung in der Revierförsterei Grabenwald erlebte ich die "Krähenbeißer" beim Fang. Zwar war auf dem Lande die Lebensmittelversorgung während des Krieges wesentlich besser als in den Städten und Industriegebieten, aber man freute sich trotzdem über jede zusätzliche Bereicherung des Speiseangebotes. Unsere Quartierswirtin gab sich wirklich redliche Mühe, um uns Achtzehnjährige sattzubekommen. Durch die kleine Landwirtschaft hatte sie einige Vorteile bei der Versorgung. Wir waren ständig in Bewegung und im Freien, so daß wir guten Appetit hatten.

Nach erfolgreicher Jagd gehörte dem Erleger das Geräusch vom Schalenwild (Herz, Lunge, Leber, Nieren = kleines Jagdrecht). Außerdem gestattete uns unser Lehrchef, Flugwild (Enten, Tauben, Rebhühner, Schnepfen) zum eigenen Verzehr zu verwenden. Diese Möglichkeit der zusätzlichen Versorgung wurde von uns ausgiebig wahrgenommen. So stellten wir in der Jagdzeit jeder Taube, Ente, Schnepfe eifrig nach.

Eines Tages kamen wir auf die Idee, auch Eichelhäher, Fischreiher, Stare und sogar Krähen in unsere Versorgung einzubeziehen. Gegen diese "Vögel" hatte unsere Frau Mai erhebliche Einwände, besonders gegen die kleinen Stare. Einerseits war sie froh, daß ihre Kirschbäume nicht geplündert wurden, schimpfte aber trotzdem: „Ek weet nich wart dat sull, doa ös jva nuscht dran, de kleene Vagels, nächst sull ek noch Poggen inne Pott schmoren!" Jedenfalls gutes Zureden half und so konnten wir uns bald einen Überblick über den Geschmack der einzelnen Vogelarten machen. Alle, die wir probierten, hatten ihren arttypischen Geschmack, so wie wir das z. B. von Gans, Pute, Ente und Hähnchen kennen. Junge Krähen schmeckten uns recht gut und waren bei entsprechender Zubereitung von Tauben kaum zu unterscheiden.

Im Spätsommer sammelten sich die einzelnen Vogelarten, so die Stare, Finken, Kiebitze, Störche und viele mehr. Ende August scharten sich auch die Wasservögel am Rand des Haffes zusammen. Jung- und Altvögel rüsteten sich zum Flug in wärmere Gefilde, oft über Tausende von Kilometer hinweg, in die Mittelmeerländer oder bis nach Afrika. Der Sommer neigte sich seinem Ende zu, der Herbst begann.
Es war ein überwältigendes Schauspiel, die unzähligen Scharen der Zugvögel zu beobachten. Vom Abendhimmel zeichneten sich die Flüge der in Keilform dahinfliegenden Gänse, Kraniche, Enten und Schwäne mit ihren arttypischen Rufen ab. Schwärme von Tauben, Möwen, Kiebitzen, Krähen suchten ihre Rastplätze auf. Abend für Abend sah man tausende Schwalben im Rohrdickicht des Kurischen Haffs zwischen Haffwerder und Mövenort sitzen und in aller Früh bei Sonnenaufgang, wenn schier unendlich viele Fäden des Altweibersommers, auf denen Tautropfen wie tausende Perlen glitzerten, zu sehen waren, jagten die flinken Schwalben schon wieder hinter den Mücken und Fliegen her. Das Wetter beeinflußte den Vogelzug erheblich. An stürmischen, regnerischen Tagen wa-

ren meistens nur die Wasservögel unterwegs. Bei klarem, schönen Wetter sah man in den Vormittagsstunden große Singvogelschwärme in Höhen von 30 bis 50 Metern oder bei diesigem, nebligen Wetter dicht über den Boden ziehen. Sie wurden oft von Greifvögeln begleitet, z. B. beobachteten wir zahlreiche Sperber und verschiedene Falken, Bussarde, Habichte und Weihen. Gelegentlich sah man sie herabstoßen und Beute machen.
Nach Durchzug der Singvögel zogen in riesigen Schwärmen Tauben und Krähen entlang der Kurischen Nehrung, die als einzigartige Vogelzugstraße (im Mittelpunkt die Vogelwarte Rossitten) weltbekannt war.

Dann begann rund um das Kurische Haff die große Zeit des Krähenfanges. Auf den Haffwiesen führten meistens die Fischer diese Tätigkeit durch. Zu diesem Zweck stellten sie Schlagfallen auf, bestehend aus alten Fischernetzen. Mit einer langen Zugleine, die zu einer Reisighütte führte, wurde die Falle ausgelöst. Schlagnetz, Leinenspur, Hütte - alles schön verblendet und getarnt. In der Nähe des Schlagnetzes wurden einige Lockkrähen aus einem früherem Fang mit einer kurzen Schnur an Pflöcken festgebunden. Im Fangbereich ausgeworfene Fischabfälle lockten nun die Krähenschwärme an. Wenn sich genügend Krähen mit lautem Schrei um die Fischbrocken und den sonstigen Fraß stritten, zog der Fänger in seiner Hütte an der Leine und betätigte so den Mechanismus des Schlagnetzes. Das Netz schlug über die hüpfenden und hockenden Krähen. Etwa zehn, manchmal bis 20 Krähen flatterten im Netz. Alles mußte dann schnell gehen, um gleich darauf das Schlagnetz wieder fängisch zu stellen. Der Fänger eilte an das Netz, holte die gefangenen Krähen einzeln heraus und mit einem Biß drückte er der Krähe den Schädel ein. Wenn diese Tötungsart auch unappetitlich war, so konnte man sie wegen der schlagartigen Wirkung als human bezeichnen.

Bei der Dienstausübung, dem Forst- und Jagdschutz, hatten wir u. a. auch die Aufgabe, die Krähenfänger zu kontrollieren. Es kam gelegentlich vor, daß man Tauben, Greife oder andere unter Naturschutz stehende Vögel fing. Das durfte nicht sein. Sie mußten sofort freigelassen oder zur Vogelwarte nach Rossitten gebracht werden.

Als ich das erste Mal bei einem Fischer aus Ludendorff diese Fang- und Tötungsmethode erlebte, wurde mir ziemlich übel zumute. Dem "Krajebieter" dagegen machte es nichts aus. Nach getaner Arbeit griff er zur Flasche und stärkte sich mit hochprozentigem Schnaps. Mir reichte er auch die Buddel.

Der Krähenfang brachte den Fischerfamilien eine willkommene Bereicherung des Speisezettels und beim Verkauf als "Nehrungstauben" auf dem Königsberger Markt oder in Speisegaststätten eine beachtliche Einnahme. Je Stück erhielt man 0,50 RM. Als Wintervorrat wurden auch Krähen in Tonnen eingepökelt. An guten Zugtagen fing man 50 bis 100 Krähen, manchmal auch mehr. Während der Lockphase rupfte der Krähenfänger in seiner Reisighütte die noch warmen Vögel und packte sie in Holzkisten (Fischkisten), die er abends mit einer Schubkarre nach Hause fuhr.

Seitdem sind über 50 Jahre vergangen. Wenn ich jetzt in Mecklenburg im Herbst den Vogelzug erlebe oder im Frühjahr Gänse und Kraniche mit ihrem schrillen Ruf ostwärts ziehen sehe, dann begleiten meine Gedanken sie auf ihrem Flug in die Heimat. Ich verspüre Heimweh nach dem fernen aber unvergessenen Land der vielen Wälder und Seen - dem Land meiner Jugend.

Der "Medaillenbock"

Spätsommer 1944, die Abschlußübung der Kriegsschule Thorn war erfolgreich beendet. Die zum Oberfähnrich beförderten Absolventen erhielten Kurzurlaub, bevor sie einen sechswöchigen Offizierslehrgang in Neustettin zu besuchen hatten.

Telefonisch kündigte ich meinen Besuch zu Hause an, worauf mein Vater auf dem Bahnhof in Braunsberg ein Fahrrad für mich deponierte. Zwischen Braunsberg und meinem Heimatort Rossen lagen fünf Kilometer. Mit ein0em Fahrrad konnte man diese Strecke in 20 Minuten schnell und bequem zurücklegen. Gegen 23 Uhr hielt endlich der Zug in Braunsberg. Schnell aufs Fahrrad und dann den alt vertrauten Weg gefahren, zuerst die Chaussee in Richtung Heiligenbeil, dann den Sandweg durch den Wald, die Kastanienallee entlang, bis vor die Försterei. Vater, Mutter und mein Bruder Herbert erwarteten mich schon. Nachdem ich mich ausreichend und gut gestärkt hatte, wurde noch viel erzählt und spät ging es ins Bett. Ich bat meine Mutter, mich um 4.30 Uhr zu wecken, weil ich dann noch auf einen Bock jagen wollte. Vater hatte mir von einem guten Abschußbock erzählt, der auf der Wiese in der Nähe der Eisenbahnstrecke Braunsberg - Heiligenbeil zum Vorwerk Helenenhof hin stand. Auf diesen Bock sollte ich pirschen. Ich schlief unruhig, wälzte mich hin und her. Plötzlich schreckte ich hoch. Es war taghell, die Sonne stand schon hoch am Himmel. Ein Blick zur Uhr, ich konnte es kaum fassen, schon 7.00 Uhr. Schnell und wütend stieg ich aus dem Bett und ging runter in die Küche. Hier fragte ich verärgert meine Mutter: „Warum hast du mich nicht geweckt?" „Aber Junge" sagte sie, „du hast kaum geschlafen und bist ja noch müde, sollst dich doch zu Hause erholen, komm' frühstücken." Ich dagegen ging zum Waffenschrank, holte meinen Drilling heraus, nahm das Fernglas und marschierte ziemlich böse zum Wald. Die Försterei Rossen lag am Ortsrand in Richtung des Weges nach Gerlachsdorf. Bis zum Wald waren es gut 200 Meter. Hier pirschte ich weiter durch das Erlenbruch zu der großen Kiefernaufforstung an der Eisenbahnstrecke. Die Kieferndickungen waren Ackeraufforstungen, zum Teil sieben, acht und neun Jahre alt und wurden durch vier Meter breite Schneisen aufgeschlossen. Der Wind stand gut, ich näherte mich der kleinen Wiese vor der Bahnlinie. Plötzlich sah ich auf etwa sechzig Gänge von der rechten Dickung zur linken einen stärkeren Bock äsend über die Schneise ziehen. Um mit dem Glas den Bock genau anzusprechen, blieb keine Zeit, also kniete ich mich hin, brachte die Waffe in Anschlag und kurz vor dem Einwechseln ließ ich fliegen. Deutlich sah ich, wie der Bock zeichnete und in der Kieferndickung verschwand.

Am Anschuß lag hellroter, blasiger Schweiß, keine zehn Schritte weiter lag verendet mein Bock. Schon in der bürstendichten Kieferndickung erkannte ich, daß es ein sehr starker Bock war. Schnell schleppte ich ihn heraus. Ich traute meinen Augen nicht, ein kapitaler Bock, ein gleichmäßig langes verecktes Sechsergehörn, gut geperlt, stark die Stangen und Rosen, dunkel gefärbt, etwa fünf bis sechs Jahre alt. Ein Bilderbuchgehörn, ein Bock der Klasse I - ein Medaillenbock!

Jetzt wurde ich mir meines leichtsinnigen, unüberlegten Handelns erst richtig bewußt. Ich erlegte den stärksten Bock des Revieres, ja der ganzen Gegend.
Mein Vater hatte in über fünfunddreißigjähriger Jagdpraxis noch nie annähernd so einen starken Bock gestreckt. Immer wieder starrte ich auf das kapitale Gehörn, mir wurde ganz mulmig zumute, ich spürte Schweißausbruch, wirre Gedanken jagten mir durch den Kopf, ich verfluchte mich. Aber nichts ließ sich mehr ändern und rückgängig machen. Erregt und zitternd habe ich den Bock aufgebrochen und versorgt, den Äser aufgeschärft, um das Alter festzustellen. Ja es stimmte - etwa fünf bis sechs Jahre alt war er. Ich hängte ihn in eine Kiefer und ging langsam nach Hause. Je näher ich zur Försterei kam, desto kürzer wurden meine Schritte. Was würde wohl Vater dazu sagen?
Auf dem Hof kam er mir entgegen: „Na, du hast doch geschossen! Was ist's?" Stotternd beichtete ich. „Du bist wohl von Sinnen, was fällt dir ein, diesen Bock zu schießen. Oberförster Wohlfromm hat schon auf ihn gepirscht und wollte ihn erlegen." Ich versuchte, mich zu entschuldigen. Aber Vater wetterte weiter: „Junge, du bist des Teufels! Was soll ich bloß mit dir machen?"
Inzwischen mischte sich meine Mutter in die Debatte ein. Sie verteidigte mich und entschied, ich sollte erstmal den Bock herholen. Hierzu wurde der Einspänner angespannt und im Trab ging es ins Revier. Schnell hatte ich den Bock aufgeladen, und schon ging es wieder nach Hause. Als Vater den Bock sah, hielt er mir, obwohl selbst stark beeindruckt, nochmals eine gewaltige Standpauke. Anschließend trennte ich das Haupt vom Körper und machte das Gehörn fertig. Am nächsten Tag fand die Trophäe oben in meinem Zimmer an der Wand, zwischen den vier von mir bisher erlegten Rehkronen, seinen Platz.

Frisch wog das Gehörn fast fünfhundert Gramm und hatte fünfundzwanzig Zentimeter lange Stangen. Eine Trophäe mit über 130,00 Nadlerpunkten - ein Goldmedaillenbock! Vater blieb nichts anderes übrig, als den Bock in II b umzuklassifizieren und für den eigenen Verzehr anzugeben.

Oberförster Ernst Wohlfromm, Leiter des Forstamtes Peußisch Eylau, versuchte währenddessen vergeblich, auf den verschwundenen Medaillenbock zu jagen. Drei Tage später war mein Kurzurlaub beendet. Ich wechselte meine Forstgegen die Offiziersuniform, warf einen Blick in mein Zimmer, hoch an der Wand prahlte der kapitale Medaillenbock, und nahm Abschied. Es sollte ein Abschied für immer sein.

Ein paar Monate später mußten meine Eltern Rossen verlassen. Sie flüchteten über das Frische Haff. Nichts konnte gerettet werden.

Im Rossener Gebiet, der jetzigen polnischen Oberförsterei "Regity", wurden nach 1945 weitere kapitale Böcke erlegt. 1967 ein Silbermedaillenbock mit 121,00 Nadlerpunkten von Ryszord Geca, 1968 ein Goldmedaillenbock mit 144,12 Nadlerpunkten von Henryk Grenczyk.

Frisches Haff

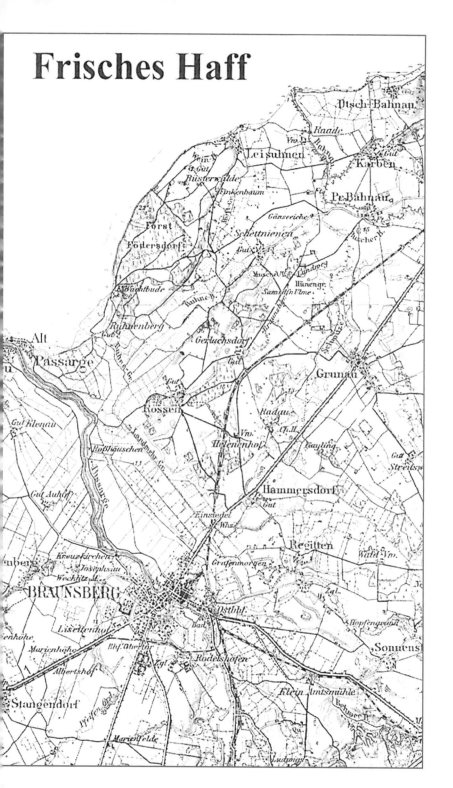

Weidmannsheil auf den "Grauen Räuber"

Bis ins 19. Jahrhundert, sogar bis Anfang des 20. Jahrhunderts, gehörte der Wolf in den Grenzgebieten zu Rußland und Litauen zum Standwild in Ostpreußen. Dieses betraf vor allem die großen Waldgebiete der Johannisburger Heide, Rominter Heide und dem Memelwald. Viele im Mittelalter entstandenen Ortschaften wie Wolfsdorf, -hagen, -eck, -heide, -see zeugen vom häufigen Vorhandensein des Wolfes. Auch Ortsbezeichnungen wie Wolfsschlucht, -gestell und -höhe bis hin zur unseligen "Wolfsschanze" bei Rastenburg geben hiervon Kenntnis.

In den kleinen waldumschlungenen Dörfern und einsam gelegenen Gehöften erzählte die Großmutter in den Wintermonaten ihren Enkelkindern Märchen und Geschichten. Auf der Ofenbank am warmen Kachelofen saß die Familie und hörte aufmerksam diesen spannenden Erzählungen zu. Aus der Ofenöffnung flackerte ein Feuerschein und erhellte gespensterhaft den dämmrigen Raum. Meistens waren es Tiergeschichten und Fabeln, in denen der Wolf eine Rolle spielte wie zum Beispiel von Rotkäppchen und dem bösen Wolf oder von den sieben Geißlein. Wenn dann noch in den frostklaren Winternächten das Heulen der Wölfe zu hören war, dann gruselte es den Kleinen und kalte Schauer liefen über ihre Rücken. In den Stallungen spürte auch das Vieh die Gefahr und wurde unruhig.

Früher verursachten Wölfe ungeheure Schäden. Sie stellten eine Landplage für die Bewohner dar. In manchen Gegenden gefährdeten sie sogar die Existenz der Bauern. Neben allen einheimischen Schalenwildarten, vom Reh bis zum Elch, riß der Wolf auch Haustiere. Nach einem Bericht des Amtes Insterburg aus dem Jahre 1696 rissen die Wölfe allein in diesem Amt 306 Pferde und Fohlen, 27

Ochsen, 42 Kühe, 38 Kälber, 260 Schafe, 150 Schweine, 91 Ziegen und 732 Gänse. Im Amt Angerburg verloren die Bauern im Jahre 1713 370 Pferde und Fohlen, 21 Ochsen, 67 Kühe, 74 Kälber, 342 Schafe, 150 Ziegen, 350 Schweine und 51 Gänse. Aus einem Bericht des Domänenbeamten von Heilsberg aus dem Jahre 1831 geht hervor, daß immerhin noch 158 Stück an Pferden, Kühen und Jungvieh (ohne Schweine, Schafe und Gänse) gerissen wurden.

Um der Wolfsplage Herr zu werden, erließen die Landesfürsten, beginnend im 16. Jahrhundert, mehrere Edikte. Hohe Prämien bis zu 2 Reichstaler gab es für die Erlegung eines Wolfes. Ferner stellte man spezielle "Wolfsjäger" ein. Die Anlage von Fangeinrichtungen wie Wolfsgärten, Wolfsgruben, das Auslegen von Kronsaugen (vergiftete Krähenaugen), die Durchführung von Treibjagden, vor allem bei Neuschnee, brachte allmählich den gewünschten Erfolg.

Aus alten Rechnungen mit den aufgeführten Wolfsprämien ist ersichtlich, daß Mitte des 17. Jahrhunderts in Ostpreußen alljährlich rund 1.000 Wölfe erlegt wurden. Die Wolfsstrecke der Provinz im Jahre 1716 betrug 700 Stück, 100 Jahre später 1817 immerhin noch 351 Wölfe. 1823 fing sich in einer Nacht in einem Wolfsgarten im Regierungsbezirk Königsberg ein Rudel von neun Wölfen. Intensive Bekämpfungsmaßnahmen und ständiges Fortschreiten der Kultivierung drängten den Wolf immer weiter in den Osten, in den Urwald von Bialystok, Augustow und Suwalki. In strengen Wintern wechselten aber immer wieder Wölfe ein. Ein Wolf ist in der Lage, innerhalb eines Tages bis zu 150 Kilometer zurückzulegen.

Nach dem 1. Weltkrieg kamen von 1921 bis 1943 in Ostpreußen 54 Wölfe zur Strecke. Für einen deutschen Jäger ist es ein seltenes Erlebnis, einen Wolf zu schießen. Neben dem Bär handelt es sich doch um das stärkste wehrhafte Raubwild in Europa.

Aus den wenigen noch vorhandenen Unterlagen lassen sich aus dieser Zeit nachstehende erfolgreiche Wolfsjäger ermitteln:

- Jäger Fritz Lask aus Hellmahnen, bei Prostken, hatte dreifaches Weidmannsheil. Im Februar 1941 schoß er seinen ersten Wolf, im Mai 1943 den zweiten und im Mai 1944 den dritten.
- Oberforstwart Josef Grunert aus Hellmahnen erlegte zwei Wölfe
- Oberforstwart Hans Müller aus Langheide (Dlugossen) schoß einen Wolf
- Revierförster Gerhard Becker von der Försterei Eiche schoß einen Wolf
- Jäger Ludwig Lask aus Prostken erlegte ebenfalls einen Wolf.

Diese acht Wölfe kamen alle im Kreis Lyck zur Strecke.

Weitere Jäger hatten Weidmannheil:

- Revierförster Georg Klinge aus Kurwien, Kreis Johannisburg
- Revierförster Kurt Bornemann von der Försterei Omulef, Forstamt Kaltenborn
- Revierförster Georg Schubert, Forstamt Breitenheide
- Oberforstmeister Hans Kramer, Oberforstamt Elchwald
- Oberforstmeister Walter Frevert, Oberforstamt Rominten
- Oberforstmeister Harry Zühlke in Spalienen, Forstamt Mittenheide
- Revierförster Otto Glashagen, Forstamt Nassawen
- Revierförster Karl Knoefel, Forstamt Rominten
- Revierförster Alfred Brux, Forstamt Gutschinen
- Revierförster Przetak, Försterei Eichhorst, Forstamt Niedersee (Rudschanny), der im Jahre 1928 gleich zwei Wölfe zur Strecke brachte.
- Im Forstamt Kullik (Grünheide), Kreis Johannisburg, wurde im Juni 1924 ein erweiterter Dachsbau mit

einem Geheck von fünf Jungwölfen entdeckt. Der Hegemeister konnte drei Jungwölfe erlegen. Die Fähe mit zwei Jungwölfen entkam. Am Bau fand man Reste von ca. 40 Schafen und 30 Rehen. Nach einer "Neuen" im Dezember des selben Jahres steckten die Wölfe im "Moosbruch", direkt bei der Försterei fest. Bei der schnell organisierten Jagd konnte Oberförster Kroll die Fähe erlegen.
· Im Forstamt Tapiau fing ein Hilfsförster 1928 einen Wolf im Eisen (Schwanenhals).

Eine interessante Wolfsjagd hat der in Rostock lebende Dr. Fritz Lüddecke erlebt. Von 1934 bis 1935 diente er als Freiwilliger bei der 8. MG-Kompanie des II. Bataillons in der Garnisonsstadt Rastenburg.
In Ostpreußen gab es zwei Heeresforstämter mit darin befindlichen Truppenübungsplätzen. Das erste befand sich in Stablack, Kreis Pr. Eylau, mit ca. 8.000 Hektar Fläche, davon 5.100 Hektar Übungsgelände. Das Heeresforstamt Arys hatte insgesamt 8.200 Hektar, davon 3.500 Hektar Übungsschießplatz. Die Heeresrevierförstereien Wolfsheide, Scharenhorst, Lyssuhnen und Wolka verwalteten dieses Gelände. Auf den großen Truppenübungsplätzen erfolgte das jeweilige Scharfschießen in größeren Verbänden der in Ostpreußen stationierten Truppen.

Für die Maschinengewehrkompanie des II. Bataillons war am Freitag, den 3. Mai 1935, Scharfschießen angesetzt. Zu diesem Zweck setzte sich rechtzeitig ein Scheibenaufbaukommando unter Leitung eines Feldwebels in Marsch. Drei Tage vorher, am 1. Mai, hatte es in Ostpreußen und Norddeutschland sehr stark geschneit. Bedingt durch die kalte Witterung blieb der Schnee auf dem Schießplatzgelände liegen. Bei der Ankunft des Aufbaukommandos stellte der Feldwebel fünf frische Wolfsfährten fest, die über den Schießplatz in die angrenzende Kieferndickung führten. Sofort verständigte er per Feldtelefon das Bataillon. Daraufhin gab der Kommandeur den Befehl "Scharfschießen findet nicht statt. Aufbaukommando soll sich ruhig verhalten. Schießbahn nicht betreten. Wolfsjagd wird vorbereitet. Weitere Befehle vor Ort". Der Bataillonskommandeur setzte sich sofort mit dem Leiter des Heeresforstamtes Arys, Forstamtmann Strehlow, zusammen und legten alle notwendigen Maßnahmen fest. Alle Heeresforstbeamten und Offiziere mit Jagdschein setzte man sofort zum Schießplatz in Marsch. Als Treiber fungierte die 8. MG-Kompanie mit Soldat Fritz Lüddecke. Nur mit Feldspaten und Seitengewehr ausgerüstet, bildeten die Soldaten eine rechte und eine linke Treiberkette.

Alles mußte völlig geräuschlos, richtig indianermäßig vor sich gehen. Die Treiberketten kreisten weiträumig die 2.000 Meter lange und 400 Meter breite Schußbahn mit den dazwischenliegenden Kiefernkuscheln ein. Auf der offenen Seite, wo das Rudel "Grauhunde" eingewechselt war, postierten sich in gleichmäßigen Abständen und guter Deckung die Schützen.

Fritz Lüddecke hatte das Glück, als einer der Letzten die Schützenkette auszulaufen und bekam somit gleich in der Nähe der angestellten Jäger seinen Platz. Auf diese Weise konnte er den Ablauf der Jagd gut verfolgen. Nachdem der Halbkreis um die Schießbahn geschlossen war, fing man von hinten an, zu treiben. Den Treiberabstand immer enger machend, verwehrte man den Wölfen so das Ausbrechen nach hinten und an den Seiten. Plötzlich die immer lauter werdenden Rufe der Treiber: „Achtung, die Wölfe kommen!" Hochflüchtig erschien das Wolfsrudel und versuchte dort, wo es vorher auch einwechselte, auszubrechen. Bei Hauptmann Heisig durchbrachen sie die Schützenkette. Er schoß einmal und ein "Isegrim" überschlug sich tödlich getroffen. Die übrigen vier Wölfe entkamen. Damit war die Wolfsjagd beendet.

Den kapitalen Wolfsrüden hängte man zur allgemeinen Besichtigung in der Kaserne an einem Galgen auf. Eine Militärkapelle spielte Marschmusik, die Soldaten bekamen dienstfrei und feierten dieses einmalige Erlebnis auf ihre Art. Die Jäger setzten sich nach altem Weidmannsbrauch zusammen, um den Wolf "totzutrinken". In Ostpreußen war es von jeher üblich, nach Erlegung eines Wolfes ein großes Fest zu veranstalten. Wem "Diana" diese Gunst schenkte, einen "grauen Räuber" zu erlegen, der spürte es nachher sehr deutlich im Portemonnaie. Im allgemeinen galt der Grundsatz, daß nach Erlegung eines Wolfes ein drei bis vier Zentner schweres Schwein draufging!

Nach 1945 entwickelten sich die Lebensbedingungen für den Wolf recht günstig, vor allem in der geteilten Rominter Heide. Hier konnte sich im russischen und polnischen Teil sowie im angrenzenden litauischen Gebiet der Wolf wieder als Standwild etablieren. Auch in der Johannisburger Heide tauchte häufig der "graue Räuber" auf. Dieses belegen die gestiegenen Wolfsstrecken. In der Johannisburger Heide gelang es dem dort geborenen Gerhard Bosk, jetzt wohnhaft in Schleswig-Holstein, im Jahre 1988 einen Wolf zu erlegen. Gerhard Bosk ist ein weidgerechter, passionierter und erfolgreicher Jäger, der in der Vergangenheit sehr viel für seine masurische Heimat geleistet hat. Über 100 in Eigeninitiative organisierte Hilfsaktionen führte er bisher durch. Mit dem Bundesverdienstkreuz würdigte der Bundespräsident sein Engagement.

Anfang der 90er Jahre weilte Oberförster Ludwik Sliwka, Chef der Johannisburger Heide, in Österreich auf Gamsjagd. Auf der Rückfahrt hatte er einen schweren Verkehrsunfall. Mit einem Beinbruch, mehreren Rippenbrüchen, Prellungen und Schrammen landete er in einem österreichischen Krankenhaus. Nach ärztlicher Behandlung durfte er einige Tage später heimreisen. In der Zwischenzeit stellten seine Forstkollegen fest, daß ein Rudel Wölfe in ihrem Revier wilderte. Mehrere Risse von Rot- und Rehwild fanden sie. Das Wild zeigte ein vorsichtiges, unstetes Verhalten. Ständiges Sichern und sofortiges Flüchten. Die Forstverwaltung plante eine große Treibjagd. Dieses alles erfuhr Oberförster Sliwka bei seiner

Rückkehr. Sofort ließ er sich ins Revier fahren, um sich selbst ein Urteil über die Situation zu bilden. Plötzlich wechselten in der Abenddämmerung ein Rudel von fünf Wölfen über eine Freifläche. Der stark behinderte Oberförster griff nach seiner Waffe und schoß eine Doublette! Am nächsten Morgen ließ er sich zu seiner Dienststelle am Stadtrand von Johannisburg (Pisz) fahren. Sein Stellvertreter hielt mit allen Forstbeamten (33) der Oberförsterei eine Einsatzberatung ab. Es ging um Abstimmung und Konkretisierung des Einsatzplanes für die Wolfsjagd. Aufgeregt diskutierten die Förster, wie die fünf Wölfe am besten erlegt werden könnten. Darauf sagte Oberförster Sliwka: „Es sind aber nur drei Wölfe!" Seine Kollegen erwiderten: „Nein, es sind fünf Wölfe. Sie wurden mehrfach gesehen und frisch gespürt!" „Ihr könnt es mir glauben, das Rudel besteht nur noch aus drei 'Grauhunden' Ich habe gestern zwei geschossen!" Ungläubig schauten sie ihren Chef an. „Aber, Pan Oberförster, das ist doch unmöglich in ihrem schwerverletzten Zustand!" „Solange ich sehen und den Zeigefinger bewegen kann, ist bei Sliwka nichts unmöglich!" antwortete er und ließ seine zwei erlegten Wölfe holen.

Die Zunahme der Wölfe in den GUS-Ländern und im östlichen Polen führt zur allmählichen Westausbreitung. Im Nordwesten Polens, im ehemaligen Pommern und der Tucheler Heide, besteht seit einiger Zeit ein kleiner, sich reproduzierender Bestand. Seit 1945 sind in Deutschland (DDR/BRD) mindestens 21 eingewanderte Wölfe erlegt bzw. gefangen worden. Der letzte Wolf 1991 bei Perleberg, in Mecklenburg-Vorpommern. Das noch oft Wölfe die Oder überschreiten und in den östlichen Gebieten Deutschlands auftauchen, wird erwartet.

Das Jahr 1945
und die erste Friedensweihnacht

Seit 1939 fanden die Weihnachtsfeiertage sechsmal im grausamen Zweiten Weltkrieg statt. Der "Heilige Abend" war in der vordersten Stellung genauso ein Kampftag, an dem Soldaten verwundet oder getötet wurden, wie jeder andere. Nur wo die Situation es zuließ, beging man die Weihnachtsfeiertage entsprechend. Die Angehörigen daheim bangten und sorgten sich um ihre Väter, Ehemänner und Söhne. Und diese wiederum waren in Sorge um ihre Lieben in der Heimat, die immer mehr unter dem Bombenterror leiden mußten.

Seit dem 8. Mai 1945 schwiegen die Waffen. Die deutsche Wehrmacht hatte bedingungslos kapituliert, und somit war in Europa der Zweite Weltkrieg zu Ende.

Wie war nun die Bilanz dieses furchtbaren Krieges? Fast sechzig Millionen Tote hatte der Krieg in der ganzen Welt gefordert. In allen Kriegsgebieten herrschten unbeschreibliche Not, Hunger und Elend. Nach der Konferenz von Jalta im Februar 1945 und der Potsdamer Konferenz im August 1945 wurden Deutschland und die Hauptstadt Berlin von den Siegermächten in Besatzungszonen aufgeteilt. Die Vertreibung der Deutschen aus den Ostgebieten jenseits von Oder und Neiße, aus dem Sudetenland und weiteren deutschen Siedlungsgebieten wurde entgegen allem gültigen Völkerrecht kaltblütig betrieben. Den Deutschen wurde die Kollektivschuld am Zweiten Weltkrieg mit allen vorgekommenen Greueltaten auferlegt.
Mit brutaler Gewalt vertrieb man Frauen, Kinder und Greise aus ihrer ostdeutschen Heimat, ohne Beachtung der Menschenrechte und der auf den Konferenzen zugesicherten "humanen Umsiedlung". Fast eine Million Menschen

wurde in die Sowjetunion zur Zwangsarbeit verschleppt. Von diesen kamen nachweislich 370.000 um. Viele deutsche Männer im wehrfähigen Alter saßen hinter Stacheldraht. Bei Kriegsende gerieten 9,04 Millionen deutsche Soldaten in westliche Gefangenschaft, 3,8 Millionen in sowjetische, 175.000 in jugoslawische und 70.000 in polnische Gefangenschaft. Von diesen Gefangenen kamen durch Hunger, Krankheiten, Erfrierungen und Mißhandlungen in der Sowjetunion 1,8 Millionen = 29 Prozent, 1,1 Millionen im Westen (vor allem in französischen und amerikanischen Lagern) = 12,1 Prozent, 80.000 in Jugoslawien = 46 Prozent und 15.000 = 21,4 Prozent in polnischer Gefangenschaft grausam um.
Tragödien spielten sich noch bis 1949 bei der Vertreibung der Deutschen aus ihren Heimatgebieten und in den von der Soldateska errichteten Lagern ab. Etwa 2,8 Millionen Zivilisten kamen insgesamt bei der Flucht und Vertreibung ums Leben. Von der ostpreußischen Zivilbevölkerung waren es 614.000 Tote. Jeder vierte Ostpreuße wurde Opfer der Vertreibung, entweder durch direkte Kriegseinwirkungen oder Ermordung, Freitot, Hunger, Erfrierung, Krankheit und Verschleppung! Hunderttausende Frauen wurden brutal vergewaltigt. Ganze Familien vernichtete der grausame Krieg. Opfer gab es in fast jeder Familie, so auch in meiner.
Cousin Alfred Karahl (1939), Schwager Bernhard Schwenzfeier (1943), Onkel Fritz Schmidt (1945), Onkel Franz Schmidt (1945) und Onkel Friedrich-Robert Deutschmann (1945) überlebten nicht.

Erwähnt muß auch in diesem Zusammenhang die Versenkung der "Wilhelm Gustloff" werden, bei der 5.348 Menschen in den eisigen Fluten der Ostsee ertranken. Bei der "Goya" gab es sogar 6.666 Tote. Eine weitere Schiffskatastrophe verursachte die Torpedierung der "General Steuben", die als Lazarettschiff mit 3.608 Verwundeten und Flüchtlingen an Bord unterging. Jede dieser kriegsbedingten Katastrophen forderte mehr Opfer als das 1912 vergleichsweise beim Untergang der "Titanic" (1.512 Tote) der Fall war. Der Zweite Weltkrieg mit seinen Folgen stellt die bisher größte Katastrophe dar, die über die Menschheit hereinbrach.

Ich selbst hatte insofern großes Glück, daß ich nach meiner zweiten Verwundung die letzten Monate des Krieges in Dänemark verbrachte und mit meiner Einheit in Schleswig-Holstein von den englischen Truppen interniert wurde. Der Engländer überließ den Deutschen die militärische Selbstverwaltung, d. h. die Kommandogewalt blieb bei den bisherigen Einheitsführern. Die Kompanien, Bataillone usw. wurden auf einzelne Ortschaften verteilt und durften das Sperrgebiet zwischen Dänischer Grenze und Kaiser-Wilhelm-Kanal sowie Nord- und Ostsee und das nächste Sperrgebiet um Eutin, Plön bis nach Heiligenhafen nicht verlassen. Innerhalb dieser Gebiete konnten wir uns frei bewegen. Die Soldaten halfen in der Landwirtschaft, im Straßen-, Brücken- und Wegebau, in der Torfwerbung und im Holzeinschlag. Für die Waldarbeit engagierte ich mich besonders, um meine beruflichen Kenntnisse entsprechend einsetzen zu können.

In den ersten vier Wochen lieferten die Engländer uns keine Verpflegung. Das war aber nicht so schlimm, da wir noch aus Heeresverpflegungslagern dieses Gebietes versorgt wurden. Bis zum Herbst waren die Truppen in leerstehenden Scheunen, landwirtschaftlichen Gebäuden, Zelten usw. untergebracht. Später bauten wir uns, wie im Krieg jahrelang gewohnt, Erdhütten, auch "Bunker" genannt. Im Laufe der Zeit errichtete man einige Baracken. Soldaten, die aus der englischen, später aus der amerikanischen Zone stammten, kehrten schon im Laufe des Sommers in ihre Heimat zurück. So schrumpfte unsere Kompanie von anfangs 150 Soldaten auf etwa neunzig Mann zusammen. Die aus der sowjetischen Besatzungszone oder aus den deutschen Ostgebieten Stammenden hatten vorerst keine Möglichkeit, aus der Gefangenschaft entlassen zu werden. Die Ungewißheit über das Schicksal ihrer Angehörigen, über die Zukunft belastete sie schwer. Auch ich gehörte jetzt zu den Heimatlosen. Meine Heimat Ostpreußen, rund 1000 Kilometer von mir entfernt, war unzugänglich, die Bevölkerung vertrieben, verschleppt oder umgekommen. Unglaubliche Greueltaten hörte man von Zeit zu Zeit. Nachrichten drangen aber nur selten aus dem Gebiet hinter dem "eisernen Vorhang".

Durch den Suchdienst, über das Rote Kreuz, ließ auch ich wie Millionen andere Soldaten die Angehörigen suchen. Täglich bei der Postverteilung hofften wir auf Nachricht, aber enttäuscht und voller Sorge warteten wir auf den nächsten Tag. So verging mit dem routinemäßigen Kompanie- und Arbeitsdienst die Zeit, und man merkte kaum, daß Weihnachten heranrückte. Es war die erste Friedensweihnacht. In ihren Unterkünften und Erdhütten hatten die Soldaten kleine Weihnachtsbäume, manchmal nur einen Fichtenzweig oder Adventskranz, aufgestellt. Bunte Papierstreifen, Sterne aus Staniolpapier, Ketten und Sterne aus Stroh, Figuren aus Holz, Flöckchen aus Watte bzw. weißer Schafswolle auf den Zweigen vervollständigten den Weihnachtsbaumschmuck. Mit viel Liebe und großem Einfallsreichtum richteten sie alles her. Der Hauptfeldwebel, der Furier und der Koch hatten aus Verpflegungsreserven ein für damalige Verhältnisse gutes Mittagessen für die Weihnachtsfeiertage und für unsere Kaltverpflegung jedem eine Scheibe Brot und zehn Gramm Fett mehr ausgeben können.

Am späten Nachmittag des 24. Dezember besuchten der "Spieß" und ich gemeinsam die einzelnen Quartiere, wünschten allen frohe Weihnachten und hörten uns die Sorgen der zum Teil viel älteren Soldaten an. Es waren fast immer die gleichen Probleme. Wo ist meine Frau, Familie, wo sind meine Eltern? Wann werden wir entlassen? Wann können wir wieder in unsere Heimat? Die Ungewißheit lastete schwer auf jedem. Ich sprach ihnen Hoffnung und Trost zu, obgleich mir ebenfalls sehr traurig zumute war.

Ich hatte bisher kein Lebenszeichen von meinen Eltern, meinen Brüdern bekommen, hinzu kam, daß mein Vater am Heiligen Abend seinen 55. Geburtstag beging. Einsam in meiner kleinen Stube in der Kompaniebaracke versank ich in Wehmut. Am Weihnachtsabend wanderten die Gedanken aller Kriegsgefangenen, Internierten, Verschleppten und Heimatvertriebenen, ob sie sich in Sibirien, England, Frankreich, Belgien oder sonst wo in der Welt befanden, zu den Angehörigen. Diese wiederum dachten in Sorge und Liebe an sie.

Meine Zukunft sah düster aus. Überall wo ich hinkam, auch beim Holzeinschlag durch unsere Soldaten, versuchte ich, Kontakte mit den Forstdienststellen aufzunehmen. Ich suchte nach einer Möglichkeit, wieder in den Forstberuf zu kommen. Jedesmal die gleiche Auskunft. Nicht möglich, die Wartelisten sind schon gefüllt mit Forstkollegen aus den Ostgebieten. Ich hatte also keine Chance, zumal meine Ausbildung noch nicht abgeschlossen und außerdem der Waldanteil in Schleswig-Holstein am geringsten von allen Ländern war.

Ich erinnerte mich an den Vormittag des Heiligen Abend im Forsthaus Plauen, an dem mein Vater mit mir in den Wald ging, um auf den Fuchs zu jagen und einen Weihnachtsbaum zu holen. Jahre später folgte die schöne Weihnachtszeit im Kreise der Familie in der Försterei Rossen. Alles war plötzlich vorbei, jäh und gewaltsam ausgelöscht, ich glaubte an keine Zukunft mehr. Es waren die traurigsten Weihnachten in meinem Leben. Die Ungewißheit über das Schicksal der Angehörigen, das Hoffen, Bangen und Warten zermürbten mich. So wie mir ging es Ende 1945 noch vielen Millionen Deutschen.

Erst im Frühjahr 1946 fand ich meine Angehörigen wieder. Bei der Flucht wurde ihr Treck bei Danzig von den russischen Panzern überrollt. Sie wurden ausgeraubt, mißhandelt, viele ermordet und die Frauen mehrmals vergewaltigt. Es gab kein Entrinnen, sie mußten die Racheorgien ertragen. Bis Ende 1945 hatten meine Angehörigen in Rossen und Braunsberg/Ostpreußen unter sowjetischer Besatzung gelebt. Im Sommer bekamen meine Eltern und mein neunjähriger Bruder Typhus. Nach glücklicher Genesung wanderten sie unter großen Strapazen bis in die Altmark (Kreis Salzwedel). Dort fanden sie langsam zu einem erträglichen Leben zurück.

Stets sollten wir an die unzähligen Opfer des NS-Terrors, der grausamen Kriegsführung aller Staaten, des Völkermordens, der barbarischen Luftangriffe und der Vertreibung denken. Für diese Grausamkeiten sind die Täter schuldig zu machen. Eine Kollektivschuld kann es nicht geben!

Reisebericht und Erinnerungen an Ostpreußen

Nachdem Privatreisen in das nördliche Ostpreußen, in den russischen Teil möglich wurden, verspürte auch ich den Wunsch, in mein Geburtsland, in das Land meiner Kindheit zu fahren. Mein Cousin Jochen reiste von unserer Familie als erster nach Öffnung des "Eisernen Vorhanges" dorthin. Sogar unsere sechsundachtzigjährige Cousine Meta nutzte die Gelegenheit und begleitete ihn. 1993 reiste Meta nochmals mit Marianne, der Tochter unserer verstorbenen Cousine Christel, in das Königsberger Gebiet. Mein Wunsch war, unabhängig von Flugzeug, Bahn oder Bus, mit eigenem PKW die Reise zu unternehmen. Im Kreis Labiau, in der Ortschaft Groß Baum, befand sich das Forstamt Neu Sternberg (ich kannte es noch von 1942). Dieses Gebäude hat den Krieg und die Nachkriegszeit gut überstanden. Auf Initiative der Kreisgemeinschaft Labiau einem ihr nachstehenden Reiseunternehmen wurde mit russischen und litauischen Unternehmern die Bildung eines "joint ventures" durchgeführt und ein Hotelunternehmen gegründet. Neben dem ehemaligen Forstamt baute man im selben Stil ein zweites Gebäude, "Haus Ostpreußen", so daß etwa siebzig Hotelbetten zur Verfügung stehen. Obwohl ich bereits im November 1993 bestellte, konnte ich nur noch vom 14. bis 18. Mai 1994 ein Doppelzimmer bekommen. Die Hotelanlage Groß Baum war ausgebucht!

Donnerstag, 12. Mai 1994 (Himmelfahrt): Um 4 Uhr starteten meine Frau und ich zu unserer großen Reise. Das Wetter zeigte sich heiter und recht warm. Vor der Grenzübergangsstelle Pomellen betrug der Stau sieben Kilometer, alles LKWs. Wir konnten auf der linken Spur langsam am Stau vorbeifahren, mußten aber des öfteren anhal-

ten. Nach etwa einer Stunde passierten wir die Grenze. Eine Kontrolle von deutscher Seite erfolgte nicht. Die Polen setzten nur einen Stempel in den Reisepaß.
Um 9 Uhr fuhren wir weiter. In vielen Ortschaften entlang der Hauptstraße boten uns die Polen Gartenzwerge in allen Größen und Mengen an. Unsere Fahrt ging weiter über Naugard (Nowogard), Körlin (Karlino) nach Köslin (Koszalin). Dort tankten wir Super Bleifrei, 1 Liter kostete 1 DM. Dann setzten wir unsere Fahrt über Schlochau (Czluchow), Konitz (Chojnice) in Richtung Preußisch Stargard (Starogard Gdanski) fort. In der Tucheler Heide (Bory Tucholskie) machten wir auf einer Waldschneise Rast, eine typische Heidelandschaft, Kiefern in allen Altersklassen, Heidekraut, Blaubeerkraut, Wacholder, Drahtschmiele und Birken. Beim Anblick dieser Landschaft und langsamen Entlangwandern auf der Schneise bis zu einer kleinen Waldwiese, gingen meine Gedanken weit zurück.

Die Tucheler Heide war ein großes zusammenhängendes Waldgebiet und seit altersher wurde hier stark gewildert. Von 1916 bis August 1918 war der fahnenflüchtige Franz Kleinschmidt in diesem Gebiet zwischen Konitz, Tuchel und Preußisch Stargard der Schrecken der Tucheler Heide. Auf der länglichen, sich beiderseits eines Grabens hinziehenden Waldwiese sah ich plötzlich auf etwa einhundert Meter einen Schwarzstorch: eine Seltenheit.

Bei Dirschau (Tczew) überquerten wir die Weichsel (Wisla) und die Nogat und erreichten Marienburg (Malbork), die alte, wieder restaurierte Ordensburg. Der Bau dieser gewaltigen, majestätischen Anlage begann 1278. Von 1309 bis 1457 befand sich darin der Sitz des Hochmeisters des Deutschen Ordens. 1945 wurde die Marienburg fast vollständig zerstört. Nach sechswöchigen schweren Kämpfen eroberten die Russen am 9. März 1945 die Burg. Polen hat sie wieder im alten Stil aufgebaut. Durch das Zentrum von Ebing (Elblag) und dann die Tolkemiter Chaussee entlang, führte unsere Fahrt über Lensen

(Sucharz), am Haffufer durch eine abwechslungsreiche Landschaft. Serpentinenartige steile Schluchten, mit Laubwald (hauptsächlich mit Buche und Eiche) bestockte Flächen erfaßte unser Blick beiderseits der Straße. Kurz vor Cadinen hatte man eine Gedenkstätte für die Opfer des Außenlagers des KZ Stutthof (Sztutowo) errichtet. In der damaligen Ziegelei mußten viele Ausländer Schwerstarbeit leisten. In Cadinen stellte man früher das bekannte Majolika her. Zum Beispiel wurden beim Bau des alten Elbtunnels an der Landungsbrücke von Hamburg Kacheln aus Cadiner Majolika verwendet.

Die kunstgewerblichen Tonwaren entstehen nach zweimaligem Brennen bei hoher Temperatur, wobei Glasur und Farbe verschmelzen. Hierdurch erhält die Fayence ihre typischen leuchtenden Farben. Heute stellt man aus dem hochwertigen Ton Klinkersteine für die Restaurierung bzw. den Wiederaufbau historischer Gebäude her.

Wir erreichten Cadinen (Kadyny). Etwa 200 Meter vor dem Schloß und dem Gutshof stand rechts an der Straße eine gewaltige Eiche, innen hohl, mit knorrigen, teilweise vom Sturm gebrochenen und trockenen Ästen. Aber noch immer steckte in der rund eintausendjährigen Eiche Leben. Das Gut Cadinen erwarb 1898 Kaiser Wilhelm II. als Sommersitz. Der letzte Besitzer, Prinz Louis Ferdinand v. Preußen, trat von hier aus Ende Januar 1945 auch die Flucht über das Frische Haff an. Auf dem Gutshof ist jetzt ein Gestüt untergebracht, das zum Teil die Trakehner Pferde mit Hannoveraner kreuzt und als "Großpolnische Rasse" herausbringt.

Im südlichen Ostpreußen gibt es noch drei weitere Gestüte und zwar das Hauptgestüt Weeskenhof (Rzeczna) bei Preußisch Holland (Paslek), das Gestüt Plenkitten (Plenkity) im Kreis Mohrungen (Morag) und Liesken (Liski) im Kreis Bartenstein (Bartoczyce). In Liesken werden die Trakehner als vermeintliche "Masurenpferde" weitergezüchtet.

Im Cadiner Schloß hat man vor einiger Zeit einen Hotelbetrieb für ausländische Touristen eingerichtet. Neben den historischen Sehenswürdigkeiten werden Kutschfahrten, Reitunterricht und auch Ausritte in diese wunderschöne Landschaft angeboten.

Über Tolkemit (Tolknicko) setzten wir unsere Fahrt nach Frauenburg (Frombork) fort. Stellenweise, parallel zur alten Haffuferbahn, zeigte sich die Landschaft des südlichen Teils des Frischen Haffs, auch Elbinger Haff genannt, in ihrer ganzen Schönheit. Die beginnende Baumblüte zauberte ein herrliches Bild, grünende Bäume und Wiesen in der Haffzone, in der Ferne das bläuliche, mit weißen Schaumkronen endlos scheinende Wasser und am Horizont ein ganz schmaler, stellenweise weiß schimmernder Landstreifen, die Frische Nehrung. Darüber der blaue Himmel mit einigen Wolken, alles dies erfaßte unser Blick.

Vor dem Frauenburger Dom hielten wir auf einem kleinen Parkplatz, um von diesem gewaltigen Bauwerk einige Aufnahmen zu machen. Schon 1973 zur Fünfhundertjahrfeier des Geburtstages von Nicolaus Copernicus (1473-1543) waren meine Frau und ich dort und haben den Dom eingehend besichtigt. An Stelle der vormaligen Holzkirche entstand von 1329 bis 1388 eine Wehrkirche in Backsteingotik und nach und nach der heutige Dom. Von hier aus regierten die Fürstbischöfe nach dem Zweiten Thorner Frieden im Jahre 1466 das Ermland. Als Sommerresidenz der Fürstbischöfe diente Schloß Heilsberg. Von 1489 bis 1512 residierte Lukas Walzenrode, ein Onkel von Nicolaus Copernicus, der ihn unter anderem auch nach Frauenburg als Domherr holte. Im vierkantigen Eckturm machte Copernicus einst die "größte Entdeckung aller Zeiten". In seinem Werk "De revolutionibus" wies er der Wissenschaft einen völlig neuen Weg.
Diese kurze geschichtliche Einblendung finde ich bedeutsam, weil Polen seit langer Zeit versucht, geschichtliche Tatsachen in seinem Sinne darzustellen. Abgesehen davon,

daß von altersher angestammte deutsche Gebiete als urpolnisches Land ausgegeben und bezeichnet werden, so stellt man auch einige deutschstämmige Gelehrte, Künstler und Wissenschaftler als Polen dar. Dieser ganz bewußten Geschichtsfälschung muß man entgegentreten!
Bildhauer Veit Stoß, ebenso Conrad Celtis waren Deutsche im damaligen polnischen Machtgebiet. Nicolaus Copernicus ist deutscher Abstammung, wenn auch im polnischen Dienst, wie auch sein Onkel Lukas Walzenrode. Auf dem Domgelände steht ein Gedenkstein mit zwanzig aufgeführten "polnischen" Fürstbischöfen des Ermlandes. Von 1489 bis 1795 waren davon mindestens sechs Deutsche: Watzenrode, v. Lossainen, Ferber, Kromer, Grabowski und der Urahne meiner Frau, Johannes Dantiscus v. Höfen, den die Polen einfach in Jan Dantyszek umgetauft haben! Die Familie v. Höfen besaß in der Nähe von Braunsberg ein Gut. Johannes Dautiscus v. Höfen (1. November 1485 bis 25. Oktober 1548) wurde von Kaiser Maximilian I. im Jahre 1515 zum Ritter geschlagen und lebte anschließend jahrelang als Gesandter. Von 1526 bis 1529 stand er im diplomatischen Dienst in Polen (Warschau). Mit 44 Jahren erhielt er erst die Pristerweihe und residierte von 1537 bis zu seinem Tode als Bischof im Ermland. Er starb in Heilsberg und wurde im Frauenburger Dom begraben. Es ist zu vermuten, daß der auf dem Stein letztaufgeführte Bischof Krasicki (1766 bis 1795) ebenfalls deutscher Abstammung war. Zum einen, weil er nach der Ersten Teilung Polens 1772, als das Ermland an das Königreich Preußen angeschlossen wurde, weiter Bischof blieb und zum anderen wie ein guter Freund von König Friedrich dem Großen (Friedrich II. 1740 bis 1786) behandelt wurde.
Der Amtssitz des heutigen polnischen Bischofs vom Ermland (Warmia) befindet sich in Allenstein (Olsztyn).

Von Frauenburg nach Braunsberg (Braniewo) sind es zehn Kilometer und dann nur noch etwa drei Kilometer bis nach Regitten, wo wir um 17.00 Uhr eintrafen. Oberförster Andrzej Karlowitcz mit Frau Dania empfingen uns recht

herzlich. Das letzte Mal besuchten wir sie 1974, noch mit Tochter Ute. Inzwischen waren sie aus dem großen Dienstgebäude in ein kleineres Haus umgezogen. Als Quartier bekamen wir das eine Treppe hoch liegende Giebelzimmer. Alles schlicht und einfach mit viel Naturholz hergerichtet, aber trotzdem nett und gemütlich. Es gab nach so langer Zeit viel zu erzählen. Anwesend war auch die Schwiegermutter Frau Zemlow, jetzt fünfundachtzigjährig, die wir mit ihrem Mann bereits 1968 kennengelernt hatten. Ihr Mann, von Beruf polnischer Oberförster, war inzwischen aber gestorben.
Obgleich wir rund siebenhundertundfünfzig Kilometer zurückgelegt hatten, verspürte ich keine Müdigkeit. Der Abend dauerte noch recht lange und war sehr gemütlich.

Freitag, 13. Mai 1994: Nach gutem Frühstück fuhren um 8.30 Uhr Andrzej und seine Frau mit uns in die mir bis 1945 bekannten Ortschaften. Im Damerauer Wald kamen wir an der Försterei Damerau vorbei, wo seinerzeit Oberförster Ernst Wohlfromm, der Chef meines Vaters, wohnte. Jetzt ist es auch ein Forstgebäude. Dann ging es weiter nach Waltersdorf. Hier wohnte damals meine Schulfreundin Dorothea Huck. Die Schule (ihr Vater war Lehrer) steht heute noch, ist aber sanierungsbedürftig. In diesem Ort, nur wenige Meter bis zur russischen Grenze, stehen noch etwa 20 Häuser (1939 gab es 470 Einwohner). Auf jedem Dach befand sich ein Storchennest, manchmal auch zwei. Solche Konzentration von Störchen ist einmalig!
Unsere Fahrt ging weiter nach Grunau. An der Schule hielten wir. Eine Schulklasse hatte Unterricht auf dem grünen Rasen vor dem sehr gut aussehenden Schulgebäude. Hierin wohnte seinerzeit mein Freund Heinz Breuer, der aber im Krieg blieb. Wir fuhren etwa dreihundert Meter in Richtung Heiligenbeil bis zum im Bau befindlichen russischen Grenzkontrollpunkt. Ab Juli 1994 sollte hier die Abfertigung nach Königsberg (Kaliningrad) erfolgen. Dann ging es die Chaussee zurück in Richtung Braunsberg.

Kurz hinter Grunau stand auf der rechten Seite das Straßenwärterhaus, in dem die Familie des Straßenwärters wohnte. Sohn Walter, körperlich größer als ich, hatte damals in der Ostdeutschen Maschinenfabrik Heiligenbeil ausgelernt (Schmied, 1941). Er provozierte auf dem Sportplatz eine Schlägerei und ging mit dem Messer auf mich los. Da ich sportlich gut durchtrainiert war und auch eine solide Boxerausbildung mitgemacht hatte, konnte ich mich gut verteidigen und richtete ihn übel zu. Infolge seines schuldhaften Verhaltens verlief die Angelegenheit glücklicherweise im Sande.

Der Wasserturm von Braunsberg kam in Sicht. Wir überquerten die nach Königsberg führende Eisenbahnlinie. Nach den ersten Häusern und Schrebergärten führte eine neue, nicht sehr breite Straße in Richtung Alt Passarge. Nach etwa einem Kilometer bog rechts eine Plattenstraße nach Rossen ab. Im kleinen Nadelwäldchen stießen wir auf den einstigen Sandweg, der früher nach Rossen führte. Außerhalb des Wäldchens standen seinerzeit beiderseits des Weges starke Kastanienbäume, jetzt nur noch ab und zu ein halbtoter Baum. Damals war bis nach Rossen hin (etwa eineinhalb Kilometer) alles Ackerland. Inzwischen hatte die polnische Forstbehörde diese Flächen eingezäunt und sie als Saatgutplantagen und Pflanzenanzuchtgärten, in der Hauptsache für Lärche, genutzt. Andrzej öffnete ein Tor und wir sahen uns die Saaten und Verschulungen an. Alles fachlich sehr ordentlich, eine Gesamtanlage von 99 Hektar.

Dann erreichten wir Rossen, früher lebten dort 223 Einwohner, jetzt etwa 30. Zur rechten Hand befand sich ein Teich, er war inzwischen ziemlich zugewachsen. Die mitten im Dorf verlaufende mehrreihige Kastanienallee bot ein ähnliches trauriges Bild wie die Kastanien am Rossener Sandweg. Bis zur ehemaligen Försterei mit dem Park und den großen gemauerten Eingangspfeilern standen links und rechts keine Häuser mehr. Nur Ziegelschutt, ein paar Obstbäume und Kulturpflanzen gaben Hinweise darauf, daß sich dort einmal ein Anwesen befand. Verschwunden waren die Häuser der Nachbarn Schulz, Nörenberg, Venohr, die Volksschule, in der mein Bruder Herbert begann, das Einmaleins und das ABC zu erlernen - alles weg. Von der Försterei Rossen war jetzt noch weniger zu finden, als bei unserem letzten Besuch vor 20 Jahren. Einen großen, bewachsenen Ziegelschuttberg fanden wir anstelle des Hauses vor. Der Park mit den alten Bäumen existierte zwar noch, war aber stark verwildert und kaum zu durchdringen. Ja, der große, sarkophagähnliche Granitstein lag noch an derselben Stelle. Jasmin, Beerensträucher und einige Obstbäume erinnerten an vergangene Zeiten.

Ich pflückte einen großen, herrlich duftenden Fliederstrauß aus unserem früheren Garten und überreichte ihn Frau Dania.

Den Ortsteil Rossen-Abbau, nur wenige hundert Meter in Richtung Gerlachsdorf gelegen, hatten wir in der Vergangenheit nicht aufgesucht. Alle Häuser standen hier noch und machten einen sehr ordentlichen Eindruck. Hier wohnte Ernst Heimann, Jahrgang 1932. Sein Vater hat bei meinem Vater im Wald Holz gerückt. Er ist der bisher einzige frühere Dorfbewohner, der meine Familie kannte und den wir wiedergefunden haben. Jetzt wohnt er in Tramstow bei Anklam.

In Richtung Alt Passarge und südlich von dem Standort der ehemaligen Försterei standen noch einige Häuser und wurden gerade in Ordnung gebracht. Dahinter hatte man Koppeln für die Pferdezucht angelegt. Bis zum Frischen Haff sind etwa vier Kilometer nur Wiesen, eine gute Voraussetzung für die Viehwirtschaft. Nur die Gräben müßten in Ordnung gebracht und die Wiesen neu angesät werden.

Bei der Fahrt durch die Wiesen erinnerte ich mich an meine erste Hasenjagd im Jahre 1941, wo ich im ersten Kessel recht guten Anlauf hatte, aber keinen Hasen erlegen konnte. Auch die guten Entenjagden fielen mir wieder ein. Die Krönung meiner damaligen Jagderfolge war aber Anfang Oktober 1944, als ich meinen kapitalen Bock (Medaillenbock) an der damals etwa zehnjährigen Kieferndickung schoß. Heute, nach 50 Jahren, sind die Kiefern ins Baum-

holz gewachsen. Andrzej fuhr mit uns bis zur polnisch-russischen Grenze. Dort wollten wir u. a. die ehemalige Försterei Wachtbude aufsuchen. Dieses Waldgebiet "Büsterwalde" gehörte bis 1945 zum Revier meines Vaters. Der Kieferbestand des 215 Hektar großen Revierteiles war bei einem gewaltigen Sturm im Winter 1918 geworfen worden. In den Folgejahren forstete man die Flächen wiederum mit Kiefern auf. Vom Forsthaus Wachtbude war nichts mehr vorzufinden. Nur einige Mauerreste und ein paar blühende Obstbäume und Sträucher deuteten auf eine ehemalige menschliche Behausung hin. Jetzt ist es russisches Hoheitsgebiet. Dann fuhren wir auf dem Deich entlang. Ein breiter Schilfgürtel zieht sich zwischen Deich und Haff bis nach Alt Passarge hin. Von diesem Fischerdorf aus versuchten im Januar und Februar 1945 die vielen Flüchtlingstrecks über das Eis ihr Leben zu retten. Unzählige ostpreußische Flüchtlinge wurden hier, am Frischen Haff, Opfer des wahnsinnigen Krieges. Auch für meine Frau Ilse wurde es wieder zur schmerzlichen Erinnerung. Im Februar 1945 flüchtete sie und ihre Mutter mit nur wenig Handgepäck an dieser Stelle über das schon brüchig gewordene Eis nach Pillau. Ihre vier Wagen mit dem wichtigsten Hab und Gut mußte sie in Rößel zurücklassen, da ihnen die Pferde von der Wehrmacht ausgespannt wurden.
Jetzt lag das Dorf friedlich an der Mündung des Flusses, der in das Frische Haff führt. Der Fluß teilt das Dorf in Alt und Neu Passarge. Die Holzbrücke über die Passarge war unbenutzbar und gesperrt. Viele Fischerboote lagen am Ufer vertäut, es war und ist ein Paradies für Angler und Fischer. Einige neue Ferienhäuser wurden für die Saison vorbereitet. Direkt am Haff machten wir in einem recht großen, sehr gepflegten Fischrestaurant kurze Rast. Für unsere Verhältnisse war alles recht billig.
Zurückgekehrt nach Regitten und nach kurzer Mittagsruhe mit anschließendem Kaffeetrinken, besuchten wir Braunsberg. Die Bahnhofsstraße hatte den Krieg ziemlich gut überstanden. Die Innenstadt dagegegen, mit Rathaus,

Pfarrkirche St. Katharina, Schloßschule, Postamt, praktisch alles um den Altstädter Markt, war völlig zerstört. Dieses Bombardement erlebte Ilse seinerzeit im Schutz der starken Mauern der Pfarrkirche. Wie durch ein Wunder überstand sie es unverletzt.

Erhalten geblieben sind die Evangelische Kirche, die Neustädtische Kirche St. Trinitatis, der Wasserturm, das Landratsamt und der Bahnhof. Wir sahen neben wiederinstandgesetzten Gebäuden auch einige neue Wohnblöcke. In der Stadt leben jetzt etwa 15.000 Einwohner, früher waren es über 21.000.

In der Stadt trafen wir noch den Chef (Forstmeister) von Andrzej mit seiner Frau. Es blieb Zeit für eine kurze, nette Unterhaltung unter Forstkollegen.

Nach dem Abendessen wurde noch lange erzählt, und sehr spät gingen wir schlafen.

Sonnabend, 14. Mai 1994: Wir fuhren in Richtung Grenzstation Preußisch Eylau (Bagratinovsk). Andrzej fuhr eine Abkürzung und lotste uns auf die Straße nach Mehlsack (Pieniezno). Wir verabschiedeten uns und fuhren nach Landsberg (Gorowo Ilaweckie) und dann weiter nach Bartenstein (Bartoszyce). Es war ein kleiner Umweg von 30 Kilometern, aber nur in Bartenstein konnten wir bleifreies Benzin tanken. Vom Bahnübergang aus erkannte ich das Wohnhaus meines Onkel Fritz. Leider war keine Zeit, um dort zu halten. Bei unserem Besuch vor 20 Jahren hatten wir mehr Zeit, um alles gründlich anzusehen. Mit vollem Tank und Kanistern fuhren wir zur Grenzstation. Bald erreichten wir den Schlagbaum. Siebzehn Fahrzeuge standen vor uns. Die Abfertigung ging sehr langsam voran. Die polnischen Grenzposten setzten lediglich einen Stempel in den Paß, dagegen ging es bei den Russen äußerst umständlich zu. Mehrere Posten (Grenzer und Zöllner) mußten passiert werden, überall Paß- und Gesichtskontrollen. Den Kofferraum mußte ich mehrmals öffnen und schließen, die Grenzposten warfen nur einen kurzen Blick hinein. Nach drei Stunden hatten wir glücklich den letzten Posten passiert. Kurz hinter Preußisch Eylau machten wir Rast und stärkten uns, es war immerhin Mittagszeit. Gesättigt, voller Spannung und Erwartung ging es weiter in Richtung Königsberg (Kaliningrad). Links und rechts der Straße standen einzelne Häuser, alle grau in grau und sehr erneuerungsbedürftig. Weite Wiesen und Weiden voller gelb blühender Butterblumen, aber nur sehr wenig Vieh waren zu sehen. Wir durchfuhren Mühlhausen (Gvardejskoe), Willenburg (Nilvenskoe) und merkten es erst an den Straßenbahnschienen, daß wir uns bereits in Königsberg befanden.

In den Ortschaften waren die Straßen schlecht. Ortsschilder, Hin- und Vorweisschilder gab es sehr selten und wenn, waren sie sehr unscheinbar. Der Zustand der Hauptverkehrsstraßen war dagegen recht gut. Wir hatten vor, die Umgehungsstraße von Königsberg zu benutzen, um dann auf der Straße nach Labiau (Polessk) weiterzufahren. Daraus wurde nun nichts. Ohne Stadtplan, bei unzureichender Beschilderung, kyrillischer Schrift, durch das Zentrum einer fast 400.000 Einwohner zählenden Stadt zu fahren, erwies sich als äußerst schwierig. Uns blieb nichts anderes übrig, als um Hilfe zu bitten. Meine Frau bat einen Russen, uns gegen ein Entgeld durch Königsberg zu lotsen. Auf diese Weise kamen wir recht gut durch die Stadt. Am Ortsausgang sahen wir eine große Kleingartenanlage, viele Gartenlauben aus verschiedenen Kistenbrettern zusammengenagelt, alles sehr einfach. Für die Besitzer ist wohl das Gartenland der etwa 1.000 Quadratmeter großen Parzellen wichtig. Auch hier kaum bestellte Äcker. Kartoffeln wurden auf relativ großen Flächen noch wie vor zweihundert Jahren mit dem Spaten gepflanzt. Immer zwei Personen quälten sich mühsam, um die Pflanzkartoffeln in den Boden zu bekommen.

Auch in Labiau gab es schlechte Straßen. Das Stadtbild ist zwar noch einigermaßen erhalten geblieben, aber mittlerweile sind die Häuser reparaturbedürftig. In den vergangenen 50 Jahren hatte man nur wenig für die Erhaltung der Gebäude getan. Ich konnte mich noch recht gut erinnern und fand problemlos durch die Stadt. Nach insgesamt 960 Kilometern erreichten wir Groß Baum (Sasnovka), das Ziel unserer großen Reise. Eine Lindenallee führte vom Dorf direkt zum ehemaligen Forstamt Neu Sternberg, der jetzigen Hotelanlage. Das Gebäude entsprach im Aussehen meinen Erinnerungen und der Abbildung im Buch "Elchwald" von Oberforstmeister Hans Kramer. Links daneben stand jetzt das im ähnlichen Stil neuerbaute Haus "Ostpreußen". Die Gebäude waren von einer sehr gepflegten Gartenanlage umgeben. Alles großräumig angelegt, gut eingezäunt und ständig bewacht. Die Sorgen meiner Frau, daß unser Auto beschädigt oder gestohlen werden könnte, wurden somit gegenstandslos.

Die Zimmer, alle wunderschön und hell, mit geschnitzten Türumrahmungen, nach westlichem Standard, wie in einem Drei-Sterne-Hotel ausgestattet. Eine nette, freundliche Bedienung, gutes schmackhaftes Essen überraschten uns angenehm. Der Preis, inclusive Halbpension je Tag und Person, betrug 75 DM. Die Hotelanlage voll belegt. Ein großer Bus mit Heimatreisenden aus Schleswig-Holstein war noch eingetroffen, unter den Teilnehmern befand sich auch der Kreisvertreter von Labiau, Erich Paske. Mehrere Hotelgäste reisten mit eigenem PKW, manche mit dem Flugzeug (über Polangen) und dann per Taxi an.

Nach kurzer, verspäteter Mittagsruhe begaben wir uns um 16.30 Uhr auf Spurensuche. Mit innerer Unruhe und einer gewissen Spannung fuhr ich unserem ersten Ziel, der ehemaligen Lehrrevierförsterei Grabenwald (bis 1938 Juwendt, Namensänderung) entgegen. Viele Zweifel begleiteten mich auf dem Weg zu meiner ersten forstlichen Ausbildungsstätte. Was würden wir vorfinden? Nach etwa neun Kilometern erreichten wir Mauern (Permauern), nach weiteren vier Kilometern Waldwinkel (Kelladden). Auf der linken Straßenseite erkannte ich sofort das Gasthaus "Tollkühn", einst beliebter Treffpunkt der "Grünen Farbe". Es sah sehr verkommen aus. Weiter ging unsere Fahrt auf der recht guten, asphaltierten Straße, früher war sie geschottert. Beiderseits der Straße wuchsen wunderschöne

Birken, es sah aus wie vor 50 Jahren. Bei der Weiterfahrt stellte ich fest, daß sich der Wald kaum verändert hat. Birke, Erle, Esche sind die Hauptholzarten. Was man von der Straße aus sehen konnte, machte einen recht guten Eindruck, fachlich in Ordnung. Nach der Linkskurve führte rechts der Damm zur Försterei Wildhügel. Einen Kilometer weiter lichtete sich der Wald auf der rechten Straßenseite auf. Im Hintergrund erschien ein mir alt vertrautes Bild, die Revierförsterei Grabenwald. Ich konnte es kaum glauben, aber sie stand noch. Zwar hatte der Zahn der Zeit seine Spuren hinterlassen, aber insgesamt machte das Gebäude einen recht soliden Eindruck. Die Obstbäume, fast so hoch wie das Haus, müßten dringend ausgeastet und verschnitten werden. Im Frühjahr 1942 hatten Herbert Unruh und ich zwei Apfelbäume in diesen Garten gepflanzt. Sie standen noch.
Gegenüber der alten Försterei, wo sich früher der Schießstand befand, hatte man ein neues Forstdienstgebäude gebaut. Es war fast fertig - ein scheußlicher, zweistöckiger Betonbau. Der jetzige Revierförster Viktor Sebold, ein junger deutschstämmiger Kollege, etwa dreißig Jahre alt, wurde mit seiner Frau vor zwei Jahren aus Kasachstan ausgewiesen. Die Familie wohnte mit ihrem zweijährigen Sohn schon im Neubau. Man begrüßte uns und hieß uns herzlich willkommen. Nach kurzer Inaugenscheinnahme versprachen wir, am nächsten Vormittag noch einmal vorbeizukommen.
Unsere Fahrt führte weiter nach Haffwerder (Agilla), dem Ort, in dem ich während meiner Lehrzeit wohnte. Damals fuhr ich mehrmals täglich diese Strecke von etwa einem Kilometer Länge mit dem Fahrrad. Auf der linken Seite, am Ende des Waldes, sah ich die erste Büdnerei von Haffwerder. Auch die zweite war noch vorhanden, und dann, ich konnte es kaum glauben, stand auch die dritte, die Büdnerei von Frau Gertrud Mai. In diesem Haus haben seinerzeit in zwei Zimmern Siegfried Stetzuhn, Herbert Unruh und ich gewohnt. Das Haus schien bewohnt, befand sich aber in einem bedauernswerten Zustand. Die Veranda,

unser früherer Wohnungseingang, war nicht mehr vorhanden. Zwei bös und recht giftig kläffende Hunde verweigerten mir das Betreten des Grundstückes, so daß ich nur ein paar Aufnahmen machen konnte.
Weiter ging es zum Großen Friedrichsgraben. Ab und zu sah man links und rechts der Straße noch einzelne Gehöfte. Früher gab es zwischen Friedrichsgraben und Fähre sechszehn Häuser. Das Fährhaus und die Gastwirtschaft waren verschwunden. Am Ufer des Großen Friedrichgrabens lag ein Schrotthaufen, die Reste der Fähre. Ein Übersetzen demnach nicht mehr möglich. Es gab auch keine Brücke, um in die andere Hälfte des Dorfes Haffwerder zu gelangen. Man erreichte das andere Ufer nur mit Fischerbooten oder auf dem Landweg über Labiau. Eine Weiterfahrt auf dem Deich des Großen Friedrichgrabens nach Heidendorf, Ludendorff, Mövenort, Elchwerder bis nach Gilge ging nicht mehr. Die Straßenverbindung zu diesen Orten befand sich auf der anderen Seite des Kanals.
Ab 19.00 Uhr gab es ein mehrgängiges Abendessen. Danach wurde uns durch Erich Paske der Amtsleiter für Kultur der jetzigen Kreisverwaltung Labiau vorgestellt, ein gut aussehender Zigeuner. Bevor er selbst aus seinem wechselhaften Leben berichtete, hatten Ilse und ich ihn schon als solchen erkannt. Er hat bisher mehrere Bücher, Gedichte und Erzählungen geschrieben und ist der bekannteste Schriftsteller der Zigeuner! Mit guter Stimme und Gitarrenklängen trug er viele Lieder seines Volkes vor. Ein gelungener Vortrag. Anschließend gingen wir an die Bar. Ob Bier, Kognak, Wodka, Cola, Kaffee, alles hatte einen Einheitspreis 1 DM. Lange lag ich im Bett und konnte nicht einschlafen. Meine Gedanken wanderten zurück in alte, fast schon vergessene Zeiten.

Sonntag, 15. Mai 1994: Im Morgengrauen hörte ich in der Ferne die Kraniche trompeten, Kiebitzlaute, das Singen und Jubilieren von Finken, Lerchen, Drosseln, Nachtigallen und das Meckern der Bekassinen. Es war ein Frühlingskonzert und für mich gleichzeitig eine Begrüßung durch die einheimische Vogelwelt. „Ja, ihr seid glücklich, habt nicht die Heimat verloren", dachte ich. Zwischen 7 und 9.00 Uhr gab es Frühstück. Anschließend fuhren wir in Richtung Försterei Grabenwald. Unterwegs bog ich rechts ab und fuhr eine schöne Lindenallee entlang zum Standort des Oberforstamtes Pfeil, der Residenz des damaligen Oberforstmeisters Hans Kramer. Mein Erinnerungsvermögen zeigte mir den richtigen Weg. Vom Oberforstamt war nur ein großer Schuttberg übriggeblieben. Das stabile Stallgebäude, einst aus großen Feldsteinen gemauert, hatte zwar ein defektes Dach, stand aber noch. Aus der Weißbuchenhecke am Weg waren inzwischen große Bäume geworden. Insgesamt ein sehr trauriger Anblick, alles verwildert, verkommen und verfallen. Weiter in Richtung Grabenwald ging unsere Fahrt.

Mit dem jungen Revierförster Viktor fuhren wir zur Försterei Wildhügel, die mitten im Wald lag. Im Umkreis von vier Kilometern befand sich kein weiteres Gebäude. 1942 hatte ich für kurze Zeit das Revier verwaltet und für die Sicherheit der Försterfamilie gesorgt.

Die Försterei zeigte ein kaum verändertes Bild - sie befand sich in einem relativ guten Zustand. Hier wohnte der Jagdverantwortliche Juri Pawarow mit seiner Familie. Im Garten saßen bei sehr schönem Wetter viele Leute an Tisch und Bänken. Der Grund, die Frau von Juri feierte Geburtstag, sie wurde 36 Jahre alt. Nachdem wir alle begrüßt hatten, wurden wir mit Wodka, Räucherfisch, Brot und frischer Milch herzlich bewirtet. Meine Frau holte aus dem Kofferraum Rostocker Pils, für die Kinder Süßigkeiten und für das Geburtstagskind ein Geschenk hervor. Es wurde ein sehr gemütlicher Vormittag. Unter anderem erzählte Juri, daß Frau Waltraud Sandmann sie im letzten Jahr besucht hätte. Ihr Mann Eberhard lebte auch noch, war aber krank, so daß sie alleine reisen mußte. Sobald es gesundheitlich ginge, wollte sie mit ihm wiederkommen. Juri hat mir seinen im Jahre 1992 geschossenen Hirsch gezeigt, ein Sechzehnender, sehr stark, Geweihgewicht so um die zehn Kilogramm - ein Medaillenhirsch. Dann zeigte er mir ein Bild eines kapitalen Hirsches, den ein Lüneburger Jäger im letzten Jahr erlegte. Ich war einfach sprachlos. Ein absolut europäischer Spitzenhirsch, ein ungerader Sechsundzwanzigender, Geweihgewicht gute vierzehn Kilogramm mit etwa 260 Nadlerpunkten. Görings stärkster Hirsch, der "Matador", den er 1942 in der Rominter Heide erlegte, brachte es auf 228,42 Nadlerpunkte. Die Adresse des Lüneburger Jägers übergab er mir, damit ich mich mit diesem in Verbindung setzen konnte. Einen Brief des glücklichen Jägers hat Ilse für Juri übersetzt.

Zu Mittag waren wir bei der jungen Försterfamilie eingeladen. Es gab so eine Art Radekuchen in Fett gebacken, sie waren locker und schmeckten sehr gut, dazu gab es Blaubeeren. Meine Frau hatte für alle entsprechende Gastgeschenke. Spontan schenkte mir der Förster sein gutes russisches Weidmesser.

Am Nachmittag fuhren wir auf der früheren Reichsstraße 1 über Laukischken (Saranskoe), Tapiau (Gvardejsk) in Richtung Wehlau (Znamensk).

Tapiau hatte im Vergleich zum völlig zerstörten Wehlau den Krieg gut überstanden. In der Stadt trafen wir viel Militär. Über die Deimebrücke ging es ein Stück auf der rechten Seite des Kanals entlang, nach einer scharfen Rechtskurve und nach knapp einem Kilometer Fahrt erreichten wir die Stelle, an der früher das Ausflugslokal "Waldschlößchen" stand. Kurz dahinter, auch auf der linken Seite, lag die Försterei Adamsheide. Dort wohnte bis 1945 mein Onkel Franz mit seiner Familie. Nur Strauchwerk, eine blühende Kirsche, Herbstflieder, Lupinen und weitere Kulturpflanzen erinnerten an frühere Grundstücke. Etwa fünf Kilometer hinter Tapiau, wo sich auf der rechten Seite ein kleines Wäldchen befindet, suchten wir nach den Grabstellen von meinem Großvater, Förster Friedrich Schmidt aus dem Jahre 1938 und seiner Frau, gestorben 1941. Eine Karte im Maßstab 1 : 25.000 sollte uns die Suche erleichtern. Seinerzeit hatte man Fichten um die Grabstelle gepflanzt. Bei den jetzt etwa 60jährigen Fichten forschte ich mit Hilfe eines Eisenstabes sehr intensiv nach der Grabplatte. Im Nadelstreu, Humus, Laub, kniehohem Bewuchs von Heidekraut, Blaubeeren und vielen anderen Pflanzen suchte ich, in der Hoffnung, auf die Grabplatte zu stoßen. Sehr viele Mücken sowie der heiße Tag erschwerten die Suchaktion. Trotz zahlreicher Versuche konnten wir die Grabplatte nicht finden.

Etwa 500 Meter weiter versuchte ich, den Weg zur einstigen Försterei Pelohnen zu finden. Auch dort gab es Schwierigkeiten. Neben der alten Reichsstraße baute man an einer Autobahn. Sie soll von Königsberg über Insterburg, Gumbinnen nach Moskau führen. Jetzt liegen aber Litauen und Weißrußland dazwischen. Entlang der Autobahn führte ein sehr tiefer Straßengraben, der den Pelohner Weg unterbrach. Ich hatte Mühe dieses Hindernis zu überwinden. Auf dem zugewachsenen Weg gelangte ich zum Standort der Försterei Pelohnen. Eine kleine verwilderte Fläche, überwachsener Steinschutt, viele blaublühende Lupinen, einige Obstbäume und Sträucher weisen auf eine ehemalige menschliche Siedlung hin. Zwei gewaltige Eichen, gut 300 Jahre alt, erinnerten an vergangene Zeiten. Meine Gedanken wanderten etwa 60 Jahre zurück. Gern besuchten wir damals unsere Großeltern. Opa, mit seinem langen weißen Bart, der in der unteren Hälfte schon von der halblangen Pfeife etwas gelblich wurde, konnte viele spannende Jagdgeschichten erzählen. Manchmal wanderte er mit den zu Besuch weilenden Enkeln (insgesamt 14) in den Wald und zum Schlangenteich. Ich unternahm kurzerhand den Versuch dorthinzufinden, es klappte auch und so stand ich an dem ziemlich verwachsenen Schlangenteich. Mir stellte sich die Frage, ob noch Schleie und Karauschen drin lebten. Auf dem selben Pfad wanderte ich wieder zurück. Ilse wartete schon ungeduldig im Auto.
Unsere Fahrt ging weiter. Langsam rollten wir über die lange, mit Holzbohlen belegte Pregelbrücke (über 200 Meter) und erreichten die Stadt Wehlau. Gleich in der bekannten scharfen Rechtskurve erkannte ich das Haus, in

dem damals meine Französischlehrerin Zigann wohnte. Dort mußte ich oft mit "Strafarbeiten" antreten und unter ihrer Aufsicht französisch pauken. Meine Cousine Waltraud Bohl, mit der ich in eine Klasse ging, war eine sehr gute Schülerin. Sie wurde mir immer als Vorbild hingestellt, was mich ständig ärgerte.

Das Zentrum der Stadt existierte nicht mehr. Rathaus, Marktplatz, Steintor, alles war verschwunden, stattdessen nur Schutt, Geröll und Unkraut. Die schöne große Pfarrkirche ragte als gewaltige Ruine empor. Von meiner ehemaligen Mittelschule, die gleich daneben stand, sah ich auch nichts mehr. Ebenso keine Spur von der großen Turnhalle und dem alten Sportplatz auf den Schanzenwiesen. Lediglich die mit alten Bäumen bestandene Promenade auf dem Schanzenwall und im Hintergrund, Richtung Glumsberg, den damaligen "neuen Sportplatz" gab es noch. Ein trostloser Anblick. Früher lebten in der 1336 gegründeten Kreisstadt etwa 9.000 Einwohner. Alljährlich fand auf den Schanzenwiesen der größte Pferdemarkt in Europa statt. In den besten Zeiten wurden bis zu 20.000 Pferde aufgetrieben. Eine Woche lang handelte man, und zur gleichen Zeit fand auch der Jahrmarkt statt.

Aus der einst blühenden Kreisstadt Wehlau war eine nahezu tote Stadt geworden. Lange hielten wir uns hier nicht auf, denn es zog mich zu meinem Geburtsort und nach Allenburg (Druzba). Über Paterswalde, Leißienen, Groß Plauen, Dettmitten erreichten wir Allenburg.

Von der damaligen Kleinstadt mit rund 2.700 Einwohnern ist wenig übriggeblieben. Nur die Kirche stand noch. Sie wurde als Kornspeicher genutzt. Auf dem ehemaligen Marktplatz errichteten die Russen ein Kultur- und Verwaltungsgebäude, ein scheußlicher Bau. Am Stadtrand standen noch einige alte Gebäude, u. a. die Volksschule, die ich vier Jahre lang besuchte. Die Schule wurde auch heute noch als solche genutzt. Am Ortsausgang in Richtung Eiserwagen suchte ich das Allenburger Schützenhaus. Dort hatte ich 1934 erstmals an einem Schießwettkampf teilgenommen. Leider konnten wir nichts mehr vorfinden. Langsam fuhren wir wieder zurück. Auf der Kanalbrücke hielt ich an. Hier stellte ich fest, daß die eisernen Brückenbögen fehlten. Der Kanal war ziemlich zugewachsen, auch die Einmündung der Swine erschien mir kleiner, verlandet und verwachsen. Im Hintergrund sah ich die Ruine der Anker Mühle.

In Dettmitten beabsichtigte ich, zum Forsthaus Plauen zu fahren, aber die ersten paar Meter des Landweges erwiesen sich als so schlecht, daß ich es zu Fuß versuchen mußte. Ich nahm mir vor, den Weg erst einmal zu erkunden. Die etwa zwei Kilometer lief ich allein. Ein kaum befahrener Weg führte zum Standort der ehemaligen Försterei Plauen. Dort wurden mein Bruder Fritz und ich geboren. Schon von weitem erkannte ich ein paar blühende Obstbäume und einige in Reihe stehende Fichten und Birken. Dann stand ich, wie schon so oft, vor den Überresten eines Wohnhauses - nichts, außer einem Ziegelschutthaufen, war übriggeblieben. Ein zweiter, längerer Schutthaufen, im rechten Winkel zum ehemaligen Wohnhaus, verriet den Standort des Stalles mit Scheune. Auf dem Ziegelschutt wuchs bereits eine etwa 25jährige Birke, der Beweis, daß die Gebäude schon seit langem verfallen sind. Tief bewegt, ja andächtig, schaute ich mich um und versuchte, mich an die Zeit vor etwa sechzig Jahren zu erinnern.

Von unserem großen Obstgarten waren noch fünf Apfelbäume übriggeblieben und standen in voller Blüte. So auch einige Kirschbäume, die sich offenbar vermehrt hatten. Auf dem Hof fand ich noch den Brunnen, einst über 30 Meter tief, jetzt zur Hälfte zugeschüttet und nur mit ein paar Ästen notdürftig abgedeckt - eine große Gefahrenquelle. Die eiserne Pumpe fehlte. Eine tiefe Mulde erinnerte an den ehemaligen Gemüsekeller. Der Rand war mit Weißbuchen bewachsen. Von den damals entlang des Gartenzaunes abwechselnd gepflanzten Fichten und Birken standen noch einige Exemplare. Sie waren auch so alt wie ich, 70 Jahre. Ich ging den Hang herunter zum Fluß. Die Swine floß dunkelbraun - trüb, ab und zu kleine Schaum-

flocken auf dem Wasser treibend, dahin - früher ein glasklarer und sehr fischreicher Fluß. Diese Tatsache machte mich sehr traurig.
Zurückgekehrt suchte ich aus dem Ziegelschutt einen heilgebliebenen Ziegelstein heraus und nahm ihn zur Erinnerung mit. Wahrscheinlich brannte diesen Stein seinerzeit mein Großvater, Zieglermeister Albert Mattke (1862 bis 1933), in der Ziegelei Klein Plauen. Schnell pflückte ich noch einen Strauß schöner "Vergißmeinicht" und trat den Rückweg an. Innerlich aufgerüttelt, aber trotzdem froh und glücklich, ja wirklich erlöst, nach so langer Zeit meine Geburtsstätte aufgesucht zu haben, verließ ich den Ort. Der Plauer Wald, die Natur, ja die ganze Landschaft, hinterließen auf mich einen unbeschreiblichen Eindruck. Ich glaube, dieses Gefühl kann nur jemand verstehen, der erst nach Jahrzehnten seine geraubte Heimat wiedersieht.
In Dettmitten suchte ich nach dem Haus meines Onkels Wilhelm Rohloff. Ich fand das 1911 erbaute Gebäude, in dem er bis 1945 als Tischlermeister arbeitete wieder. Das Ziegeldach war verschwunden, anstelle dessen erkannte ich Wellasbestplatten. An den Hofraum angrenzend befand sich direkt am Allesteilufer die Erbbegräbnisgruft der ehemaligen Rittergutsbesitzer, der Familie v. der Goltz (Vorgänger von Major v. Weiß). Die Grabanlage wurde seinerzeit direkt in einem alten prussischen Ringwall angelegt. Damals verschloß ein Eisengitter die Gruft. Heute ist alles verfallen und das Gewölbe mit Schutt und Unrat aufgefüllt. Früher spielten wir oft mit Cousin Horst und den Dorfjungen hinter der Tischlerei Schlagball oder "Räuber und Gendarm".
Das Dorf Groß Plauen besuchten wir auf der Rückfahrt. Das Gutshaus des Major Otto v. Weiß stand noch. Es sah aber sehr heruntergekommen aus. Zur Zeit ist darin eine psychiatrische Abteilung untergebracht. Garten- und Parkanlage wirkten sehr verwildert. Im Dorf selbst waren einige Häuser und Gärten recht ordentlich hergerichtet. Nach dem Abendbrot suchten wir nochmal Haffwerder auf. Dieses Mal konnten wir die Bewohner meines einstigen Quar-

tiers kennenlernen. Es war eine grusinische Familie mit zwei Kindern, die das Mai'sche Grundstück erworben hatten. Von ihren 25 Kühen verarbeiten sie die Milch zu Weißkäse. In unserem ehemaligen Wohnzimmer befindet sich die Käserei. Dort entsteht eine etwas würzigere Sorte für Gaststätten und Hotels und eine milde für Kindergärten. Wir wurden sehr freundlich empfangen und bewirtet. Wir kauften noch ein Kilogramm Käse, übergaben einige Geschenke und bedankten uns herzlich für den netten Abend.

Montag, 16. Mai 1994: Um 9.00 Uhr besuchten wir den Forstdirektor Anatoli in Groß Baum. Der Revierförster Viktor hatte uns angemeldet und wir wurden auch sofort empfangen. Der Forstdirektor, etwa 40 Jahre alt, machte auf mich einen sehr guten Eindruck. Aus dem Gespräch erfuhren wir, daß auch er deutschstämmig ist und vor einigen Jahren mit seiner Familie aus Rußland dorthin zog. Er bot uns Kaffee und Kekse an. Wir unterhielten uns sehr eingehend über forstliche und jagdliche Fragen; Ilse mußte alles übersetzen, da er kaum noch deutsch sprach. Er verwaltet rund 60.000 Hektar Wald. Das entsprach in der Größe etwa dem früheren Oberforstamt Elchwald (ohne Forstamt Rossitten auf der Kurischen Nehrung). Für den Forstdirektor war es ebenfalls sehr interessant, mit einem Berufskollegen zu sprechen, der in diesem Gebiet vor über 50 Jahren tätig war.

Eigenartig muten einem die russischen Forstkollegen in ihren marineblauen Uniformen an. Dieses ist auf den Zaren Peter den Großen zurückzuführen. Als er seinerzeit St. Petersburg gründete (1703) und aufbaute, wurde sehr viel Holz benötigt. Auch zum Bau seiner Ostseeflotte, mit der er die Vormachtstellung gegenüber Schweden im Ostseeraum errang, brauchte man Holz. Eine Forstwirtschaft gab es damals noch nicht. Peter I. ließ durch die Marine das Holz um den Ladoga-See und überall dort, wo es auf dem Wasserweg transportiert werden konnte, einschlagen und über die Newa nach St. Petersburg (ab 1713 russische Hauptstadt) flößen. Die Holzeinschlagskommandos der Marine mit ihren Ingenieuren spezialisierten sich im Laufe der Zeit zu einer eigenständigen Truppe, dem Vorläufer der russischen Forstwirtschaft. Seitdem ist die russische Forstuniform marineblau.

Nach dem Empfang fuhren wir zur Kurischen Nehrung. Unsere Fahrt führte über Labiau, Neuhausen (Gurevsk) nach Cranz (Zelenogradsk). Die Nehrungsstraße hatte man durch einen Schlagbaum und Posten abgesperrt. Eine Durchfahrt war nur mit Genehmigung möglich. Diese erteilte das Reisebüro in Cranz. Wir mußten umkehren und das Büro aufsuchen. Gegen eine Gebühr von 23,00 DM bekamen wir einen Passierschein. Kurz vor Sarkau (Lesone) an einer Parkbank hielten wir Mittagsrast. Gestärkt fuhren wir auf der alten Poststraße weiter. Sie führte seinerzeit von Berlin über Stargard, Danzig, Elbing, Königsberg, Cranz, entlang der 97 Kilometer langen Kurischen Nehrung nach Memel und stellte bis Mitte des 19. Jahrhunderts auch die Verbindung mit dem Kurland und St. Petersburg her.
Der "Luisenpfahl", eine Gedenksäule in der Nähe von Sarkau, erinnert an die Flucht der Königin Luise mit ihren Kindern im Januar 1807 vor den Franzosen. Von der recht guten Asphaltstraße aus, ist, verdeckt durch den Wald, er besteht in der Hauptsache aus Kiefer, Birke, Aspe, Erle mit viel Unterholz, weder die Ostsee noch das Kurische Haff zu sehen. Erst nach einem kurzen Fußmarsch erblickt man entweder das Haff oder die Ostsee. Die Breite der Nehrung schwankt zwischen fünfhundert und dreitausendfünfhundert Metern. Einmaligkeit und eigenartige Schönheit verdankt sie den Wanderdünen. Diese Sandberge verschafften ihr auch den Beinamen "Europäische Sahara". Als erster pries Alexander von Humboldt (1769 bis 1859) dieses Kleinod, über das er folgendes schrieb: "Man muß sie gesehen haben, wenn einem nicht ein wunderbares Bild in der Seele fehlen soll."

Diese Erkenntnis hatte ich 1938 und 1939 noch nicht. Im Gegenteil, damals war ich mit Hans Zoellner im Segelfliegerlager bei Rossitten, um das Segelfliegen zu erlernen. Mit unseren einfachen, im Winterhalbjahr selbst gebauten Segelflugzeugen vom Typ "Zögling 33", starteten wir mit Hilfe eines Gummiseils von den Sanddünen. Das Gummiseil wurde vorne eingeklinkt, jedes Seilende hielten fünf bis sechs, das Flugzeugende zwei bis vier Flugschüler fest. Der Fluglehrer hielt an der Tragfläche die Maschine in der Horizontale. Der Flugschüler saß angeschnallt auf dem Sperrholzsitz, den Steuerknüppel krampfhaft fest in der rechten Hand haltend. Mit der linken Hand hielt er sich am Sitz fest und die Füße stemmten sich auf die Seitenruderpedalen. Dann erfolgten die Kommandos "Ausziehen", die Seilmannschaft zog im Schritt das Gummiseil aus. Dann hieß es "Laufen". Woraufhin sie, immer schneller werdend, durch den Sand hangabwärts trabten. Wenn das Gummiseil die entsprechende Spannung erreicht hatte, rief der Fluglehrer "Los". Hierauf ließ die Haltemannschaft den kurzen Haltestrick los und katapultartig schoß das Segelflugzeug in die Luft. Je nach Spannung des Seils und der Windverhältnisse flog es anfänglich 200 bis 300 Meter weit. Im Verlauf der Ausbildung erhöhte sich die Flugweite, bis man schließlich, nach der A-Prüfung, weit ins Tal segelte. Es kam manchmal vor, daß ein Segelflugzeug im Kurischen Haff landete. Jedesmal für uns ein Hauptspaß, denn eine Abkühlung im Sommer konnten wir immer vertragen. Nach jedem Start mußte das Fluggerät mit Hilfe eines zweirädrigen Karrens wieder den Hang hinaufgezogen werden. Im feinen Sand wahrlich eine böse Schinderei. In jeder Flugschülergruppe waren etwa fünfzehn bis achtzehn Kameraden. Wenn jeder am Tag drei Starts bekam, mußte man etwa 50 Mal das Segelflugzeug den Hang hinaufschleppen.

Rossitten erinnerte mich auch an die Vogelwarte und an das Erlebnis mit dem Uralkauz im Frühjahr 1942. Im Ort befand sich auch das Forstamt Rossitten. Mit über 10.000

Hektar Fläche seinerzeit das größte im damaligen Oberforstamt Elchwald (gleichzeitig Staatsjagdrevier). Leiter war Forstamtmann Walter Eschment. Fünf Revierbeamte betreuten auf der 97 Kilometer langen Nehrung den Wald, der hauptsächlich Schutzwaldcharakter hatte. Einen recht hohen Elchbestand verzeichnete dieses Gebiet.
Dietrich Eschment, Forstamtmann wie sein Vater, hatte nach 1945 in über vierzigjähriger mühseliger Kleinarbeit Berichte, Grafiken, Bilder, Adressen und statistische Angaben über die ostpreußische Forstwirtschaft und deren Beamte gesammelt. Über 26.000 Daten befinden sich in seinem Archiv. In einer einmaligen Dokumentation gab er gemeinsam mit Dietrich Heyden und Dietrich Schulze, ebenfalls ostpreußische Forstleute, zwei Bände über "Wald und Forstwirtschaft in Ostpreußen" heraus. Mit der Sicherung des Kulturerbes in den historischen deutschen Ostgebieten (§ 96 Bundesvertriebenengesetz) setzten sie den ostpreußischen Forstleuten ein Denkmal.
Im Dorf gab es noch viele alte Häuser mit ihren Vorgärten. Alle Ortschaften auf der Nehrung lagen an der Haffseite. Es waren Fischerdörfer, die sich erst nach dem Ersten Weltkrieg mehr und mehr auf Touristen eingestellt hatten. Nach sehr langer, bedingter Unterbrechung kommt nun der Reise- und Urlauberverkehr langsam wieder in Gang. Es gibt aber in dieser Hinsicht noch sehr viel zu tun. An der Kirche fanden wir ein gußeisernes Kreuz mit der deutschen Inschrift "Zum Gedenken an die ehemaligen Bewohner von Rossitten". Ein Lichtblick auf dem Wege der Verständigung. Eine freundliche, recht gut deutsch sprechende Russin, die gleich daneben wohnte, schloß die Kirche auf und zeigte uns ihr Heiligtum.
Unsere Fahrt führte uns weiter nach Pillkoppen nahe der russisch-litauischen Grenze. Dort suchten wir den Neffen unseres Nachbarn Breda, der sich an einem Urlauberobjekt (joint venture) beteiligt hatte. Wir fanden das Objekt, direkt am Kurischen Haff gelegen. Ein herrlicher Standort mit vier schmucken Ferienhäusern, einem Restaurant, einem Wohnhaus und noch einem weiteren Gebäude, alles

großräumig eingezäunt, aber noch nicht ganz fertig. Auf dem Hof lag noch viel Baumaterial. Von den Unternehmern war leider keiner anwesend, so daß wir nur einige Bilder machten und dann die Rückfahrt antraten.

Am nächsten Parkplatz hielten wir Rast. Hier stand ein Reisebus aus Schleswig-Holstein, dessen Fahrgäste sich zum Aussichtsturm begeben hatten. Auch wir kletterten auf den neu erbauten, fünf Meter hohen Aussichtsturm mit recht großer Plattform. Von dort hatte man eine wunderschöne Aussicht. Im Westen sah man die blau schimmernde Ostsee mit breitem weißen Strand. Machte man einen Rundblick gen Süden, erschien ein in unendlicher Ferne beginnender unregelmäßiger Landstreifen, die Kurische Nehrung. Zunächst kleine, mit Strandhafer befestigte ehemalige Dünen, dann grünschattiert aussehender Kiefernwald, sanft ansteigende, weiße Wanderdünen, stellenweise gelblich mit grünen Kiefernbuschoasen, immer höher werdend, zeigten sich dem Betrachter. Letztere erhoben sich in Richtung des im Süden und Osten liegenden Kurischen Haffs, bis sie dann steil zum Wasser abfielen. Das Haffwasser, mehr grau erscheinend, bedeckte eine riesige Fläche. In weiter Ferne sah man im Osten einen winzigen Streifen zwischen Wasser und Himmel - das Festland der Elchniederung. Nach Norden erstreckte sich die Nehrung in Richtung Memel. Die schlechtwüchsigen, starkastigen, hauptsächlich mit Flechten bewachsenen Kiefern und einige Randbirken, verwehrten uns den weiteren Rundblick. Möwen mit ihrem schrillen Schrei pendelten in taumelndem Flug zwischen den beiden großen Wasserflächen.

Wir setzten die Exkursion fort. Hinter Rossitten, es war gegen 17.00 Uhr, wechselten plötzlich von rechts (Ostseeseite) zwei Elche über die Straße. Sie verhofften und sicherten zu uns. Schnell hielt ich an und konnte sie auf etwa 50 Meter fotografieren. Ich wollte noch dichter heran, aber von hinten kam ein Auto, welches auf mein Winken und die Aufforderung zum Halten nicht reagierte. Die Elche zogen langsam in die Kieferndickung. Dies Erlebnis war für mich einmalig. Nach über 50 Jahren hatte ich in meiner Heimat wieder Elche in freier Wildbahn erleben dürfen.

Dienstag, 17. Mai 1994: Wir hatten uns ein Taxi (PKW Wolga) bestellt. Ein junger Russe namens Andrey fuhr uns gegen 9.00 Uhr für einen Stundensatz von 10 DM. Der Wolga brachte uns zum Standort des Forsthauses Plauen. Nochmals nahm ich, dieses Mal mit meiner Frau, die Stätte meiner Kindheit gründlich in Augenschein. Ich zeigte und erklärte alles, was noch wahrzunehmen war. Dann gingen wir den Hang hinunter zur Swine. Das Angelzeug wurde vorbereitet. Andrey erhielt eine Stippangel für Plötze und Barsche und ich versuchte auf Hecht zu blinkern. In dem trüben Wasser sah man wenig Kleinfisch. Ich blinkerte flußaufwärts, wo früher unsere große Wiese lag. Im Frühjahr nach der Schneeschmelze überschwemmte sie, so daß wir Jungen mit Eisschollen fuhren und einander "Seeschlachten" lieferten. Damals gab es hier viele Hechte. Sie laichten im zeitigen Frühjahr auf den unter Wasser stehen-

den Wiesen. Einmal fing ich hier im knietiefen Wasser einen Hecht von acht Pfund! Ich blinkerte Wurf für Wurf mit gutem Angelgerät, aber kein Biß erfolgte. Ich marschierte immer am Ufer entlang und versuchte einen Hecht zu fangen, aber vergebens. So kam ich zu unserer ehemaligen kleinen Wiese, die sich bis zur Eisenbahnbrücke erstreckte. Die Brücke war zerstört, die Eisenbahnschienen aufgenommen, nur am Bahndamm erkannte man, daß hier früher die Bahnstrecke Bartenstein - Friedland - Allenburg - Wehlau verlief. Bis 1945 verkehrte täglich der Zug, der von meinem Onkel Fritz als Lokomotivführer gefahren wurde. Bei der Flucht 1945 soll er mit der letzten Lokomotive an einer voreilig gesprengten Brücke heruntergestürzt sein. War es vielleicht diese Stelle?
Von meinem Stand aus konnte ich die über die Swine führende Straßenbrücke Allenburg - Ilmsdorf sehen. Es verkehrten einige Fahrzeuge in beide Richtungen. Auf dem Rückweg versuchte ich, am toten Arm der Swine zu angeln, wiederum ohne Erfolg. Zwischen unserer ehemaligen großen Wiese und dem Wald befand sich seinerzeit ein verschilftes Sumpfgebiet mit einem kleinen Zufluß zur Swine. Jetzt war alles verlandet. Ich konnte diese Fläche überqueren und kletterte den Hang hinauf.
Von dort aus wanderte ich quer durch das ehemalige Forstrevier meines Vaters. Ein vielfältiger, ertragreicher Laubmischwald in allen Altersklassen, Bestockungen mit Eiche, Esche, Weißbuche und Linde konnte ich feststellen. Besonders beeindruckten mich einige kleinere reine Lindenbestände im Alter von 70 bis 80 Jahren. Bei der Begründung und Pflege dieser Bestände hatte wohl mein Vater auch einen gewissen Anteil. Die hier vorgefundene Winterlinde ist in ihrer Wuchsform gradschäftig, vollholzig mit durchgehendem Schaft bis zum Wipfel (wipfelschäftig). Sie erreicht eine Höhe von über 30 Meter. Solche Linden, in dieser hervorragenden Qualität, hatte ich in meiner rund fünfzigjährigen Berufspraxis noch nirgends vorgefunden. Die Linde war von altersher in Ostpreußen neben der Eiche die am häufigsten vorkommende Baum-

art. Ihre Erzeugnisse waren damals von allergrößter wirtschaftlicher Bedeutung. An erster Stelle stand die Beutnerei. Die Lindenblüten lieferten die Grundlage für einen aromatisch schmeckenden Honig. Ferner war Lindenblütentee ein ausgezeichnetes Getränk, auch im Krankheitsfall. Einen weiteren Verwendungszweck stellte die Verkohlung zur Holzkohle für die Schießpulverherstellung (Schwarzpulver besteht aus 78 Prozent Kalisalpeter, 12 Prozent Holzkohlepulver und 10 Prozent Schwefel) und Pottasche dar. Den Bast der Linde nutzte man zur Herstellung von Stricken, Seilen, Matten und Fußbekleidung. Aufgrund seines Gewichtes und der geringen Härte verwendete man das Holz zu Schnitzarbeiten und zur Herstellung von Haushaltsgeräten. Als Brennholz war es wenig geeignet und gefragt. Die Linde bezeichnete man als den "Hausbaum" Ostpreußens. Fast vor jedem Bauernhof fand man sie. Der größte Teil der prächtigen Straßen- und Alleebäume bestand und besteht aus Linden. Ich suchte den alten Fuchs- und Dachsbau am Hang des Ursprungtales. Am Geländeeinschnitt konnte ich mich gut orientieren. Den Mutterbau gab es nicht mehr, statt dessen fand ich Überreste von Schützenlöchern und MG-Stellungen in Richtung der Bahnlinie. Auch dort haben deutsche Soldaten versucht, den Feind aufzuhalten. Wo sich damals unsere Bootsanlegestelle befand, entfachte ich ein kleines Lagerfeuer, um die vielen Mücken zu verjagen und ein gemütliches Picknick zu halten. Andrey hatte inzwischen ein paar kleine Plötzen und Barsche geangelt; auch ich fing noch einige Fische, aber leider alle nur für die Katze.
Dann galt es, Abschied von diesem idyllischen Fleckchen Erde zu nehmen. Als bleibendes Andenken grub ich zwei Lindenpflanzen, eine Weißbuche und eine Eberesche aus. Sie sollen mich in Heiligendamm an meine Heimat und an das Forsthaus Plauen erinnern; inzwischen sind sie gut angewachsen.
Auf dem Rückweg suchten wir den von altersher bekannten "Totenberg", den Friedhof der Gemeinde Plauen auf. Von Groß Plauen kommend liegt vorne an der Westseite ei-

ner etwa zwei Hektar großen, bewaldeten, hügeligen Fläche der russische Friedhof. Die Umzäunung ist stellenweise kaputt und paßte nicht zum Gesamteindruck des Friedhofes. Die ältesten Grabstellen wurden Anfang der 50er Jahre angelegt. Die Grabstellen von den Letztverstorbenen waren gepflegt und nach typischer russischer Toten- und Friedhofskultur hergerichtet. Fotos der Verstorbenen zierten die Grabkreuze, aufwendige und teure Grabeinfassungen gaben gewisse Hinweise auf die verstorbenen Personen.
Nach genauer Besichtigung suchten wir unseren alten Friedhof. Etwa 100 Meter weiter, am Südrand des Wäldchens sah ich die verkrüppelte Lärche, die sich in der langen Zeit kaum verändert hatte, nur stärker geworden war. Schlagartig kamen mir die Erinnerungen an lang vergangene Zeiten. Wir hatten unseren alten Friedhof wiedergefunden. Wenn man den Friedhofseingang neben dem Lärchenbaum betrat, so befanden sich unsere Familiengräber in der äußersten Reihe auf der linken Seite. Langsam und erwartungsvoll versuchten wir, uns durch das knie- bis mannshohe Gestrüpp, durch Brennessel, Sandrohr, Aspen, Birken, Spirea, Rainfarn und vieles mehr, vorzuarbeiten. Wir stießen auf tiefe Erdmulden, die Hälfte einer marmornen Grabeinfassung und einen Grabsteinsockel. Die etwa zwei Meter langen und jetzt noch etwa einen halben Meter tiefen Erdmulden markierten die Grabstellen und verteilten sich über den ganzen kleinen Friedhof. Sie ließen nur einen Schluß zu, nämlich daß Grabräuber am Werk waren, um nach Schmuck, goldenen Ringen und Zahngold zu suchen. Anhand des Bewuchses schlußfolgerte ich, daß diese Untaten gleich in den ersten Jahren der Besetzung unserer Heimat stattfanden. Erschüttert und innerlich tief bewegt mußten wir diese erschreckende Tatsache zur Kenntnis nehmen!
Gegen 19.00 Uhr erreichten wir unser Hotel. Nach dem Abendessen wurde von einer russischen Kulturgruppe aus Labiau mit dem uns schon bekannten Kulturreferenten ein umfangreiches gutes Kulturprogramm geboten. Uns ehe-

maligen DDR-Bürgern sind derartige Veranstaltungen noch hinreichend bekannt, für Reisende aus Westdeutschland war dieses eine Überraschung.

Nach mehrmaligen telefonischen Versuchen erreichte meine Frau endlich den Kommandanten der Kaserne am Kanonenberg in Königsberg. Fregattenkapitän Leonid Oschischowski, ein Bekannter meines Kriegskameraden Horst Duda, wollte uns unbedingt kennenlernen und uns Königsberg zeigen. Es wurde ein Treffen am Motel "Baltica" in Königsberg für den nächsten Tag vereinbart.

Mittwoch, 18. Mai 1994: Jeden Morgen, noch vor dem Aufstehen, hörte ich das vielstimmige Vogelkonzert. Obwohl das Zischen und die Kullerstrophen der Birkhähne fehlten, erinnerte ich mich, daß mein Lehrrevierförster Ringhardt mit Herbert Unruh und mir eines morgens in aller Frühe mit dem Fahrrad zur Birkhahnbalz zu den Transvaalwiesen radelte. Am Randes des Großen Moosbruches beobachteten wir diese Waldhühner, ein einmaliges unvergessenes Erlebnis. Gern hätte ich erfahren, ob es in dieser Gegend noch Birkwild gibt.

Nach dem Frühstück nahmen wir Abschied von der Hotelanlage Groß Baum und fuhren in Richtung Königsberg. Wir fanden recht schnell das Motel "Baltica" am Stadtrand von Königsberg. Gegen 9.00 Uhr erschien Leonid in Zivil, ein großer, blonder, sehr sportlich erscheinender Mann von etwa 45 Jahren. Das deutsche Kennzeichen an unserem Auto war für ihn das Erkennungszeichen. Wir machten uns bekannt, übermittelten ihm die Grüße von Horst Duda und überreichten Fotos. Der Fregattenkapitän war sehr nett und höflich. Am liebsten hätte er uns noch ein paar Tage dabehalten. Bei einer Tasse Kaffee und Wodka unterhielten wir uns sehr angeregt. Ilse mußte natürlich wieder übersetzen. Leonid beendet im September diesen Jahres seine 25jährige Militärdienstzeit. Da er deutscher Abstammung ist und schon sieben seiner Familienange-

hörigen seit einiger Zeit in der BRD leben, beabsichtigte auch er, nach Deutschland überzusiedeln. Nach dem Gespräch begleitete er uns mit seinem Lada durch Königsberg. Ziel war die Dominsel mit dem Dom und der Kantgedenkstätte. In der Nähe der Insel parkten wir und gingen über die Brücke zum Dom. Kurz davor stand ein kleines Denkmal mit dem Bildnis von Julius Rupp, der von 1809 bis 1884 in Königsberg lebte, lehrte, predigte und die von Kant vertretene "Lehr- und Gewissensfreiheit" gleichfalls vertrat. Er war ein Großvater von Käthe Kollwitz. Die Gedenk- und Ehrenstätte von Immanuel Kant (1724 bis 1804) hatte die Zerstörungen des Zweiten Weltkrieges überstanden und wird ständig von Touristen aufgesucht. Immer frische Blumen schmücken sein Grabmal. Im Dom selbst befindet sich seitlich ein kleines Museum. Hier kann man sich in das Gästebuch eintragen und außerdem eine Spende für den Aufbau des Doms entrichten. Auch wir fühlten uns hierzu verpflichtet. Der Wille und das Vorhaben am Wiederaufbau des Doms waren deutlich wahrzunehmen. Die Handwerkerbrigade hatte gerade Pause, als wir das Innere des gewaltigen Bauwerkes besichtigten.
Außerhalb der Stadt, in Richtung Preußisch Eylau, verabschiedeten wir uns herzlich von Leonid.

Etwa sechs Kilometer vor der Grenzstation geleitete uns ein Posten auf einen umzäunten Parkplatz (200 x 40 Meter). Etwa 30 Fahrzeuge standen schon auf diesem Platz, fast ausschließlich Polen und ein paar Litauer. Keiner ahnte, was das sollte. Diese Maßnahme hatte man angeblich gerade festgelegt, "seit gestern" hieß es. Ein russischer Hauptmann, den Ilse befragte, antwortete sehr unhöflich: „Warten Sie ab!"
Nach etwa drei Stunden Wartezeit durften wir am Posten vorbei nach Preußisch Eylau zur Grenzstation fahren. Dort kontrollierten uns noch verschiedene russische Grenzer und Zöllner. Endlich konnten wir glücklich die Grenze passieren. Der polnisch bewirtschaftete Teil Ostpreußens machte auf uns einen viel besseren Eindruck. Die Felder

waren ordentlich bestellt und zeigten einen guten Wuchs. Man sah große, blühende Rapsfelder, gut eingezäunte Weiden mit großen Viehherden. Die Dörfer und Städte hatten sich weiterentwickelt, alles war seit unserem letzten Besuch in Polen irgendwie farbenprächtiger geworden. Die polnischen Straßen waren schon immer recht gut.

In Bartenstein tankten wir. Es wurde auch schon höchste Zeit. Unsere Fahrt ging weiter über Bischofsstein (Bisztynek), Bischofsburg (Biskupiec) nach Sorquitten (Sorkwity). Hinter diesem Ort rasteten wir, und ich machte, von der Fahrt etwas müde geworden, ein kleines Schläfchen. In Gedanken und im Traum weilte ich bei Onkel Willi und Tante Lieschen. Nur sechs Kilometer von dort verbrachte ich einige Male die Sommerferien in der Försterei Groß Stamm. Auf dem Gehland-See angelte ich und begleitete den Onkel manchmal zur Jagd. In den 70er Jahren besuchte ich mit meiner Frau zweimal Groß Stamm. Die Försterei stand noch, aber vieles hatte sich verändert.

Nach der Rast fuhren wir weiter über Sensburg (Mragowo), Peitschendorf (Piecki), Niedersee (Ruciane-Nida), durch die Johannisburger Heide nach Johannisburg (Pisz). Am späten Nachmittag erreichten wir das nette Anwesen von Erika (weitläufige Verwandte meiner Frau) und ihrem Mann Oleg Michalczyk. Sie warteten schon auf uns. Bis spät in die Nacht erzählten wir von unseren Reiseerlebnissen.

Donnerstag, 19. Mai 1994: Am Vormittag fuhren wir nach Maldanien, knapp zwei Kilometer von Johannisburg entfernt. Seit 1968, wenn wir in Masuren waren, besuchten wir das polnische Ehepaar Wiezeck und Anja in diesem Ort. Sie besaßen einen etwa zwölf Hektar großen Bauernhof. Ihr Adoptivsohn Janek wurde seinerzeit (1940) in Poseggen, auf dem Hof meiner Schwiegereltern, von einer dort arbeitenden Polin geboren. Seit jener Zeit kannte Ilse Wiezeck, Anja und Janek. Vor einigen Jahren starb Wiezeck und im Vorjahr, überraschend im Alter von 53 Jahren, Janek. Ilse hatte ihn seinerzeit bemuttert und aufgezogen, da sich seine leibliche Mutter kaum um ihn kümmerte. Mit der alten, vom Schicksal hart getroffenen Anja gab es dieses Mal ein trauriges Wiedersehen.

Auf der Rückfahrt unternahmen wir noch schnell einen Abstecher in die unmittelbare Heimat meiner Frau. Auf der Straße Johannisburg - Fischborn (ehemaliger Grenzort) erreichten wir nach acht Kilometern Dreifelde, dann Brödau. Dort ging Ilse acht Jahre zur Schule. Das Schulgebäude stand noch sowie einige weitere Gebäude. Das Gasthaus ihres Onkels Max Friedriszik war verschwunden, nur noch ein Ziegelschutthaufen.

Mühsam quälten wir uns den etwa eineinhalb Kilometer langen Feldweg zu Ilses Geburtsort Poseggen. Der Ort war inzwischen restlos verschwunden. 1968, bei unserer ersten Spurensuche, fanden wir noch von den sieben Bauernhöfen die Fundamente, Mauerreste, verwilderte Obstgärten, den Teich und, vor Ilses Anwesen, die alte Linde. Jetzt hatte man alles eingeplant und in Acker umgewandelt. Eine schmerzliche Begegnung. Nicht weit östlich von Poseggen und dem Nachbarort Turau lag ein kleines Kiefernwäldchen. Mein Schwiegervater besaß darin rund sieben Hektar Wald. Gleich neben seiner Parzelle hatten die beiden Gemeinden ihre Friedhöfe. Sie lagen dicht beisammen, ein Steinwall bildete die gemeinsame Grenze. Seit der Vertreibung verwilderten die Friedhöfe, aber viele Grabstellen konnte man noch erkennen. Auf dem Poseggener Friedhof ruhen Ilses Großeltern (Peter und Barbara Schwenzfeier, beide 1943 gestorben). Auf dem Turauer die Mutter (gest. 1923) und einige Geschwister meines Onkels Otto Karahl. Das gußeiserne Kreuz von Ewald Reinhard Karahl (gest. 3. Juni 1890) ist noch gut erhalten. Vater Ferdinand Karahl arbeitete als Lehrer in Turau. Sein Sohn Otto wurde auch Lehrer. Auf diesen Friedhöfen störte wohl niemand die Totenruhe!

Zum Kaffee hatten uns Erikas Sohn Waldek und seine Frau eingeladen. Sie besitzen in Johannisburg ein sehr schönes Haus. Waldek ist Inhaber einer Autolackiererei, nebenbei repariert er Autos. Im Gespräch erzählte er, daß sie im letzten Jahr ein Wassergrundstück am Roschsee, etwa zehn Kilometer von Johannisburg entfernt, gekauft haben. Am Bootssteg des 14,5 Quadratkilometer großen Sees warten nun zwei Boote auf "Petrijünger". Auf dem Nachhauseweg trafen wir Oberförster Ludwik Sliwka, den Chef der Johannisburger Forstwirtschaft. 26.000 Hektar der Johannisburger Heide werden von ihm und seinen 33 Revierbeamten verwaltet. Er besitzt in der Stadt ein großes Haus, einen villenartigen Bau mit zwei Eingangssäulen. Bei unserem letzten Besuch waren wir bei ihm zu Gast. Stolz präsentierte er uns sein Jagdzimmer. Wir kamen aus dem Staunen nicht heraus. In dem etwa acht mal fünf Meter großen Raum hingen an den Wänden viele starke Trophäen aller Wildarten, vom Elch, Rothirsch, wehrhaften Keiler, Wolf, Luchs, weiterem Raubwild, Präparationen von Greifen, Waldhühnern und Vögeln. Ein solches privates "Jagdmuseum" hatten wir bisher nirgends angetroffen. Auf meine Frage wie es sein kann, daß er über fünfzig kapitale Medaillenhirsche erlegen konnte, antwortete er: „Was willst du, ich bin fast vierzig Jahre hier Oberförster, und wenn ich jedes Jahr zwei Hirsche geschossen habe, kommt soviel zusammen!"

Freitag, 20. Mai 1994: Die letzte Etappe unserer Reise begann, die Rückfahrt. Wir fuhren durch das idyllische Masuren, vorbei an herrlichen, einmaligen Kiefernwäldern, an vielen Seen und sanften Hügeln. Auch einige Laubwälder lagen an unserem Weg. Allenstein (Olsztyn) durchfuhren wir recht zügig, weil die Beschilderung klar und eindeutig war. Etwa 20 Kilometer hinter Osterode (Ostroda) verließen wir Ostpreußen und erreichten Löbau (Lubawa). Meine Großmutter, Helene Mattke, geb. Klinger, wurde in Melno, Kreis Löbau, 1863 geboren. Bis 1919 gehörte dieses Gebiet zu Westpreußen und darüber hinaus zum Königreich Preußen.
Über Strasburg (Brodnica) erreichten wir Thorn (Torun). Hier fuhren wir eine Weile am Ufer der Weichsel entlang. Dabei erinnerte ich mich an meine Offiziersschulzeit

(Kriegsschule) in Thorn. Im Frühjahr 1944, bei ziemlichem Hochwasser und starker Strömung der Weichsel, mußten wir mit Schlauchbooten das schnelle Überwinden von Wasserhindernissen üben! Viele von uns gingen dabei unfreiwillig baden. Mit Kamerad Horst Duda (Stadtbaudirektor i. R.), er wurde wie auch ich, am 15. März 1924 geboren, war ich damals in einer Abteilung (etwa 30 Fahnenjunker). 1989, beim Regimentstreffen des IR 1 (Königsberg) in Münster-Handorf, fanden wir uns nach fünfundvierzig Jahren wieder.
Durch Straßenbauarbeiten und Umleitungen verpaßte ich in Thorn die Abfahrt über die Weichselbrücke, mußte auf der rechten Seite der Weichsel bleiben und gelangte so nach Bromberg (Bydgoszcz). Von dort ging es über Schneidemühl (Pila) nach Stargard. Wir erreichten die Grenzstation bei Stettin und trafen wohlbehalten in unserem Heimatort ein. Einschließlich unseres Rauhhaarteckels "Seppel" freuten sich alle Familienmitglieder über unsere glückliche Rückkehr. Insgesamt legten wir fast dreitausend Kilometer zurückgelegt.

Unsere Reise war ein großes Erlebnis. Leider reichte die Zeit nicht aus, um noch eingehender und gründlicher auf den Spuren der Vergangenheit zu wandeln. Gerne hätte ich im nördlichen Ostpreußen (russichen Teil) noch mehr gesehen und Vergangenes wiederentdeckt. Dem Reise- und Erlebnisbericht möchte ich noch einige Zeilen aus dem Gedicht über Ostpreußen "Es war ein Land" von Agnes Miegel hinzufügen:

> "Nie zu klagen war unsre Art,
> Du gabst und nahmst,
> - doch Dein Joch drückt hart!
> Vergib, wenn das Herz, das sich Dir ergibt,
> Nicht vergißt, was zu sehr es geliebt"

Meine Heimat war und bleibt "Ostpreußen"; unser Zuhause ist jetzt Mecklenburg geworden, das viel Ähnlichkeit mit Ostpreußen hat.

Jagd im Elchwald und in der Rominter Heide während der Hirschbrunft 1996

Aus dem Elchwald kommend, genau von der ehemaligen Försterei Reußwalde, Forstamt Drusken, fuhren wir drei Jäger, Hartmut Syskowski, Reinhard Leichert und ich, mit neuen Hoffnungen der Rominter Heide entgegen. Wir hatten im Elchwald versucht, auf Rothirsch bzw. Elch zu jagen. Trotz Morgen- und Abendpirsch und großer Bemühungen unser Jagdfahrer leider ergebnislos. Auf einer Fläche von über 10.000 Hektar konnten wir nur drei Hirsche schreien hören. Nicht nur der letzte starke Winter und Wölfe haben den Wildbestand reduziert, sondern auch durch Wilderer wurde seit 1992 dieses Gebiet leergeschossen.

Über Taplacken die alte Reichsstraße 1 entlang, stellenweise in Sichtweite des Pregels mit seinen ehemaligen großen Weide- und Wiesenflächen, die sich allmählich in Ödland, zu einer Wildnis zurück verwandeln. Schilfpartien, Disteln, Segge, Weiden und Erlenbüsche erkannten wir im Vorbeifahren. Schönes Herbstwetter begleitete uns. Diese prächtige Herbstfärbung der verschiedenen Bäume ließ den landwirtschaftlich trostlosen Anblick freundlicher werden. Die Hauptstraßen außerhalb von Ortschaften sind recht gut zu befahren, nur in den Städten sind sie sehr schlecht. So auch in Insterburg. Hier mußte man oft vorsichtig großen Löchern ausweichen, um nicht Schaden zu nehmen. Um Gumbinnen führt eine gute ausgebaute Umgehungsstraße. Etwa zehn Kilometer dahinter verließen wir die Reichsstraße 1 und fuhren in südlicher Richtung nach Trakehnen. Vor dem Trakehner Tor parkten wir unsere Autos und mein Jagdbegleiter Hartmut Syskowski erläuterte sehr sach- und fachkundig das ehemalige weltbekannte Hauptgestüt Trakehnen. Auch bei unseren späteren

Exkursionen in der Rominter Heide bewies er seine umfangreichen geschichtlichen Kenntnisse und förderte somit das Geschichtsbewußtsein und die Verbundenheit zur Heimat. Lange konnten wir die Spurensuche nicht betreiben, denn wir mußten noch rechtzeitig Quartier nehmen.
Nach etwa fünfzehn Kilometern über Kassuben erreichten wir unser Fahrziel Tollmingen. Mitten im Ort steht ein aus roten Ziegelsteinen gemauertes Haus. Unten eine Gastwirtschaft, oben Fremdenzimmer. Ein Vierbettzimmer und zwei Doppelbettzimmer sowie Toiletten mit Dusche, alles recht solide und für Bedürfnisse von Jägern und Naturfreunden völlig ausreichend. Die Verpflegung war reichlich und schmackhaft.
Kurze Zeit nach unserem Eintreffen erschienen die russischen Jagdverantwortlichen. Alle wichtigen Fragen wurden besprochen, so die Jagdzeiten für die Abend- und Morgenpirsch, die Jagdbegleitung und was erlegt werden darf. Das Wichtigste aber war der Passierschein für das Grenzgebiet. Ohne diese spezielle Genehmigung kommt man nicht in das Sperrgebiet, welches praktisch den gesamten russisch verwalteten Teil der Rominter Heide betrifft. Die Grenzen zu Litauen und Polen bilden ein Länderdreieck, in dem die Rominter Heide liegt. Dieses Gebiet wurde im wesentlichen von den Forstämtern Nassawen mit rund 6.700 Hektar und Warnen mit 5.700 Hektar verwaltet. Durch die willkürliche Grenzziehung liegt das etwas größere Waldgebiet im russischen Teil. Nach Kriegsende hat sich dort in fünfzig Jahren der Waldanteil erheblich vergrößert. Auf ehemaligen Acker- und Wiesenflächen fanden sich durch Anflug Pionierholzarten wie Birke, Weide, Aspe, Erle ein und bildeten zunächst einen lückenhaften Busch, der allmählich ins Stangenholz hineinwuchs. Nach und nach siedelten sich auch Nadelhölzer an; hier und dort wuchsen durch Hähersaaten Eichen, Ebereschen, Traubenkirsche und Hasel empor. Ohne Jungwuchs- und Bestandspflege setzte sich jeweils die stärkere Pflanze durch. Wie im Urwald nach dem ewigen Prinzip "Werde oder Stirb". Der russische Teil der Rominter Heide

umfaßt jetzt etwa 25.000 Hektar, das ist ein Zuwachs von 12.000 Hektar. Somit hat sich die Waldfläche der ehemaligen Rominter Heide (mit polnischem Verwaltungsgebiet) auf 37.000 Hektar vergrößert! Mit fachmännischem Blick und sehr interessiert habe ich während meines Aufenthaltes versucht, die derzeitige forstliche Situation der Rominter Heide zu erfassen und zu beurteilen. Für eine gründliche Analyse reichten die paar Tage nicht aus, aber eine grobe Einschätzung, ein Vergleich zu den anderen Waldgebieten im nördlichen Ostpreußen will ich versuchen.

Den Elchwald habe ich von 1994 bis 1996 dreimal besucht, den Sanditter Wald bei Wehlau, den Plauer Wald bei Allenburg und die Kurische Nehrung zweimal. Von diesen Waldgebieten geht es dem Elchwald am schlechtesten. Katastrophal ist die Situation in den Erlenbruchwaldrevieren der ehemaligen Forstämter Tawellenbruch, Ibenhorst sowie größere Teile der Forstämter Pfeil und Erlenwald. In der von zahlreichen Mündungsarmen, Kanälen, Vorfluter und Gräben durchzogenen Niederung stockte der Wald auf Niederungsmoor. Vorwiegend war es reiner Erlenniederwald, stellenweise auch aus Kernwüchsen gemischt mit Esche und Birke. Bis 1945 schützten Dämme und ein ausgeklügeltes Entwässerungssystem die Bewirtschaftung der Land- und Forstflächen. In den Lehmrevieren, wie z. B. in den ehemaligen Forstämtern Neu- und Alt-Sternberg, Drusken und Leipen, gab es keine Probleme mit der Entwässerung. Hier stockten teilweise hervorragende Rein- und Mischbestände. Hauptsächlich Fichte, Kiefer, Eiche, Erle, Birke, Esche und Hainbuche.

Oft wanderte ich in Gedanken in die Zeit vor 1945 zurück und hatte das Bild unserer damaligen vorbildlichen forst- und jagdlichen Bewirtschaftung vor Augen. Groß war die Enttäuschung, als ich 1994, 1995 und in diesem Jahr den Elchwald bereiste. In den ersten beiden Jahren habe ich jeweils den Forstdirektor Anatoli in Gr. Baum/Kreis Labiau aufgesucht. Er bewirtschaftet mit seinen Förstern rund 60.000 Hektar Wald, das entspricht etwa dem ehemaligen Oberforstamt Elchwald, ohne Rossitten. In der Unterhaltung beklagte er sehr den derzeitigen Zustand seines Waldes. Gräben, Vorfluter wurden schon jahrelang nicht geräumt, sind nach und nach zugewachsen. Die angrenzenden tieferliegenden Flächen stehen unter Wasser und die Erlen-, Eschen- und Birkenbestände sind abgesoffen. Für Meliorationsmaßnahmen stehen keine Mittel zur Verfügung. In den durch stauende Nässe betroffenen Flächen fällt viel Industrieholz an. Da aber kein Absatz vorhanden und die Werbung des Holzes zu aufwendig ist, bleibt alles so stehen und verrottet langsam. Ein trostloser Anblick. In jagdlicher Hinsicht hat die Forstwirtschaft keinen Einfluß. Es sind zwei selbständige Bereiche. Es ist kaum vorstellbar und zu begreifen, was in rund fünfzig Jahren aus einer intakten Land- und Forstwirtschaft geworden ist.

Die Waldpartien in Sanditten und Plauen sahen besser aus, weil dort eine Vernässung durch die höhere Lage nicht auftreten kann. An Wegen und Gräben war auch hier seit fünfzig Jahren nichts gemacht worden, bis auf einen fast fertigen Wegeneubau im Plauer Wald. Nach Durchführung von Holzeinschlagsmaßnahmen, die unmittelbar an Wegen erfolgten, waren auch hier die Wege unpassierbar.

Kahlflächen überläßt man oft der Natur. In zwei Fällen fand ich den Versuch einer Fichtenaufforstung. Leider mähte man hier nicht, sodaß nach zwei Jahren die Fichtenpflanzen durch mannshohe Stockausschläge, Birkenanflug und Forstunkräuter einfach kaputtgingen. Wildverbiß und Fegeschäden waren nicht festzustellen, da es sehr wenig Reh-, Rot- und Elchwild gibt. Von einer nachhaltigen vorratspfleglichen Forstwirtschaft kann überhaupt nicht die Rede sein.

Die Kurische Nehrung, das ehemalige Forstamt Rossitten, fällt bei dieser Betrachtung heraus, da der Wald hier nur einen Schutzwaldcharakter hat. Hier hatte ich aber das einmalige Glück, ein Elchtier mit Kalb beobachten zu können, sonst bekam ich in den drei Jahren kein Elch-

bzw. Rotwild im nördlichen Ostpreußen vor. Auch sehr wenige Fährten konnte ich feststellen. Jagdliche Einrichtungen, wie Hochsitze, Pirschsteige, Fütterungen, Salzlecken, Wildäcker, habe ich nirgends vorgefunden. Die Jagd wird ausschließlich großräumig mit Geländefahrzeugen und weiten Pirschgängen durchgeführt. Nach der "Wende" haben Wildererbanden den guten Wildbestand dezimiert.

Ein etwas erfreulicheres Bild in forst- und jagdlicher Hinsicht, gibt es von der Rominter Heide zu berichten. Hier konnte man Kulturen, Jungwüchse und Jungbestände finden, die sachgerecht angelegt und gepflegt wurden. Das Schichtholz war ordnungsgemäß aufgesetzt und Rückeschäden konnte man kaum feststellen. Der Zustand der Wege ist recht gut. Hauptwege hat man mit dem Autograder gehobelt und in einen guten Zustand versetzt. An zentralen Punkten geben Überdachungen verschiedener Art den Waldarbeitern und Wanderern bei Unwetter den nötigen Schutz. In mittelalten Fichtenbeständen konnte ich zwei Borkenkäfernester feststellen, die aber keinen Anlaß zur Besorgnis gaben und sicherlich auch bald beseitigt wurden.

Erschütternd ist der Anblick des Forstamtes Nassawen, dem ehemaligen Wohnsitz von Ofm. Frevert (siehe Bild). Dieses Gebäude ist teilweise zusammengefallen und wird bald eine Ruine sein. Das Gebäude des Forstamtes Warnen wird dagegen mit deutscher Hilfe generalüberholt; das Dach umgedeckt, neue Dachrinnen, Fenster und Türen eingebaut (siehe Bild). Innen werden nach unserem Standard Küche, Toiletten, Bäder und Zimmer ausgebaut. Lübecker Handwerker führen diese Arbeiten durch. Das Gebäude gehört jetzt zu einem landwirtschaftlichen Betrieb von etwa 140 Hektar. Im Verbund gibt es noch eine Molkerei, Imkerei und Schäferei. Diese Privatbetriebe werden durch die freiwilligen Spenden aus Schleswig-Holstein unterstützt und die Baumaßnahmen finanziert. Als Gegenleistungen liefern sie ihre Produkte preisgünstig an Kinderheime und an das Krankenhaus in Cranz. Die Kooperation hat sich bisher bewährt und hilft allen Beteiligten.

Bei herrlichem Herbstwetter unternahmen wir in der einmaligen, reizvollen Landschaft Exkursionen in die Vergangenheit und Gegenwart. An der Rominte mit ihren tiefen Schluchten suchten wir den Standort des Jagdschlosses von Kaiser Wilhelm II. auf. Über die Hirschbrücke, jetzt ohne die Hirschplastiken von Professor Friese, führte uns ein Kopfsteinpflasterweg. Mauerwerk, zusammengestürzte Kellerräume lassen die Größe des Jagdschlosses erahnen. Vom Pump- bzw. Teehaus, direkt an der Rominte, stehen noch die stabilen Wände, nur das Dach, einst gedeckt mit Schieferplatten, ist mittlerweile eingestürzt.
Als nächstes suchen wir den Standort des Reichsjägerhofes auf. Hier hatte Göring 1936 am Steilufer der Rominte in einem überwiegend neunzig- bis einhundertjährigen Kiefernbestand mit einigen Fichten den Jägerhof im Blockhausstil eines altgermanischen Fürstensitzes erbauen lassen. Ruinen, Mauerwerk, Kellerräume, ein Teil von der Freitreppe, Granitsteine der Fundamente und Außenverkleidung geben Zeugnis vom ehemaligen "Jägerhof Rominten". Die damaligen Freiflächen sowie die Flächen zwischen den Mauerresten, sind mit vierzig- bis fünfzigjährigen Fichten, Kiefern und Birken bewachsen. Ein paar verbliebene, inzwischen einhundertfünfzig bis einhundertsechzig Jahre alte Kiefern recken ihre gewaltigen Kronen in den Himmel.

Den Wystiter-See und den Marinowo-See mit ihrem glasklaren Wasser aufzusuchen, gehörte ebenfalls zu unserem Programm. Diese Partien in dem Naturparadies der Rominter Heide sind einmalig. Wechselhaft sind Standort und Bewuchs. Die Oberflächengestaltung ist hügelig und weist typische Merkmale einer Endmoränenlandschaft auf. Jagdlich kommen alle Wildarten vor, auch des öfteren Wölfe. Da das Sperrgebiet ohne Passierschein nicht betreten werden kann, ist ein Wildern kaum möglich. "Diana" war uns leider nicht hold. Sie führte uns nur junge Zukunftshirsche vor.

Von Tollmingen in Richtung Rominter Heide liegt sieben Kilometer entfernt ein etwa 650 Hektar großes Wildgatter, in dem rund siebenhundert Stück Sikahirsche gehalten werden. Während der Bastzeit werden diesen Hirschen die Geweihe abgesägt und an die Pharmazie geliefert. Die Sikahirsche werden in dem Gatter rund um die Uhr bewacht, so konnten auch unsere Fahrzeuge dort sicher abgestellt werden.

Bemerkenswert ist noch, daß in Harteck mitten im Dorf das Kriegerdenkmal 1914-1918 erhalten geblieben ist. Der Bauzustand ist recht gut, auch lassen sich die Namen der gefallenen Soldaten noch entziffern.

Insgesamt gesehen war diese Reise in meine alte Heimat für mich auch ohne jagdlichen Erfolg ein besonderes Erlebnis.

Bildnachweis

Archiv des Verfassers	Titelbild, Nr.: 4, 5, 6, 8, 9, 11, 14, 15, 16, 21, 27, 28, 29, 30, 31, 32, 33, 34, 35, 36, 37, 38, 39, 40, 41, 42, 43
Baier, Inge	22, 23, 24, 25, 26
Deutschmann, Meta	12, 13, 19
Frenkel, Alfred	1, 2, 3, 18
Mattke, Fritz	7
Unruh, Herbert	20
Roszyk, Photo-Atelier (Braunsberg, Ospr., Hindenburgstr. 17)	10
Bosk, Gerhard; Wippich, Gerhard ("Der Kreis Johannisburg", S. 129)	17
Reif, Klaus-Peter	Zeichnungen und Illustrationen
Titelbild:	Förster Friedrich Schmidt mit Ehefrau Lina, geb. Frenkel, und Enkel Walter Deutschmann vor der alten Försterei Pelohnen/ Krs. Wehlau Ostpr. (Großeltern des Verfassers)

Kartenverzeichnis

	Seite
Plauer Wald und Umgebung	73
Gehland See	138
Forstamt Pfeil	174
Braunsberg und Umgebung	213

Quellennachweis

Baumann, Karl — Die Prußen

Barran, Fritz R. — Städte - Atlas Ostpreußen -

Busdorf, Otto — Wilddieberei und Förstermorde

Bosk, Gehard
Wippich, Gerhard — Unsere Heimat Masuren - ein Naturparadies

Dohna-Schlobitten, Alexander Fürst zu — Erinnerung eines alten Ostpreußen

Eschment, Dietrich
Heyden, Dietrich
Schulze, Dietrich — Wald und Forstwirtschaft in Ostpreußenpreußen Band I und Band II

Forst- und Jagdkalender 1914 — Forstliche Statistik, abgeschlossen Oktober 1913

Frevert, Walter — Rominten

Guth, E. — Deutsches Forsthandbuch 1937

Guttzeit, Emil Johannes — Der Kreis Heiligenbeil

Hermanowski, Georg — Ostpreußen Lexikon

Klein, Diethard H.
Rosbach, Heike — Ostpreußisches Hausbuch

Kirst, Hans Hellmut — Deutschland deine Ostpreußen

Kramer, Hans — Elchwald

Reinoß, Herbert — Ostpreußen, Porträt einer Heimat

Schildhauer, Johannes Fritze Konrad Stark, Walter	- Die Hanse
Stamm, Hans-Ulrich	- Frag mich nach Ostpreußen
Wehlau, Kreisgemeinschaft	- Heimatbuch des Kreises Wehlau
Westermeier, G.	- Leitfaden für das preußische Jäger- und Försterexamen von 1888

Trotz größter Sorgfalt können Fehler nicht vollständig ausgeschlossen werden. Autor, Verlag und Herausgeber können weder eine juristische Verantwortung noch irgendeine Haftung übernehmen.

"Ein Ort zum Bleiben"
Landforstmeister i. R.
Waldemar Martens

338 Seiten, 51 Fotos, 14 Zeichnungen von K.-P. Reif

Preis: 43,00 DM
ISBN: 3-9805273-2-8

Jagd- u. forstliche Entwicklungen der letzten 30 Jahre auf dem Darß, eingebunden in Anekdoten über einfache Menschen bis hin zur damaligen Prominenz.
Folgewerk auf "Wo Adler noch und Stürme jagen"

"Mecklenburgische Forst- und Jagdgeschichten"
Forstmeister i. R. Helmut Mattke

380 Seiten, 77 Fotos, 21 Zeichnungen von Klaus-Peter Reif
Preis: 36,00 DM
ISBN: 3-9805273-4-4

In der neuen Heimat - Persönliche Erlebnisse u. Erinnerungen des passionierten Weidmanns und erfolgreichen Schützen der letzten 50 Jahre. Historische Zusammenhänge, lustige, doch auch tragische Begebenheiten aus Mecklenburg führen durch das kurzweilige Folgewerk der "Ostpreußischen Forst- u. Jagdgeschichten".

Bestellungen:
über den örtlichen
Buchhandel oder beim
WAGE - Verlag Tessin
WWW.wage-verlag.de
Tel.: 038205/12902
Fax: 038205/12901

EXTRA
Angebot:
Ostpreußische und *Mecklenburgische Forst- und Jagdgeschichten*
**zusammen:
60,00 DM**